高等职业教育新形态一体化教材

劳动教育

（高职本科版）

教育部职业教育发展中心　组编

中国教育出版传媒集团
高等教育出版社·北京

内容提要

本书是由教育部职业教育发展中心组编，14所高职本科院校、高职专科院校和普通本科院校共同参与编写的高职本科劳动教育新形态一体化教材。

本书贯彻落实党的二十大关于发展素质教育，培养德智体美劳全面发展的社会主义建设者和接班人，在全社会弘扬劳动精神、奋斗精神、创造精神的相关要求，根据中共中央、国务院印发的《关于全面加强新时代大中小学劳动教育的意见》和教育部印发的《大中小学劳动教育指导纲要（试行）》编写而成。全书共九个专题：劳动与劳动教育的价值、劳动与强国建设、劳动与共同富裕、劳动与文化变革、劳动与组织管理、劳动与劳动精神、劳动与休闲、劳动保障与法律、劳动创造未来。通过"劳动认知""案例品鉴""思辨探究""话题互动""拓展实践"等栏目，帮助学生把握劳动和劳动教育的价值，认识劳动对国家、社会和个人的意义，使学生理解和形成马克思主义劳动观，了解劳动文化、劳动组织等知识；培养劳模精神、劳动精神和工匠精神，能够崇尚劳动、辛勤劳动、诚实劳动、创造性劳动，最终实现体面劳动和人的自由全面发展。

本书既可作为高职本科院校劳动教育必修课程的教材，也可作为相关企业员工的培训用书。书中劳模工匠案例典型，数字化学习资源丰富，方便读者自学。

本书配套开发有教学PPT、电子教案等数字化教学资源，具体获取方法见书后"郑重声明"页的资源服务提示。

图书在版编目（CIP）数据

劳动教育：高职本科版 / 教育部职业教育发展中心组编 . —— 北京：高等教育出版社，2023.8
ISBN 978-7-04-060846-5

Ⅰ.①劳… Ⅱ.①教… Ⅲ.①劳动教育 - 高等职业教育 - 教材 Ⅳ.① G40-015

中国国家版本馆 CIP 数据核字 (2023) 第 132236 号

策划编辑	贾瑞武
责任编辑	李聪聪　田伊琳
封面设计	王　洋
版式设计	高海钰　李彩丽
责任绘图	杨伟露
责任校对	高　歌
责任印制	赵义民

出版发行　高等教育出版社
社　　址　北京市西城区德外大街 4 号
邮政编码　100120
购书热线　010-58581118
咨询电话　400-810-0598
网址　　　http://www.hep.edu.cn
　　　　　http://www.hep.com.cn
网上订购　http://www.hepmall.com.cn
　　　　　http://www.hepmall.com
　　　　　http://www.hepmall.cn

劳动教育（高职本科版）
LAODONG JIAOYU (GAOZHI BENKE BAN)

印刷	北京盛通印刷股份有限公司
开本	787mm×1092mm　1/16
印张	22
字数	350 千字
版次	2023年8月第1版
印次	2023年8月第1次印刷
定价	48.80 元

编委会

顾　问：

瞿振元　中国高等教育学会

王扬南　教育部职业教育发展中心

编委会主任：

彭斌柏　教育部职业教育发展中心

谭方正　高等教育出版社

编委会副主任：

曾天山　教育部职业教育发展中心

贾瑞武　高等教育出版社

委　员（按姓氏笔画排序）：

马成荣　南京工业职业技术大学

方小斌　湖南铁道职业技术学院

成　军　金华职业技术学院

刘义国　教育部职业教育发展中心

刘向兵　中国劳动关系学院

刘兴勤　兰州石化职业技术大学

刘锡军　湖南软件职业技术大学

关志伟　天津中德应用技术大学

李　斌　长沙民政职业技术学院

杨欣斌　深圳职业技术大学

宋元文　兰州资源环境职业技术大学

韩提文　河北工业职业技术大学

鲍远通　河北石油职业技术大学

蔡金佩　泉州职业技术大学

序 言

习近平总书记站在实现中华民族伟大复兴的战略高度，2018年在全国教育大会上首次提出把劳动教育纳入培养社会主义建设者和接班人的总体要求之中，历史性地把劳动教育从传统意义上促进青少年全面发展的有效途径提升为重要教育内容，形成德智体美劳全面发展的教育体系，明确了新时代加强劳动教育的思想指引，引发了社会各界的强烈共鸣。

劳动是生活的第一需要，各国都非常重视青少年劳动意识和能力的培养。日本《教育基本法》把"关注职业和生活的关系，培养重视劳动的态度"作为教育重要目标，把培养勤劳观、基本生存能力纳入教育方针，规定中学生每周要在学校农场、果园和家禽畜饲养场参加两小时全校性的生产劳动。近年来，俄罗斯重拾苏联时期劳动教育的实践经验，于2015年颁布《劳动教育发展纲要》，创新劳动教育活动形式和保障机制。在社会主义国家，劳动教育被赋予特殊含义，即把教育与生产劳动相结合作为实现马克思主义体脑结合、全面发展教育理念的有效途径，把劳动教育作为培养社会主义建设者和接班人的重要内容。可以说，我国的劳动教育培养了一代又一代人，"劳动光荣，浪费可耻，不劳动者不得食"的观念深入人心，学工、学农、学军在几代人心中留下了不可磨灭的历史记忆，延续了中华民族勤劳奋斗的优良传统。

随着社会的变迁及各种因素的影响，传统劳动教育的基础条件和社会氛围已经发生了重大变化，劳动教育有所弱化、淡化，在一部分青少年中存在"不珍惜劳动成果、不爱劳动、不会劳动"的现象，长此以往会危及社会主义事业的永续发展和中华民族的伟大复兴。

新时代、新形势、新任务，在新的历史条件下开展劳动教育，机遇与挑战并存。一方面，勤劳节俭是中华民族的宝贵基因，重视劳动教育是社会主义教育的光荣传统，培养时代新人对劳动教育的要求极为迫切。另一方面，我们应清醒地认识到当今时代经济全球化、价值多元化、社会信息化的特点，传统生活生产方式和组织形态发生重大变革，这一切都会对劳动教育产生影响和冲击。要避免思想认识上的片面和实践上的盲目，防止评价上的单一和效果上的弱化；要构建科学实用的现代劳动教育体系，形成更高水平的人才培养体系；既要培养兢兢业业的普通劳动者，还要培养大国工匠，也要培养创造发明的科学大师，形成崇尚劳动创造的社会风气；要从简单体力劳动引向创新创造复杂劳动，加快建设教育强国和制造业强国。新时代更加强调幸福是奋斗出来的，青春是用来奋斗的，不劳动无以为人，无创造无以成事，没奉献难成大器。劳动教育的独特育人价值和综合育人价值不仅没有消失，反而在培养社会主义合格建设者和可靠接班人方面的作用更显重要。要教育引导学生参与形式多样的劳动教育实践，使其形成崇尚劳动、尊重劳动人民的观念，增强其同理心，提高劳动素养，养成劳动习惯，弘扬劳动精神，以完善人格、造福人民。

"五育"并举，全面贯通，在劳育中发现"五育"、渗透"五育"、落实"五育"，在"五育"中认识劳育、把握劳育、实现劳育。我们一方面要看到劳动教育的独特价值，它关系到青少年劳动素养的培养，这是其他四育无法替代的。生活劳动着重解决个人自理问题，生产劳动侧重解决物质财富创造的问题，服务劳动侧重解决个人与社会的和谐关系问题。另一方面要看到劳动教育的综合育人价值，充分发挥劳动教育的树德、增智、强体、育美作用。德育与劳动教育有机结合有助于解决德育虚化问题，在德育中引入社会公益性劳动，在生产劳动中渗透德育，有助于学生端正生活态度和价值观，提高社会公德，增强社会责任感。智育与劳动教育相结合有助于学生从做中学，知行统一，学以致用，提高劳动的技术含量，培养创造性劳动能力。体育与劳动教育相结合有助于磨炼学生意志，培养其公平竞争意识和团队合作精神。美育与劳动教育相结合有助于培养学生创造美的能力，使其懂得劳动最美丽、劳动者最可爱、劳动成果最珍贵的道理。

由教育部职业教育发展中心组编、高等教育出版社出版的《劳动教育》（高职本科版）、《劳动教育读本》（高职版）、《劳动教育读本》（中职版），就是为了加强职业院校的劳动教育。在落实劳动教育的过程中，坚持目标导向和问题导向相结合，重点关注教什么、怎么教、怎么评、谁负责，有针对性地解决实践中存在的不想干、不愿干、不敢干、不会干等问题。培养青少年尊重劳动、尊重劳动人民和劳动成果的意识，自我服务的技能以及认真、负责、创造性地对待劳动的态度，丰富青少年运用知识技能获得精神财富和物质财富的教育实践，帮助青少年提高合作劳动和独立劳动的能力，为劳动教育的深化和推广做一些应有的贡献。

《劳动教育》编委会
2023年6月

编写说明

2018年9月，习近平总书记在全国教育大会上强调，要坚持中国特色社会主义教育发展道路，培养德智体美劳全面发展的社会主义建设者和接班人。2020年3月，中共中央、国务院发布《关于全面加强新时代大中小学劳动教育的意见》（以下简称《意见》），对新时代劳动教育做了顶层设计和全面部署，构建了体现时代特征的大中小学劳动教育体系。2020年7月，教育部印发《大中小学劳动教育指导纲要（试行）》（以下简称《指导纲要》），明确提出职业院校要围绕劳动精神、劳模精神、工匠精神等模块开设劳动专题教育必修课，课时不少于16学时。这为我们做好职业院校劳动教育指明了方向，提供了基本遵循，提出了明确要求。2020年9月，教育部等九部门发布的《职业教育提质培优行动计划（2020—2023年）》指出，将劳动教育纳入职业学校人才培养方案，设立劳动教育必修课程，统筹勤工俭学、实习实训、社会实践、志愿服务等环节系统开展劳动教育。2022年4月，新《职业教育法》指出，根据实际需要增加职业教育相关教学内容，开展职业规划指导、劳动教育。2022年10月，党的二十大报告强调，要在全社会弘扬劳动精神、奋斗精神、奉献精神、创造精神、勤俭节约精神，培育时代新风新貌。

为贯彻落实习近平总书记关于新时代劳动教育的重要精神，更好地指导职业本科院校开设好劳动教育课程，根据《意见》和《指导纲要》的要求，教育部职业教育发展中心组织十四所高职本科、普通本科和高职专科院校的专家、教师，共同编写《劳动教育》（高职本科版）。本书是以专题读本形式呈现的高职本科院校劳动教育新形态一体化教材，具有以下突出特点。

一、紧跟政策要求，创编团队权威，内容科学性、思想性强

本书以马克思主义劳动观和习近平总书记关于劳动教育的重要论述为指导，紧扣高职本科院校劳动教育的人才培养目标和要求，全面落实《意见》《指导纲要》精神，由教育部职业教育发展中心精心策划，十四所高职本科、普通本科和高职专科院校的专家、教师共同编写而成。坚持以正面引导为主的教育导向，政治思想性强，有利于学生树立正确的世界观、人生观、价值观，有利于培育学生辩证思考的能力，有利于提高高职本科院校学生的劳动素养和劳动能力。同时，本书充分考虑与《劳动教育读本》（高职版）的衔接，在整体框架结构、教学目标与内容的深度等方面都在高职版的基础上有适当的提高，在整体设计上突出一体化和科学性。

二、强化理论指引，贯彻落实党的二十大精神进教材

本书立足马克思主义经典作家关于劳动和劳动观的论述，讲解了中国共产党人对马克思主义劳动观的创新和发展，将党的二十大精神作为一条鲜明的主线贯穿始终，将劳动与"高质量发展""科教兴国""人才强国""创新驱动发展""绿色发展""高质量充分就业""共同富裕""劳动者权益保障"等紧密结合、有机融合。在新一轮科技革命和产业变革深入发展的背景下，党的二十大强调，教育、科技、人才是全面建设社会主义现代化国家的基础性、战略性支撑，要尊重知识、尊重人才、尊重创造，要在全社会弘扬劳动精神、奋斗精神、创造精神。本书通过科学的理论和真实的劳模工匠案例，引导学生走技能成才、技能报国之路，自觉用辛勤劳动为全面建成社会主义现代化强国、实现第二个百年奋斗目标、实现中华民族伟大复兴的中国梦贡献力量。

三、融合职教案例，模块化思辨教学

在体例编排上，本书分为九个专题，每个专题均设置"劳动认知""案例品鉴""思辨探究""话题互动""拓展实践"五个模块，形式

多样、生动活泼，符合高职本科学生的阅读特点；在文字表达上，本书避免高高在上的说教，注重摆事实、讲道理。每个专题的引言、话题互动的设计和案例的选取，都充分考虑高职本科学生的兴趣特点和生活环境。着重选取学生劳模、能工巧匠等典型案例，提高读本内容的可信度和亲和力。同时，考虑高职本科学生的思想特点，本书特意安排思辨探究和话题互动环节，提出若干开放性问题，启发学生从事物的正反两方面思考问题，有意识地培养学生运用辩证唯物主义和历史唯物主义进行思辨的能力。

四、立足原创，整体设计，图文并茂

本书以"逻辑图表化、概念精准化、任务直观化和版式生动化"为创编理念，对新时代高职本科院校学生劳动教育的内容和要求进行了比较全面的梳理和安排。精选表现力强的正版高清图片80余幅，活化教学内容情境，版式精美，阅读流畅，全书图文并茂，通俗易懂，易教易学。

五、配备交互式测试题，供学生随时随地检验学习成果，提升教材互动性

为适应信息化教学需要，利用互联网技术为"三教"改革助力，本书配备题型多样的交互式测试题，学生和老师可以通过扫描书上所附的二维码做题并显示正误。这些测试题既可以帮助学生预习、复习，也可以服务教师备课，提升教学效果。

本教材各专题的编写分工如下：第一专题由深圳职业技术大学的王兴立、张毅哲、袁倩、刘婉君编写；第二专题由兰州石化职业技术大学的陈金平、杨瑞、路尧、那贞婷以及天津中德应用技术大学的李晓锋、李梦秀编写；第三专题由河北石油职业技术大学的张岩以及中国劳动关系学院的党印编写；第四专题由金华职业技术学院的倪淑萍、张志坚、王晓斌、李思雨、孙海鹏编写；第五专题由兰州资源环境职业技术大学

的张平平、王德方、宋元文编写；第六专题由长沙民政职业技术学院的谢丽琴、吴佳、徐伟红以及湖南软件职业技术大学的李惠、颜湘编写；第七专题由湖南铁道职业技术学院的陈斌蓉以及泉州职业技术大学的蔡金佩、沈伟兵编写；第八专题由河北工业职业技术大学的何西凤、田芳、孙娜娜、张思雨、赵璇编写；第九专题由南京工业职业技术大学的马成荣、陈青、代伟、李建国以及南京工程学院的宋伶俐编写。

在编写过程中，本书参考和借鉴了劳动教育研究方面的文献资料、网络资源和研究成果，在此谨向相关作者表示诚挚的感谢。由于编者水平有限，书中不足之处在所难免，敬请广大师生批评指正，相关意见反馈可发邮件至 licc@hep.com.cn。

本书编写组
2023年6月

目 录

专题一
劳动与劳动教育
的价值

  劳动是人类生存活动的前提与基础，人在劳动中提升劳动能力，从而实现人的全面发展。本专题围绕劳动的本质和意义、内涵和发展、分类和价值等方面展开，进而探讨劳动如何作用在人身上，促进人的劳动能力全面发展、促进人的社会关系全面发展、促进人的自由发展。一方面引导学生深入理解马克思主义的劳动观，掌握劳动的内涵和价值；另一方面，帮助大学生认识到劳动与个人全面发展的关系，树立"劳动是一切成功的必经之路"的理念。

1.1

马克思主义劳动观

物质资料的生产是人类社会存在和发展的基础，它为人类社会提供基本的衣、食、住、行等生活和生存资料，是人类最基本的实践活动。马克思认为，"任何一个民族，如果停止劳动，不用说一年，就是几个星期，也要灭亡"。但是，随着社会经济的高速发展，有些人即使不参加社会劳动，只是依靠父母积累的财富也可以衣食无忧地生活。那么，马克思150多年前关于劳动的观点在今天还能否指导同学们的社会实践以及自我价值的实现？

劳动认知

1. 马克思主义劳动观的理论来源

劳动观是关于劳动的观点和看法的综合阐述，是对与劳动有关的一系列问题的系统解答。马克思和恩格斯生活的时代正是工业革命突飞猛进、社会生产和社会结构重大变革的时代，当时劳动者日趋贫困的现象，激励着马克思和恩格斯探寻这种劳动异化的根源。马克思主义的劳动观也是在这个时候开始形成和逐渐成熟的。首先，对当时流行的黑格尔的精神异化理论、费尔巴哈的宗教异化理论和赫斯的货币异化理论进行批判的吸收，促使马克思通过社会实践活动，初步在形成科学世界观上迈出了具有决定意义的一步，实现了从唯心主义向唯物主义、从革命的民主主义向共产主义的转变；其次，古典政治经济学家，特别是威廉·配第、亚当·斯密的劳动价值论为马克思和恩格斯提供了批判的靶子；最后，空想社会主义学家，特别是圣西门、傅立叶和欧文等人对资本主义制度的理论批判和创新的社会实践活动，对马克思产生了重大的影响，马克思就是从社会分工和劳动着手分析如何消灭资本主义异化的。

2. 马克思主义劳动观的内涵

（1）劳动是人与自然之间的物质变换过程

马克思提出，"劳动首先是人和自然之间的过程，是人以自身的活动来引起、调整和控制人和自然之间的物质变换的过程"。马克思接着指出："劳动作为使用价值的创造者，作为有用劳动，是不以一切社会形式为转移的人类生存条件，是人和自然之间的物质变换即人类生活得以实现的永恒的自然必然性。"劳动过程是"制造使用价值的有目的的活动，是为了人类的需要而占有自然物，是人与自然之间的物质变换的一般条件，是人类生活的永恒的自然条件"。

（2）劳动是人和人类社会存在和发展的基础

首先，劳动促使了人类生成。马克思指出，"因为在社会主义的人看来，整个所谓世界历史不外是人通过人的劳动而诞生的过程，是自然界对人说来的生成过程，所以关于他通过自身而诞生、关于他的形成过程，他有直观的、无可辩驳的证明"。恩格斯论证了"劳动是整个人类生活的第一个基本条件，而且达到这样的程度，以致我们在某种意义上不得不说：劳动创造了人本身"。其次，劳动是人类获取社会物质资料和精神资料以维持生存的根本条件和源泉。正如马克思所言："人们为了能够'创造历史'，必须能够生活。但是为了生活，首先就需要吃喝住穿以及其他一些东西。因此，第一个历史活动就是生产满足这些需要的资料，即生产物质生活本身，而且这是这样的历史活动，一切历史的一种基本条件，人们单是为了能够生活就必须每日每时去完成它，现在和几千年前都是这样。"再次，劳动体现着人的本质。马克思认为："一个种的全部特性、种的类特性就在于生命活动的性质，人的类特性恰恰就是自由的自觉的活动。"马克思还认为："全部人的活动迄今为止都是劳动。"因此，人的全部劳动活动及其劳动成果，都是人的本质力量的表现和确证。

（3）劳动是创造价值的唯一源泉

马克思指出，"一切劳动，从一方面看，是人类劳动力在生理学意义上的耗费；

作为相同的或抽象的人类劳动，它形成商品价值。一切劳动，从另一方面看，是人类劳动力在特殊的有一定目的的形式上的耗费：作为具体的有用劳动，它生产使用价值"。马克思认为，在所有的生产要素中，活劳动不仅是商品价值创造的源泉且是唯一源泉。马克思指出，"活劳动只不过是这样一种手段，它使物化的死劳动增殖价值，赋予死劳动以活的灵魂"。人就是这个劳动过程中的活劳动部分，是这个劳动的主体存在，也是创造商品价值的源泉。

（4）资本主义条件下的劳动表现为异化劳动

马克思将异化劳动概括为四个环节。第一，劳动者同自己创造出来的劳动产品相异化。工人生产得越多反而被剥削得越深，贫困的程度也越深，工人创造出来的产品越有价值，他自己却越没有价值。第二，劳动者同劳动本身相异化。马克思说："产品不过是活动、生产的总结。因此，如果劳动的产品是外化，那么生产本身必然是能动的外化，活动的外化，外化的活动。在劳动对象的异化中不过总结了劳动活动本身的异化、外化。"第三，人同自己的类本质相异化。在资本主义的条件下，自然界越被人改造，其异化程度就越高。于是，人的"自己的生命活动，自己的本质变成仅仅维持自己生存的手段"。第四，人同人相异化。马克思指出，在资本主义社会，这个不同于劳动者的另一个人只能是资本家，因为在资本主义条件下，私有制的存在使劳动者和劳动产品都成为与劳动者异化的异己力量，成为资本家剥削奴役工人的工具。因此，人与人之间的异化表现为资本家对工人的剥削和压迫。

（5）共产主义是实现劳动解放的根本途径

马克思认为，只有在未来的共产主义社会才能真正实现人的自由全面发展和劳动的解放，进而实现人类的解放。共产主义社会是"建立在个人全面发展和他们的共同的社会生产能力成为他们的社会财富这一基础上的自由个性"的社会，那时，科学技术获得了长足的进步，生产力也获得了巨大的发展。人们掌握劳动技能变得更加容易，他们不需要特殊的体力和长时间的专门训练就可以很好地掌握一门劳动技能，因此，"个人很容易从一种劳动转到另一种劳动，一定种类的劳动对于他们来说是偶然的，因而是无差别的"。这时，个人不再被束缚在某一种劳动技能中，而是可以根据自己的意愿和能力，在多个领域中从事许多方面的活动，自由而充分地发挥和发展自己的体力、智力和创造能力，使自己个性的丰富性和多样性充分地实现和发展。在共产主义社会里，"人以一种全面的方式，也就是说，作为一个完整的人，占有自己全面的本质"时，人类的解放才有了坚实的基础。在马克思的共产主义理论中，实现共产主义的前提和基础是人的"自由自觉的劳动"的实现，由此人的本质力量获得全面的展现，从而使人的解放和自由而全面的发展成为现实。

3. 马克思主义劳动观的继承和发展

（1）列宁对马克思主义劳动观的继承和发展

列宁在俄国社会主义革命和建设的伟大实践中，将马克思、恩格斯劳动教育思想同俄国具体实际相结合，使劳动教育同党和国家各项事业发展相适应，极大地促进了苏俄社会主义建设。

列宁为共产主义劳动下过明确的定义："共产主义劳动，从比较狭窄和比较严格的意义上说，是一种为社会进行的无报酬的劳动，这种劳动不是为了履行一定的义务、不是为了享有取得某种产品的权利、不是按照事先规定的法定定额进行的劳动，而是自愿的劳动，是无定额的劳动，是不指望报酬、没有报酬条件的劳动，是根据为公共利益劳动的习惯、根据必须为公共利益劳动的自觉要求（这已成为习惯）来进行的劳动，这种劳动是健康的身体的自然需要。"

列宁揭示了共产主义劳动的实行方式。他指出，"星期六义务劳动、劳动军、劳动义务制——这就是具体实行社会主义劳动与共产主义劳动的各种具体方式"。这里的"星期六义务劳动"即最初由莫斯科—喀山铁路员工发起后蔓延至全国的共产主义星期六义务劳动，"劳动军"即国内战争时期暂时用于国民经济战线而保持军队建制的苏俄红军部队，"劳动义务制"即战时共产主义非常时期将劳动作为普遍义务的一种制度。这种共产主义劳动"不仅是提高社会生产的一种方法，而且是造就全面发展的人的唯一方法"，还是"对国家真正实际的支援"。劳动创造物质财富，这在任何社会中都是不变的真理。在未来共产主义社会中，共产主义劳动也是对社会物质基础的实际丰富，能够使集体财富的一切源泉充分涌流。

（2）中国共产党人对马克思主义劳动观的创新性发展

中国共产党人立足中国国情和现实发展的需要，以马克思主义劳动观指导中国的劳动理论与实践，拓展了劳动观的时代内涵，丰富了劳动观的现实价值，逐渐形成了马克思主义劳动观中国化的系列创新成果。

毛泽东同志的劳动观体现在他对劳动教育的重视上。其一，他认为劳动和教育是密不可分的，必须通过教育，培养为无产阶级服务的劳动者。1957年，毛泽东同志提出了我国的教育方针，即"应该使受教育者在德育、智育、体育几方面都得到发展，成为有社会主义觉悟的有文化的劳动者"，动员人们用勤劳的双手建设祖国，建设社会主义事业。其二，他强调体力劳动和脑力劳动的统一。毛泽东同志不但充分肯定了从事体力劳动的广大无产阶级工人和农民阶级的革命坚定性，肯定了他们的辛勤付出对国家繁荣昌盛的主要作用，而且肯定了知识分子等脑力劳动者的地位，认识到他们在社会主义建设中发挥的不可替代的能动性和重要价值。

邓小平同志的劳动观具有鲜明的时代性和创新性。其一，他旗帜鲜明地提出"社会主义要靠发展实践证明"的思想，推动劳动实践这一主题成为社会主旋律，动员全体社会成员参与到社会主义现代化事业的伟大劳动实践中。其二，他实施了积极的就业政策，"就业问题解决了，城镇基本上没有待业劳动者了"。其三，他提出劳动法制思想，完善劳动领域的法制建设，强调把建立劳动法提到国家立法日程上来。其四，他作出"科学技术是第一生产力"的重要论断，科学技术的发展能极大地提高社会生产力和劳动效率，中国要发展就离不开科学技术。其五，他还指出要"尊重知识，尊重人才"。不论脑力劳动、体力劳动，都是劳动，脑力劳动者和体力劳动者只是社会分工不同。

江泽民同志不仅拓展了劳动的内涵，丰富了对劳动价值的论述，而且捍卫了工人阶级的地位和权益。其一，他在党的十六大报告中强调要尊重劳动，尊重不同形式的有益于人民和社会的劳动。他的这一"有益劳动"的论断，丰富了劳动观的内涵，旗帜鲜明地表达了对劳动价值的认可。其二，他强调为我国社会主义现代化建设事业服务的一切劳动，都是光荣的，应该得到承认和尊重。其三，他十分重视捍卫工人阶级的地位，唤起他们的主人翁意识。他采取了各种措施，致力于保障工人阶级和劳动群众的各方面权益，强调"这是党和国家一切工作的根本基点"，调动了工人阶级的劳动积极性。

胡锦涛同志在2006年3月提出的社会主义荣辱观中，倡导人们要以"辛勤劳动""艰苦奋斗"为荣，营造了以劳为美的社会风尚。他提出"和谐劳动关系"以及"体面劳动"的概念，强调要在建设社会主义和谐社会的过程中，实现劳资和谐，统筹协调各方面的利益，"切实发展和谐劳动关系"。同时，在以人为本这一执政理念下，他指出要使广大劳动者实现"体面劳动"。"体面劳动"既旨在保障劳动者权益，又旨在动员全体劳动者为社会财富的积累、社会的繁荣昌盛做贡献，从而实现真正的"体面"。

（3）新时代马克思主义劳动观的新发展

进入新时代，劳动教育在我国教育体系中的地位显著提升。习近平总书记在全国教育大会上发表重要讲话并强调："要在学生中弘扬劳动精神，教育引导学生崇尚劳动、尊重劳动，懂得劳动最光荣、劳动最崇高、劳动最伟大、劳动最美丽的道理，长大后能够辛勤劳动、诚实劳动、创造性劳动。"

劳动最光荣。劳动不仅是个人谋生的手段，也是个人对社会、对国家应尽的义务。中华民族自古以来就是勤劳的民族，我们用勤劳的精神创造了灿烂的中华文明。我们每个人都要继承和发扬这一优良传统，树立以辛勤劳动为荣、以好逸恶劳为耻的价值观，在平时的工作生活中踏实肯干、奋勇争先、争创一流，为全面建设社会主义现代化国家贡献自己的力量。

劳动最崇高。劳动是老子所说的"安其俗，乐其业"，也是《礼记》中所说的"敬业乐群"。百行业为先，万恶懒为首。凡做一件事，便应忠于一件事，将全部精力集中到这件事来，心无旁骛，便是最高品质。劳动可以证明我们不懒惰，劳动可以使我们摆脱贫穷，劳动可以使我们免于落后。劳动才有业，只有通过劳动才能创业、乐业。劳动是人之责任所在，也是生命之意义所在。从这个意义上来看，劳动既是衡量一个人的基本条件，又是衡量一个人的最高条件，劳动可以成就一个人最崇高的追求。

劳动最伟大。一项伟大的事业需要伟大的劳动来造就。党的十八大向中国人民发出了时代号召，实现"两个一百年"奋斗目标，是全国人民共同的心愿，这是一项宏伟的事业，需要全体人民的辛勤劳动来创造，需要各族人民的汗水来灌溉。当前，身处"两个一百年"的历史交汇期，面临诸多挑战，我们坚决不能自大、不能松懈、不能停滞，只有坚持不懈地辛勤劳动、付出汗水，才能迎接"两个一百年"的胜利，才能创造出一个更美好、更伟大的未来。

劳动最美丽。劳动创造美丽生活，劳动和劳动人民是一个时代"美"的代言。近年来，最美大学生村官、最美消防员、最美医生、最美基层干部等榜样力量，向我们充分展示了一些平凡而普通的劳动者身上感动社会、感动人民的品质，他们将劳动当成一种责任与担当，将劳动作为人生最大的价值，将劳动作为立身处世的最大美德。他们用恪尽职守、无私奉献、兢兢业业、爱岗敬业来书写自己的人生故事，用劳动去描绘自己的"最美"形象，在平凡中坚守，在平凡中彰显不平凡（图1-1-1）。随着时代的发展，"劳动最美丽"日渐成为人们共同的价值追求，也成为当今时代的最强音。

图1-1-1
平凡而普通
的劳动者

案例品鉴

青年在选择职业时的考虑

我们的使命绝不是求得一个最足以炫耀的职业，因为它不是那种使我们长期从事而始终不会感到厌倦、始终不会松劲、始终不会情绪低落的职业，相反，我们很快就会觉得，我们的愿望没有得到满足，我们理想没有实现，我们就将怨天尤人。

如果我们通过冷静的研究，认清所选择的职业的全部分量，了解它的困难以后，我们仍然对它充满热情，仍然爱它，觉得自己适合它，那时我们就应该选择它。如此，我们既不会受热情的欺骗，也不会仓促从事。

如果我们把这一切都考虑过了，如果我们生活的条件容许我们选择任何一种职业，那么我们就可以选择一种使我们最有尊严的职业；选择一种建立在我们深信其正确的思想上的职业；选择一种能给我们提供广阔场所来为人类进行活动、接近共同目标（对于这个目标来说，一切职业只不过是手段）即完美境地的职业。

尊严就是最能使人高尚起来、使他的活动和他的一切努力具有崇高品质的东西，就是使他无可非议、受到众人钦佩并高出于众人之上的东西。

一个选择了自己所珍视的职业的人，一想到他可能不称职时就会战战兢兢——这种人单是因为他在社会上所居地位是高尚的，他也就会使自己的行为保持高尚。

在选择职业时，我们应该遵循的主要指针是人类的幸福和我们自身的完美。不应认为，这两种利益是敌对的，互相冲突的，一种利益必须消灭另一种的；人类的天性本来就是这样的：人们只有为同时代人的完美、为他们的幸福而工作，才能使自己也达到完美。

如果一个人只为自己劳动，他也许能够成为著名学者、大哲人、卓越诗人，然而他永远不能成为完美无疵的伟大人物。

历史承认那些为共同目标劳动因而自己变得高尚的人是伟大人物；经验赞美那些为大多数人带来幸福的人是最幸福的人；宗教本身也教诲我们，人人敬仰的理想人物，就曾为人类牺牲了自己——有谁敢否定这类教诲呢？

如果我们选择了最能为人类福利而劳动的职业，那么，重担就不能把我们压倒，因为这是为大家而献身；那时我们所感到的就不是可怜的、有限的、自私的乐趣，我们的幸福将属于千百万人，我们的事业将默默地、但是永恒发挥作用地存在下去，而面对我们的骨灰，高尚的人们将洒下热泪。

（资料来源：《马克思恩格斯全集》第四十卷，有删改）

思辨探究：为人类服务，这是青年马克思的崇高理想。在漫长的斗争岁月中，他始终不渝地忠实于青年时代的誓言。他的一生，就是为人类服务的一生，他是我们最光辉的榜样。请同学们说一说，你们在马克思身上学到了什么？风华正茂的你，有着什么样的崇高理想？如何去实现？

话题互动

你如何看待马克思"在共产主义社会高级阶段，劳动已经不仅仅是谋生的手段，而是本身成为了生活的第一需要"的观点？

1.2

劳动的本质与意义

劳动是人类社会生存和发展的基础，通常是指能够对外输出劳动量或劳动价值的人类运动，是人维持自我生存和自我发展的唯一手段。我们穿的衣服、吃的食物、住的房子、出行使用的交通工具都是通过劳动而获得。人们在各行各业的岗位上日复一日地劳动，在实现个人价值的同时，也让社会变得更加美好。劳动是我们日常生活当中最普遍的行为，是财富和幸福的源泉，也是推动人类文明进步的根本力量。

劳动认知

1. 劳动的本质

（1）劳动的内涵

在《中国大百科全书（哲学卷）》中，劳动被定义为"是人类特有的基本的社会实践活动，也是人类通过有目的的活动改造自然对象并在这一活动中改造人自身的过程"。从经济学角度来说，劳动则是指体力与脑力的支出、使用以及回报。在《资本论》中，马克思对劳动的定义是："劳动力的使用就是劳动本身。劳动力的买者消费劳动力，就是叫劳动力的卖者劳动。"虽然劳动没有一个统一规范的定义，但从这些概念和定义中我们不难发现，对人与自然关系的强调是劳动最基本的内涵，人与自然发生作用的过程则代表着劳动最基本的发生过程。在劳动的过程中，人的主观创造性和能动性则是劳动的关键特征。实际上，处于不同的时代，人们对人类生存劳动的内容有不同的界定，经济不断发展，社会文明不断进步，人们对劳动的认识也不断深化。但就一般意义而言，劳动是指劳动者对劳动对象进行加工，生产劳动资料，进而不断创造出某种使用价值的过程。

（2）劳动的特征

形成的长期性。劳动的形成具有长期性主要是指人获得脑力或体力等方面工作能力需要长期学习与积累。人并不是生下来就可以进行劳动，劳动知识的掌握不可能一蹴而就，技能的形成需要反复练习，劳动技能、劳动方法等需要不断学习和积累，需要经历一个长期反复的过程。

专业性。在生产力较为落后的时代，劳动知识的获得主要靠观察、模仿，以及口口相传。但随着生产的发展、科技的进步，信息时代向我们走来，人类劳动的专业性要求不断提高（图1-2-1）。简单的知识传授已难以使劳动者胜任研发、设计、管理、营销这类劳动，劳动者需要进行专业性知识的学习与培训。如今，劳动对劳动者的专业素质要求越来越高。

图1-2-1
劳动的专业性要求不断提高

消费性。劳动等同于生产，以"生产劳动"为主体的传统劳动在传统劳动观念中占据主要地位。但随着信息产业、文化产业等新兴劳动形态的不断涌现与壮大，"消费性"劳动的比重日益增加，程序员、"美工""文案"等新型劳动和职业随之诞生，与传统单一的职业形式相比，这些工作更依赖于通过自身的脑力劳动和创造性活动进行产品设计与研发，进而投入市场，引发消费，创造劳动价值。

综合性。无论劳动者继承前人成果，还是创造现代科学成就，无论工作、上班，还是进行家务劳动，这些都是个体劳动。然而，随着科学的发展和技术的变革，劳动分工越来越精细，不同劳动之间的协作要求越来越高，各项劳动相互渗透和融合，单靠个人的聪明才智已难以取得重大突破。小到一碗米饭，大到飞机火箭，无论是有形的商品还是无形的服务，只有形成多学科交叉综合、技术梯队协同攻关的模式，才能勇攀高峰。这也需要每个劳动者自觉树立集体协作观念，学会与他人合作。

2. 劳动的发展历史

（1）原始社会时期

考古学和人类学的研究，以及近百年来世界所发现的古人类化石和石器时代的遗物都证明了劳动在从猿到人进化过程中的重要意义。在劳动的直接推动下，早期人类大体经历了四个阶段：早期猿人（生存于距今300万年到180万年），他们能直立行走并制造简单的砾石工具；晚期猿人（生存于距今180万年到20万年），身体像人，脑量较大，可以制造较进步的旧石器，并开始使用火，如我国北京周口店的北京猿人；早期智人或称古人（生存于距今20万年到5万年），逐渐脱离猿的特征，而和现代人很接近；晚期智人或称新人（从5万年前开始），这时的人类的进化出现了明显的加速，在形态上已非常像现代人，在文化上已有雕刻与绘画的艺术，并出现装饰物。在晚期智人阶段，现代人开始分化和形成，并分布到世界各地。在从早期猿人到晚期智人的发展过程中，人类的脑容量不断增大，体态特征越来越区别于猿而近似于现代人。这一时期，劳动工具日益改进和多样化，劳动和对工具的使用，形成了与动物不同的生存方式和精神文明，经济生活逐渐丰富起来，原始精神文明开始出现。

（2）农业社会时期

青铜器的广泛使用开启了劳动的新篇章，人类社会迎来了第一个阶级社会——奴隶社会。古希腊文明成为现代欧洲文明的坚实基础，城邦制的斯巴达和雅典谱

图1-2-2
青铜鼎

写了奴隶社会辉煌的历史。金字塔、罗马斗兽场则见证了奴隶劳动者们的智慧和力量。中国是世界文明发达最早的国家之一，已有了将近四千年的有文字可考的历史。夏商周时期的中国创造了丰硕的文明成果。商代的后母戊鼎见证了中国古代高超的铸造技术。商朝的青铜冶炼技术非常高超，那时候的人们可以按比例把铜、锡、铅几种不同的金属混合在一起，铸造出鼎（图1-2-2）、爵、尊等精美的器物，通过鱼纹、虎纹、饕餮纹等装饰表达希望丰衣足食的美好愿望。

铁器的广泛使用使人类迈入了封建社会。这一时期，劳动者巧妙地将风力、畜力和水力应用到生产生活过程中，极大地提高了劳动生产率；劳动人民用智慧发明了风车、曲辕犁、水车等劳动工具；农民种植新的农作物如玉米、土豆等，这些都极大地促进了中国农业生产。《本草纲目》《齐民要术》则是劳动者智慧的集大成者。四大发明是中国古代劳动人民的重要创造，并影响了世界。铁器成为这一时期的主要劳动工具，水车、风车等创造性劳动工具的广泛使用，扩大了耕地面积，提高了耕作质量。这些劳动技术上的创新进步极大地提高了人类社会农业生产率，农业的发展、人口的增长，这些都为城市和商业的兴起奠定了良好的基础。

（3）工业社会时期

劳动者在工厂手工劳动时积累了丰富的生产经验，加上农业革命的影响，劳动者可以享受到更低的生活成本，可以将更多的精力投入到生产技术研发之中，而生产力的提高极大地推动了经济的发展，城市和商业开始出现，资产阶级的统治地位日益加强。市场需求不断扩大，传统的工厂手工生产已经无法满足市场需求，大工厂生产迫在眉睫。资产阶级政府对发明创造进行支持和奖励，这也在一定程度上提高了劳动生产者生产和发明的积极性。

以机器大工业生产为标志的第一次工业革命和以电力为主的第二次工业革命对人类劳动的影响是深刻而巨大的。机器大生产给人们的生活带来翻天覆地的变化，劳动效率提高，产品价值与劳动价值的比大幅增加；劳动强度与劳动时间也大幅提高，影响了劳动形态的变化与发展。工业革命之后，大部分体力劳动被机器取代，手工工厂向工厂大规模批量生产工业转变，脑力劳动对生产力和整个历史发展的推动作用日益显现，劳动形态也逐渐变得复杂多样（图1-2-3）。

图1-2-3
工业革命后
的劳动

（4）信息社会时期

第三次科技革命是人类文明史上继蒸汽技术革命和电力技术革命之后科技领域里的又一次重大飞跃，是以原子能、电子计算机、空间技术和生物工程的发明和应用为主要标志，涉及信息技术、新能源技术、新材料技术、生物技术、空间技术和海洋技术等诸多领域的一场信息控制技术革命。第三次科技革命方兴未艾，在全球范围内扩散和传播。进入21世纪，基于网络实体系统技术基础和物联网，"工业4.0"开始走进我们的视野，以"智慧工厂""智能制造""智慧物流"为特征的生产和管理系统普及整个社会。

图1-2-4
信息时代的
人类劳动

互联网、物联网改变着我们所熟知的世界，我们已经迈入了信息时代、智能时代，人类劳动出现了新的变化（图1-2-4）。在劳动方式上，随着大工业的发展，"直接劳动本身不再是生产的基础，一方面因为直接劳动主要变成看管和调节的活动"，另一方面因为"产品不再是单个直接劳动的产品，相反地，作为生产者出现的，是社会活动的结合"，直接从事劳动的工人越来越少，更多的是参与研发、设计、管理等劳动，脑体结合的劳动者越来越多。在劳动对象方面，第一、二产业比例降低，更多的劳动者进入第三产业；劳动条件不断改善，智能机器人、无人超市、无人酒店大大降低了劳动强度，劳动效率越来越高。劳动时间相对减少，劳动者有更多时间专研创造，劳动的自主性增强。

3. 劳动的意义

（1）劳动创造人

劳动创造人，体现在手的解放与使用。手是劳动的器官，更是劳动的产物。几百万年前，类人猿由于不断攀援，手脚开始出现分工，猿逐渐开始直立行走，迈开了从猿到人的决定性的一步。随着时间的推移，手变得自由了，为了不断适应新的劳动活动、不断掌握新的技能，双手解放，其功能达到了高度完善，手的使用才最后固定下来。手的使用直接影响猿向人的转化，对人体其他部位的形成，尤其对语言和思维器官的发育有直接的影响，因此才有劳动创造人之说。

劳动创造人，体现在人制造和使用工具。人与动物的分离并不是直接作用于自然，而是人在自身劳动和智慧的基础上，利用一定的工具媒介作用于自然。这样，人成为劳动的主体，自然成为劳动的客体，工具成为连接劳动主体和客体的中间环节即中介，人从动物界脱颖而出。纵观人类历史，也可以说这是一部劳动工具发展的历史，石器时代—青铜器时代—铁器时代—蒸汽时代—电气时代—信息时代，劳动工具作为一种物化的知识力量，将人类活动与自然界联系起来，成为人体的延伸。劳动力的不断解放，运用劳动工具的力量和效率的不断增强，使人在与自然的关系中，形成改造自然以满足自身需要的能力（图1-2-5）。

图1-2-5
各式各样的
劳动工具

劳动创造人，体现在语言的产生。一方面，由于手不断进化并运用于生产生活，劳动不断发展，人类的协作交流开始出现，因此语言的产生成了一种必要。另一方面，随着劳动的发展，人们对自然界的认识不断加深，于是有了运用概念和进行思考的需要。人的思维能力也是在劳动中产生和发展的。劳动、语言、思维推动了人脑的形成和发展，反过来，人脑的形成和完善又提高了人的语言和思维能力。劳动的发展和语言的使用，使得人类发音器官的机能也逐渐地发展和完善起来。

（2）劳动创造历史

劳动创造了物质文明。物质生产是历史存在和发展的基础，物质的根本属性是客观实在性。客观地说，自然界中能够直接以自己原本的形态来满足人类衣食住行需求的生产资料并不多，自然界必须要通过人的对象性活动即劳动实践才能给人类提供所需要的物质生活和生产资料。正如马克思所言，"人们为了能够'创造历史'，必须能够生活。但是为了生活，首先就需要吃喝住穿以及其他一些东西。因此，第一个历史活动就是生产满足这些需要的资料"。因此，从唯物史观的角度来说，人民群众是历史的创造者，根本在于人民群众是以自身全面发展为目的的劳动者。

劳动创造了精神文明。当肉体的需要得到一定程度的满足后，人类产生了一个更高层次的精神发展的需要，即精神文化需要。正如马克思所描述，"'精神'从一开始就很倒霉，注定要受物质的'纠缠'"。意识是人和动物的重要区别，人类能够根据自己的需要创造一定的精神文化，这种现象在本质上指的正是人类劳动。劳动创造了历史，也为审美的发生与艺术的产生提供了前提。从工具造型的演变上可以充分看出人类自由创造的特性，也可以看出审美价值、艺术怎样产生于这样一个漫长的历史演进过程。骨针的出现意味着人类当时已会缝纫，缝缀起来的兽皮既可搭盖住所、抵御风寒，也可遮护身体。而装饰品的出现，则表明山顶洞人已经有了审美观念。我们的祖先通过世世代代的辛勤劳动，创造出了辉煌灿烂的中华文化，这些都是我们中华民族的历史瑰宝。

（3）新时代劳动的特殊意义

劳动促进人的全面发展。在与自然的相处中，最原始的劳动产生，人类开始使用身体的自然力量，比如胳膊、腿、手，在改变自然的同时也改变了人类自身。劳动促进了人类身体机能和意识的觉醒，促进了自由自觉的人的萌芽。人的本质是自然、社会、精神属性的统一，三者相互依存，不可分割。在自然属性方面，人类通过劳动发展成为有意识的、主动的人，形成生命。在社会属性方面，人们的劳动不是孤立的，劳动总是在一定的劳动关系中的。人类与自然界、与其他人分工合作形成生产和交换等经济关系，经济交往越密切，社会关系也越来越紧密，人的社会属性也就不断发展变化，变得越来越丰富。而这个过程，正是人的自由全面发展趋势不断上升的过程。在精神属性方面，劳动是人类意识的来源，"思想、观念、意识的生产最初是直接与人们的物质活动，与人们的物质交往，与现实生活的语言交织在一起的"。人类意识在劳动实践过程中形成了积极力量和自控力，这些精神力量又可以转化为巨大的生产力。在人的三重属性上，劳动促成了完整意义的人的形成。在此基础上，人的个性开始发展，不仅追求最基本的生存需求，而且开始对更丰富美好的生活产生向往，开始关注自我全面发展和自身价值的实现。

劳动推进中华民族伟大复兴。劳动是推动经济社会发展的根本力量，"以劳动托起中国梦"。新时代对改革开放以来的辛勤劳动以及劳动者的社会地位和尊严给予了充分的肯定。但在我国转变经济增长方式、实施实体经济发展战略的今天，国民经济和社会发展第十四个五年规划和2035年远景目标对直接从事企业生产和服务的技术技能型人才提出了更大的需求和更高的要求。科技的发展促使生产方式更加分散与智能，产生了许多全新的服务岗位，导致社会人才结构出现供需矛盾，技术工人短缺的同时又有大批技艺不精者无处可去，导致就业压力骤增。这种情况下，重视劳动教育，建设一支知识型、创新型、工匠型劳动者大军具有更加迫切的现实意义。因此，只有以劳动精神作为文化引导，教育当代大学生练就过硬的专业本领，引导学生坚定社会主义理想信念，培养劳动情怀，形成尊重劳动、专注劳动、创造性劳动的美好品质，艰苦奋斗，才能实现中华民族伟大复兴的中国梦。

案例品鉴

王树军：从维修工人到大国工匠，技能人才华丽蜕变

王树军，男，1974年生，汉族，中共党员，潍柴动力一号工厂维修钳工。他常年专注高精尖装备的研制与维护，大胆创新，挑战权威，以独创的方法和技艺，攻克进口高端装备设计缺陷，打破国外技术封锁，填补国内技术空白，彰显了中国工匠的风骨，树起了潍柴工匠队伍的一面旗帜。他先后被授予2018年"大国工匠年度人物"、全国五一劳动奖章、全国"最美职工"、齐鲁大工匠等荣誉，其带领的创新工作室光荣入选"国家级技能大师工作室建设项目单位"。

求木之长者，必固其根本。王树军从小在潍柴厂区家属院长大，是一名地地道道的潍柴子弟。他小时候的梦想就是进潍柴当一名工人。1993年，从潍柴技校毕业后，王树军的第一份工作是在潍柴615厂维修老式机床。在他眼中，设备上的每一个零件都是一个独立的生命，经过重新碰撞组合后，就会产生新的生命与活力。他在工作岗位上专注、执着，一门心思钻研业务，不到十年的时间，就担任了负责615厂4个车间维修工作的维修班长。他像螺丝钉一样默默无闻、无怨无悔，在潍柴一干就是26年，身为一名"潍柴人"，他一直与企业共同奋斗、共同成长。

天下大事必作于细。在二十几年的职业生涯里，王树军从不会放过工作中遇到的任何一个小问题、小细节。王树军说，数控设备的维修是一个非常细密的工作，

这些设备都精密、复杂，也非常昂贵，动辄几百万上千万。因此，每次维修设备他都小心谨慎，维修前反复琢磨、研究。王树军感叹，有些设备光拆卸就需要一天半的时间，更重要的是修复后要保证原来的精度不丧失，这就必须在修理前要弄懂设备的结构与定位关系。对于拆下的每一个零件，王树军都仔细做好标示，拆一点用相机拍一点，记录下来，然后再分析与相关零件的关系，最后发现故障点，进行修复。

唯创新者进，唯创新者强。王树军认为："作为一名维修工人，不单单要修好设备，更要不断学习，不断创新，只有这样，才能跟得上时代发展的步伐。"工作26年来，王树军一心与设备打交道，擅长自动化设备的定制化设计，擅长自主研发制造，精通各类数控加工中心和精密机床的维修。他凭借精湛的技艺成为潍柴乃至国内发动机行业中设备检修技术的集大成者，成为潍柴高精尖设备维修保养的探路人和领军人，也成为潍柴装备智能升级、智慧转型的引领者和推动者。

思辨探究：恩格斯在《劳动在从猿到人转变过程中的作用》一文中一开始便提出这一命题："政治经济学家说：劳动是一切财富的源泉。其实劳动和自然界一起才是一切财富的源泉，自然界为劳动提供材料，劳动把材料变为财富。但是劳动还远不止如此。它是整个人类生活的第一个基本条件。"结合这句话，谈谈你对劳动的理解。

话题互动

在很多工厂的流水线上，机器人已经成为重要劳动力，一只只机械手臂能够精准完成各种各样的动作，大大减少了人力的损耗。机器人容易操作，有着较好的安全性能和经济性能，在如今的工业生产当中，机器人已经逐渐普及。你如何看待提倡用机器人解放人力的观点？

1.3

简单劳动与复杂劳动

"劳动复杂度"到底是一个什么概念？许多学者对此做了大量的尝试性研究，从中意识到复杂劳动所创造的劳动价值量相当于加倍的简单劳动，并将复杂劳动以相应的原则折算成加倍的简单劳动。随着人类劳动力的发展和科学技术的不断进步，简单劳动和复杂劳动又被赋予了新的时代意义。

劳动认知

1. 劳动的分类及简单劳动与复杂劳动的内涵

（1）劳动的分类

按照传统的劳动分类理论，劳动可分为脑力劳动和体力劳动两大类。但在实际的劳动过程中，脑力劳动和体力劳动是统一且不可分割的，没有完全独立的体力或者脑力劳动。单个人如果不在自己头脑的支配下使自己的肌肉活动起来，就不能对自然发生作用，如日常生活中的烹饪这一劳动形式就是体力与脑力劳动的结合（图1-3-1）。

脑力劳动和体力劳动作为劳动者固定的社会分工形式，是社会发展到一定历史阶段上出现的现象，是生产力有了一定的发展但又发展不充分的产物，它最后将随着社会生产力的高度发展而趋于消失。原始社会生产力

图1-3-1
烹饪是体力
与脑力劳动
的结合

水平低下，脑力劳动和体力劳动浑然一体。在原始社会向奴隶社会转变的过程中，由于生产力有所发展而又发展不足，劳动产品有了剩余而又剩余不多，造成了使少数人摆脱体力劳动，专门从事脑力劳动的可能条件。奴隶制的确立，生产资料私有制的产生、阶级的出现，使脑力劳动和体力劳动的分工由可能变为现实。从此，脑力劳动和体力劳动的对立就成为各个阶级社会共有的现象。在阶级社会中，脑力劳动和体力劳动的差别体现着阶级对立关系，统治阶级垄断了掌管国事、管理劳动、经营商业以及科学、艺术活动等脑力劳动；绝大多数人被剥夺了受教育的权利，被迫从事繁重的体力劳动。社会主义社会建立了生产资料公有制，劳动者成为国家的主人，消除了脑力劳动和体力劳动的对立。虽然二者之间的差别仍然存在，但已不再体现阶级关系。这种差别对于社会主义社会还具有客观必然性，社会主义社会的发展为不断缩小这种差别创造着条件。脑力劳动和体力劳动差别的消灭是一个长期的历史过程，消灭这种差别的根本途径是高度发展的社会生产力和高度普及的科学文化教育。

马克思在创立劳动价值论时，根据劳动复杂程度的不同，将创造价值的劳动划分为简单劳动和复杂劳动。马克思在揭示"商品价值体现的是人类劳动本身，是一般人类劳动的耗费"的时候，认识到生产和决定价值的人类劳动是有差别的，织布的劳动和缝衣的劳动虽然都能生产和决定价值，但二者的复杂程度不一样，就像"将军和银行家扮演着重要的角色，而人本身则扮演极其卑微的角色一样"。于是，马克思提出了简单劳动和复杂劳动的概念，以区别不同形式的劳动。二者在同等劳动时间内形成的价值量是不同的，复杂劳动可以折合为若干倍的简单劳动，耗费较少时间的复杂劳动生产的产品可以与耗费较多时间的简单劳动生产的产品等价交换。马克思提出简单劳动和复杂劳动的概念，是为了揭示劳动虽然有简单和复杂的区别，但都是生产和决定商品价值的人类劳动，只不过复杂劳动是多倍的简单劳动而已。

（2）简单劳动和复杂劳动的定义

简单劳动是指不必经过专门训练的普通人都能进行的劳动，是一般的人类劳动的支出。换句话说，普通人的机体平均具有的简单劳动力的耗费就是简单劳动。但是，"并非任何劳动都只是人的简单劳动力的耗费，许多种类的劳动包含着需要耗费或多或少的辛劳、时间和金钱去获得的技巧和知识的运用"。那种需要耗费辛劳、时间和金钱去获得技巧和知识的运用的劳动，即需要经过专门训练才能从事的劳动，就是复杂劳动。

在《资本论》第一卷法文版里，马克思写道："我们假定：同纺纱工人的劳动相比，珠宝细工的劳动是高次方的劳动，前者是简单劳动，后者是培养训练较为困难而在同一时间内能创造出较多价值的复杂劳动。"这段表述说明两个问题：第一，复杂劳动是经过较为深入的教育和培训的劳动；第二，和简单劳动相比，复杂劳动在相同时间里能创造出更多的价值。这两个命题共同构成了复杂劳动的定义。

（3）简单劳动和复杂劳动的区别

复杂劳动与简单劳动的差别，既不像熟练劳动与非熟练劳动的差别那样比较容易在产品数量与质量上明显地表现出来，也不像繁重劳动与非繁重劳动的差别那样比较容易在劳动强度、劳动时间上明显地表现出来。其差别仅仅在于劳动的复杂程度不同。复杂劳动是多倍的简单劳动，同一劳动时间内复杂劳动创造的价值比简单劳动大。恩格斯提到，"詹姆斯·瓦特的蒸汽机这样一个科学成果，在它存在的头五十年中给世界带来的东西就比世界从一开始为发展科学所付的代价还要多"。

马克思认为，"较高级较复杂的劳动，是这样一种劳动力的表现，这种劳动力比普通劳动力需要较高的教育费用，它的生产要花费较多的劳动时间，因此它具有较高的价值"。这就是说，复杂劳动与简单劳动的区别在于复杂劳动由三个因素构成：第一，劳动者为接受专门教育与培训而支付的费用；第二，劳动者接受专门教育与训练的时间；第三，劳动者所创造的物质产品或精神产品的价值。

2. 简单劳动到复杂劳动的发展过程

（1）简单劳动和复杂劳动的相互转化

在简单劳动与复杂劳动的问题上，比较大的问题是如何确定后者相对于前者的"倍数"。在《资本论》中，马克思只给出了原则性的回答："比较复杂的劳动只是自乘的或不如说多倍的简单劳动，因此，少量的复杂劳动等于多量的简单劳动。经验证明，这种简化是经常进行的。一个商品可能是最复杂的劳动的产品，但是它的价值使它与简单劳动的产品相等，因而本身只表示一定量的简单劳动。各种劳动化为当作它们的计量单位的简单劳动的不同比例，是在生产者背后由社会过程决定的，因而在他们看来，似乎是由习惯确定的。"

在《剩余价值理论》里，马克思更明确地概括了处理复杂劳动还原这一问题的方法论原则，他认为，复杂劳动与简单劳动的还原比例，"属于对工资问题的说明，归根到底就是劳动能力本身的价值的差别，即劳动能力的生产费用(由劳动时间决定)的差别"。

（2）简单劳动和复杂劳动的时代发展

随着人类劳动力的发展，一个时代的复杂劳动有可能只是另一个时代的简单劳动。举一个简单的例子：计算机打字。20世纪80年代末，能够进行计算机打字的人是少数，打字成为一种专长。当时许多企业都有一个专门的打字室并配有打字员，市面上的打字店也很赚钱。打字在当时的确是较复杂的劳动。而如今呢？这样的打字室已经不存在了，各科室人员早就直接在计算机上撰写报告，打字店也早已消失，打字劳动已经不再是较复杂的劳动了。

图1-3-2
机器人智能
烹饪

随着科学技术的不断进步，机器的物化劳动逐步替代人类的复杂劳动（图1-3-2）。自动化的机器逐步替代机械化的机器，智能化的机器逐步替代自动化的机器，大部分人的劳动不只是强度在不断降低，而且原来的复杂劳动也变得相对简单。尽管仍然有一部分人从事复杂劳动，比如高端技术的研发，但从总体和平均的意义上讲，人类劳动强度的降低和相对简单化已成为一种趋势。科学技术含量高的复杂劳动物化在自动化和智能化的机器上，机器的物化劳动再替代人类的复杂劳动，这已经成为社会发展的趋势。原来从事复杂劳动的劳动者被自动化和智能化的机器所替代，可以进入第三产业从事劳动。

马克思、恩格斯认为，"随着大工业的发展，现实财富的创造较少地取决于劳动时间和已耗费的劳动量，较多地取决于在劳动时间内所运用的动因的力量，而这种动因自身——它们的巨大效率——又和生产它们所花费的直接劳动时间不成比例，相反地却取决于一般的科学水平和技术进步，或者取决于科学在生产上的应用"。同时，"工人不再是生产过程的主要当事者，而是站在生产过程的旁边"。

科学的发展和技术的进步促使复杂劳动转换为简单劳动，所以要实现复杂劳动向简单劳动的转化，就需要大力发展科学和推动技术进步。党的十九大报告中提出了"加强国家创新体系建设，强化战略科技力量""深化科技体制改革，建立以企业为主体、市场为导向、产学研深度融合的技术创新体系"的政策主张，同时也作出了优先发展教育的战略部署，因为教育是科学发展和技术进步的基础和命脉。

另外，习近平总书记指出，新时代中国特色社会主义要"坚持按劳分配原则，完善按要素分配的体制机制，促进收入分配更合理、更有序"。改革开放以来，我国建立了社会主义市场经济体制，复杂劳动转化为简单劳动的条件基本具备。为了实现按劳分配，我国正在加快完善社会主义市场经济体制，包括建立健全市场体系、完善市场机制、科学运用宏观经济政策、促进市场均衡发展等。

3. 简单劳动和复杂劳动的社会价值

（1）复杂劳动的未来：创造性劳动

在谈到未来社会时，马克思指出，"由于给所有的人腾出了时间和创造了手段，个人会在艺术、科学等等方面得到发展"。当今世界主题发生了复杂的转变，由以"战争和革命"为主要手段和形式的世界主题转换为以"和平与发展""经济增长和社会全面发展"为衡量社会优越性的主要指标的世界主题。世界主题的转变导致了社会主义和资本主义之间斗争方式的转变，由军事优势的竞争转变为综合国力的竞争，尤其是经济增长和社会发展的主要动力源泉——科学技术的竞争。

现代科学技术的发展不仅呈现出"科学—技术"一体化的趋势，而且表现为"科学—技术—生产"一体化的事实。技术创新，包括经济决策和经济行为的创新、组织和管理的创新等，"它是使发明成果产业化、商品化的过程"。现代科学技术尤其是高新科技的产业化，形成了大量的知识密集型高新技术产业，包括生物工程产业、光电子信息产业、智能机械产业、软件产业、超导体产业、空间产业等

图1-3-3
现代科技发展——智能家居

（图1-3-3），这些高新技术产业表现出高效益、高智力、高投入、高竞争、高风险、高势能的"六高"特征和技术的改造、技术的复合、技术的创新的"三新"属性。这些创造性劳动显示出高新技术成果能够迅速地转化为经济效益，甚至直接显化为经济效益。

随着科技的不断进步，直接生产过程实现自动化，计划和管理过程实现自控化，繁重的体力劳动和重复的脑力劳动由机器来承担，复杂劳动也将向创造性劳动发展。

（2）简单劳动和复杂劳动协同创造价值

马克思在创立劳动价值论时，在肯定了体力劳动这种简单劳动是创造价值的劳动的同时，也肯定了脑力劳动这种复杂劳动也是创造价值的劳动。马克思在分析"劳动力的买和卖"时就明确地指出："我们把劳动力或劳动能力，理解为人的身体即活的人体存在的、每当人生产某种使用价值时就运用的体力和智力的总和。"在这里，马克思明确地指出了生产过程中运用的脑力与体力一样，也是劳动力的一部分，也指明了生产过程中运用的脑力同体力一起，共同参与了价值的创造。复杂劳动也是价值源泉，而且是大于其本身价值的源泉。

有人认为，复杂劳动比简单劳动创造的价值更高，受教育程度高的人比受教育程度低的人所从事的劳动创造的价值更高。一般地讲，劳动的技能质量水平高低与劳动者受教育程度的高低相对应，复杂劳动需要受教育程度较高的劳动者，简单劳动的要求相对低一些。不过在现实中，也有一些劳动的劳动者受教育程度与劳动整体的技能质量水平并不对应。例如，人力清洁工的劳动可由受过高等教育的人担任，他创造的价值可能比没受过高等教育的人高一些，也可能低一些，并非受过高等教育或是占据优越的工作岗位就可宣称自己能够创造更高的价值。简单劳动与复杂劳动本质上都是劳动，且在劳动过程中，简单劳动与复杂劳动是协同创造价值的。

比亚迪：联合华为构建规范化、高绩效的智能工厂

伴随着国家逐步鼓励环保车型的投入，加上电池续航能力的增强和充电桩的日益普及，如今电动汽车随处可见。相比燃油汽车，电动车的驾驶体验毫不逊色，甚至其成本优势更为明显。正因如此，越来越多的汽车企业都加入到电动车的竞争当中，其中比较有代表性的车企就包括比亚迪。

近年来，中国汽车业通过持续创新与不懈努力，已逐渐引领国内市场，走向国际市场。比亚迪作为新能源车的领军企业，坚持自主品牌、自主研发、自主发展的商业模式，以"打造民族的世界级汽车品牌"为产业目标，已快速成长为最具创新意识的新锐民族自主汽车品牌，更以独特技术领先于全球电动车市场。

对于汽车生产来说，从最初的工业设计到零部件的采购、组装、调试和下线，需要经历成百上千的步骤与细节，这也正是制造业的特别之处。随着信息化系统的深化应用，比亚迪原有系统逐步呈现出功能和性能方面的若干问题：系统相互独立、数据源头多样、信息不能实时共享……此外，比亚迪的大部分客户来自世界领先的跨国公司，有着行业最严格的制造标准，希望能对实时产出率、产线良率和工艺过程稳定性等信息进行有效掌控，而传统的黑箱作业模式无法满足不同客户、不同产品的制造要求。

毫无疑问，比亚迪站在信息化转型的十字路口。为了积极响应市场变化，比亚迪经过长期审慎的调研，以长远发展的战略性眼光，决定选择SAP ME解决方案和华为SAP HANA一体机解决方案，与其现有的核心SAP ERP（企业资源管理）系统和新实施的SAP EWM（扩展仓库管理）系统进行整合，再配合华为SAP HANA一体机解决方案，构建一个稳定、可靠且安全、高效的标准化、流程化和透明化的全方位生产执行管理平台，最终实现生产全过程的可追溯和实时管控，从而优化业务流程、提高运营效率，使企业运营和管理更加精细化，更为未来公司业务的健康和可持续发展夯实

◎案例分析：比亚迪联合华为，依托SAP HANA一体机解决方案构建规范化、高绩效的智能工厂，实现工业生产的智能化。随着信息化的不断发展，生产生活中许多相对复杂的劳动已逐渐转化为简单劳动或被机器所代替，人们将拥有更多的时间和精力进行自我挖掘和发展，从而从事更加复杂的劳动。

基础。

采用华为SAP HANA一体机解决方案之后，比亚迪部分重要业务功能的响应时间从1~2分钟缩短到十几秒，生产综合查询响应效率提升10倍，实现了快速响应的目标。不仅如此，在全联接方面，该解决方案通过对历史库存数据、物料追溯和生产良率等的分析，实现了生产数据的实时共享，从而满足了比亚迪对高性能计算、减少人工干预、大幅降低成本、加速供应链响应速度等方面的需求，实现了信息化与业务前瞻性的有效融合，大大提升了企业竞争力。

思辨探究：随着人工智能时代的来临，许多复杂劳动转变成简单劳动，许多从事简单劳动的岗位也被机器所替代。请问，你如何理解"劳动者不再是生产过程的主要当事者，而是生产过程的旁观者"这句话？

话题互动

有人认为，复杂劳动比简单劳动创造的价值更高，你怎么看？结合简单劳动和复杂劳动的时代发展，谈谈在当前的时代背景下，简单劳动和复杂劳动如何协同创造价值？

1.4

劳动与人的全面发展

人的全面发展是马克思主义理论的重要组成部分，是马克思主义最高的价值追求。全面发展强调人的发展的丰富性和多维性。马克思指出："生产劳动同智育和体育相结合，它不仅是提高社会生产的一种方法，而且是造就全面发展的人的唯一方法。"任何一名劳动者，无论从事什么职业，只有勤于学习、善于实践，在工作岗位上兢兢业业、精益求精，才能够成就精彩人生。

劳动认知

1. 劳动促进人的劳动能力全面发展

（1）劳动丰富人的知识

知识是人类对世界的一种真理性追求，它与认识的内涵是统一的。知识具有真理性，这就决定了知识不能凭空想象，知识不但要在劳动实践中获得，而且还要经过劳动实践的检验。"在劳动实践中获得"体现了真理的绝对性，"经过劳动实践的检验"体现了真理的相对性。因此，知识是绝对性与相对性的统一，统一于劳动实践中。人类只有通过劳动，才能获得知识；不断地劳动实践，就可以丰富知识；再将获得的知识应用到劳动实践中进行检验，才能使知识得到不断的发展和丰富。

技术知识是职业院校大学生学习的主要内容之一。技术是以实践为基础，技术知识处于一个动态的实践过程中，技术知识不仅包括可以"写在纸上"的认知知识和行为规范，而且包括了以经验形态保存在劳动者"大脑或身体"中的技能潜意识。对于前者，后人可以通过书籍等方式学习，而对于后者，劳动者只能在不断实践的过程中去"悟"，最终形成自身的技能潜意识。无论是学习还是实践，归根结底，都是劳动。

（2）劳动提升人的技能

技能一般是指劳动者在劳动实践过程中锻炼、积累、凝聚的技术、技艺、本领、本事等，在技术哲学中也称之为"作为过程的技术"。具体而言，技术过程是以设计、发明、制造、操作和维修等为核心的复杂的过程。以农民为例，农民在农耕过程，要对整个农耕过程进行设计，春耕夏耘秋收冬藏就是对整个农耕过程的大致设计；为了提高生产劳动效率，农民会发明创造农具，例如在春秋战国时期，农民就发明了以铁犁为主要的农具；农民会根据经验，判断天气等自然条件，从而对农耕活动进行调整；在大丰收时，农民欢欣喜悦的心情、生活的幸福感和人生的成就感都来源于丰收的粮食（图1-4-1）。把技能看作一个过程，就是以动态的角度去看待技能。

图1-4-1
农民丰收
的喜悦

提升技能是职业院校人才培养的目标之一。技能的过程性和动态性就决定了职业院校必须通过劳动实践去提升学生的技能。脱离了劳动实践，劳动者是无法掌握技能的。事实上，职业院校的职业性和技术性特色的逻辑支撑就是"劳动提升人的技能"。正是由于这个逻辑，职业院校在相对较短（一般为三年制）的学制内，开展了大量的实训、实习、社会实践等实践课程，这些课程占了一半以上的总学时。

（3）劳动提高人的素养

素养是人平时的修养。"素"为本质、本性，"养"为培养、养成，简单地讲，就是素质与修养。《辞海》对素养一词的解释是经常修习涵养。从一般意义上讲，素养从内在上包括道德品质、知识水平与能力等，外在上包括外表形象、行为方式等。无论是内在道德品质、知识水平的提高，还是外在形象、行为的提升，都不是与生俱来的，需要在后天的劳动实践中形成。素养的"养"本身就是一种劳动实践，是在劳动实践中对"素"（本性）进行"修饰"，在古代，称之为"修身"。在劳动实践中，我们学会了与他人相处，提高了道德品质；学会了生活技能，提升了知识水平；学会了社会秩序，规范了行为方式。

职业院校不是培养"机器人"，而是培养高素质技术技能人才。"高素质"就是对职业院校人才培养中素养的要求。在职业院校中，学生素养提升是以显性教育与隐性教育相结合的方式，主要通过思政课、学生活动、社会实践、校园文化等途径，在课堂内外助力学生素养的养成，这些途径在本质上都是劳动实践。

2. 劳动促进人的社会关系的全面发展

（1）劳动帮助人健全多种多样的人际关系

马克思认为，人是各种社会关系的总和，每个人都不是孤立存在的，他必定存在于各种社会关系之中。人类在劳动实践中建立了各种社会关系，例如在学校里，建立了师生关系、同学关系、室友关系；在工作后，建立同事关系、上下级关系；在日常生活中，建立了情侣关系、家庭关系。这所有的社会关系，都是在劳动实践中建立的，而且必须依赖于劳动实践才得以保持。人类的情感需求是在各种社会关系中得到满足的，例如，在同学关系中，可以满足对友情的需求；在工作关系中，可以满足对获得感和成就感的需求；在家庭关系中，可以满足对爱和尊重的需求。任何人都不可能活成一座孤岛，这是人的社会属性所决定的，只有自然属性的人是无法在人类社会生存的。印度狼孩的故事充分说明了这点，印度狼孩像狼一样用四肢行走，双手得不到解放，无法参与社会劳动，就无法在劳动实践中建立各种人与人之间的关系，即丧失了人的社会属性，因而也无法在人类社会中生存。因此，人只有通过劳动，才能建立劳动关系，进而丰富社会关系。多种多样的人际关系，是人的社会属性的内在要求，也是人能够生存在人类社会的客观条件。

（2）劳动帮助人构建丰富美好的社会生活

人类社会的发展离不开劳动。人类社会发展的推动力，不是某种精神、意识，而是劳动实践。人类在劳动实践中与自然和谐共生，改良劳动工具，提升劳动技能，推动科技进步，提高劳动生产率，创造了巨大的物质财富和精神财富，推动了人类社会不断向前发展。当前，世界百年未有之大变局加速演进，新一轮科技革命和产业变革深入发展。2021年5月15日7时18分，中国"天问一号"探测器成功着陆于火星乌托邦平原南部预选着陆区，我国首次火星探测任务着陆火星取得成功，这是我国首次实现地外行星着陆，我国成为第二个成功着陆火星的国家。中国国家航天局与欧空局以及阿根廷、法国、奥地利等国家的国际航天组织和国家航天机构开展了有关项目合作，将共同为探索宇宙奥秘、增进对火星演化的认知、了解生命起源等贡献智慧和力量。对宇宙的探索，对火星的探测，是当代人类最新的劳动实践，人类在劳动实践中将人类社会的发展空间推向了更远更大的外太空。正是因为劳动，人与社会才密不可分。人类创造美好的社会生活，社会促进人的社会关系全面发展。

（3）劳动帮助人建立自然多彩的自然生活

劳动就是人类认识自然和改造自然的手段。自然界是先于人类的客观存在，人类是自然发展到一定阶段的产物。为了满足自身的生存需要，人类需要与外界自然建立联系。在自然属性方面，人类通过劳动发展成为有意识主动的人，形成生命；在社会属性方面，人们的劳动不是孤立的，劳动总是在一定的劳动关系中的。人类的衣食住行离不开劳动创造。人类在农业劳动中，从自然获取粮食制作食物，获取棉花制成衣服；在工业劳动中，从自然获取钢筋水泥，建筑房子，满足居住需求；在科技劳动中，从自然获得新能源，应用于汽车，满足出行需求。离开了劳动，这一切都无法实现。

中华优秀传统文化中也强调人与自然的和谐关系，提出了天人合一、顺应自然的自然观。比如儒家荀子提出了"天行有常，不为尧存，不为桀亡"，这与马克思主义哲学认为自然规律客观存在，不依赖于人的意识是一致的。还有儒家"赞天地之化育"的思想原则，也体现了中国古代先哲们保护自然界生物资源的自觉观念。

3. 劳动促进人的自由发展

（1）劳动能力的全面发展为人的自由发展提供了物质保障

劳动工具的发展是劳动能力提升的重要标志之一。在农业文明时期，生产力、生产工具决定了人类的生存方式。最初，人们用石锛、石斧伐灌木树丛，放火焚烧，劈地造田，开始了"刀耕火种"的原始农业阶段。夏商西周时期，人们以木、石、骨、蚌等为主要农具，也开始使用铜斧、铜铲、铜锄头、铜镰刀等锋利、轻便的青铜农具。春秋战国时期，人们以铁犁为主要农具，铁器和畜力被运用到农业生产上来，农业进入了精耕细作阶段。在此后的近两千年里，精耕细作的技术体系不断完善，并形成了一系列农业生产工具和器具，到元代时种类已达 180 种以上。在漫长的农业社会，技术发展十分缓慢，木材、石材、铜、铁是主要的生产材料，动力以人力、畜力以及后来的风力、水力为主。劳动工具的不断改善和进步，大大提升了人类的劳动效率，生产了丰富的生活物质（图1-4-2）。这不仅保障了人类的日常生存所需，而且为人的自由全面发展提供了物质保障。例如，酿酒工具和技术的发展，大大丰富了人类的娱乐生活，促进了人与人之间的社会关系，从而促进了人的自由发展。

图 1-4-2
劳动工具的
进步提升了
劳动效率

（2）人的社会关系的全面发展为人的自由发展提供了实现路径

人的本质属性是社会属性。人的自由发展客观上就要求人的社会关系全面发展。反之，人的社会关系的全面发展为人的自由发展提供了实现路径。人的自由发展不是孤立的自我发展，而是融在社会关系中的共同发展。原始社会的劳动形态是融于自然、无序、单一的，几乎没有组织性。在原始社会中，人类劳动是为了满足自我的生存需求，但由于劳动工具（石器）落后，难以和野兽竞争食物，更谈不上扑杀野兽充饥。那时候的人类，很多时候是吃野兽吃剩下的腐肉。为了生存，人类只有团结起来，集中力量，才能战胜野兽，在大自然中获得足够的食物。家庭形式的出现，就是团结的体现。团结起来的人类鼓起了勇气，与野兽抢夺果实，甚至捕猎一些小型动物作为食物，从而得以生存。"团结"就体现了人的社会关系，这里面包含了家庭关系、朋友关系、上下级关系、男女关系等各种人与人之间的关系。正是有了这些社会关系，人类才能自由发展。在此基础上，随着劳动工具和技术的发展，生产力不断提高，人类通过钻木取火战胜了野兽，通过提高农耕技术，获得了丰富的生活资料，这为人的自由发展提供了决定性的保障。

（3）人在劳动中实现个人价值与社会价值的统一

"社会主义是干出来的，新时代也是干出来的。"这里的"干"就是劳动，这句话简单明了地阐释了人能够在劳动中实现个人价值与社会价值的统一。个人价值与社会价值的实现不是想象出来的，更不是不劳而获的。个人价值与社会价值的实现是干出来的，是每个大学生在校刻苦学习、勤奋读书、努力钻研的结果，是在工作中爱岗敬业、兢兢业业、脚踏实地的结果，是在生活中热爱劳动、尊重劳动、珍惜劳动的结果。江茶花和刘良珊是深圳职业技术大学医学技术与护理学院的两名校友，毕业后均在广东省人民医院工作。新型冠状病毒感染疫情暴发后，作为中共党员的她们，主动报名到医院感染科负责收治新冠病人。50多天里，她们每天都被防护服裹得严严实实，为了少上厕所，只能少喝水，但是她们没有任何怨言。在接受记者采访时，江茶花说："作为一名党员，这是我的责任和义务。我为我有这段经历感到骄傲。"刘良珊说："一开始确实有点担心和害怕，但是后来投入工作中就没时间担心和害怕了。我很羡慕那些去支援湖北的同事，如果有机会，我肯定会去的，无怨无悔。"她们克服内心的恐惧，全身心投入工作，有责任，有担当，这是在工作岗位上不怕困难、勇于奋斗的劳动精神的体现。2021年5月，新型冠状病毒感染疫情在广州再次暴发，江茶花和刘良珊又穿上了防护服，站在了抗击疫情的一线。在她们身上，新时代的劳动精神彰显得淋漓尽致，这种精神也成就了她们的精彩人生。

案例品鉴

大国工匠罗昭强：不忘初心，展现中国工人创造力

罗昭强，1972年生，中共党员，高级工程师，高级技师，现为中车长春轨道客车股份有限公司高速动车组制造中心调试车间高级诊断组工人。2018年4月28日，罗昭强获"全国五一劳动奖章"荣誉称号；2020年11月，他又获得"2020年全国劳动模范"荣誉称号；2021年5月31日，他被中共中央组织部确定为"全国优秀共产党员"拟表彰对象。

多年前，从高职学校毕业的罗昭强成为了一名普通的维修工，但是创新的意识早早就存在他的脑海中。20世纪90年代初，罗昭强刚听到"工业计算机"就敏锐地意识到这种设备必将会在未来的自动化生产中起到不可替代的作用，于是，他持续学习各种技术，2005年，在原中国北车第二届职业技能大赛中，罗昭强捧回了维修电工组的冠军奖杯，被授予"全国技术能手"称号。

◎案例分析：高职学校毕业的罗昭强从一名普通的维修工开始做起，脚踏实地，刻苦学习，锐意进取，工作认真负责。随着劳动能力不断提升，他的社会关系也不断发展并丰富，从而促进了他全面而自由的发展。经过25年的积累，他成长为全国技术能手，用青春、汗水、意志诠释了技能创造美好生活的劳动理念。

2015年，罗昭强再次转换赛道——转岗至高铁生产调试一线。基于25年维修电工的技术积累，他率领团队先后完成"复兴号"中国标准动车组、京张智能高铁等国家和企业重点项目的试制和调试攻关工作，取得了数十项调试方法的创新，保证了动车组"零故障"出厂。

伴随着第六次中国铁路大提速，中国高铁事业迎来发展的黄金时期，但从事高铁生产核心工作的调试工人，全国不超过2 000人，堪称"大熊猫"工种。罗昭强再次转换自己的赛道——为破解调试人才培训周期长、培训成本高、培训效率低下的难题，罗昭强研制了动车组调试技能实训装置，极大提高了培训效率，解决了调试人才极度短缺的难题。他主持完成的"高速列车整车调试环境模拟技术及应用"项目荣获2018年度国家科技进步奖二等奖。

"新时代的技术工人，不仅要埋头苦干，还要懂技术、会创新"，这是罗昭强一直奉行的工作法则。面对国外调试设备的技术封锁，罗昭强研制了具有自主知识产权的列车端部模拟器等动车组关键调试装备，打破国外市场垄断，将设备成本缩减为原来的1/10，将调试技术牢牢掌握在自己手里。中华技能大奖是国家颁发给技术工人的最高荣誉，获此奖者被尊称为"工人院士"，2016年罗昭强摘得中华技能大奖。

（资料来源：学习强国，有删改）

思辨探究：马克思从社会实践的角度，阐释了人的全面发展理论。结合案例，谈谈劳动、技术与人的全面发展的关系，以及如何能够实现人的全面发展。

话题互动

有人提出："在艰苦的年代，提倡劳动是为改善生活，现在是和平年代，即使不劳动，也不会饿死，因此不劳动也没有关系。"也有人提出："无论在什么年代，人都要劳动，劳动不仅是为了改善生活，而且是为了丰富人的社会关系，促进人的全面自由发展。因此，无论在艰苦年代还是和平年代，人都需要劳动。"针对这种两种观点，谈谈你的看法。

专题一
交互测试

拓展实践

"智慧工厂"劳动实践项目

1. 实践主题

模拟搭建并打造属于自己的自动化"智慧工厂"。

2. 实践目的

通过项目式劳动科技实践活动激发学生的劳动热情和学习兴趣。课程充分使用教学软硬件设施，通过组织项目式科创实践活动，吸引学生积极参与，引发学生自主创新与实践的兴趣，最终促进劳动创新实践成果展示。

3. 实践内容

"智慧工厂"劳动实践项目，是在数字化工厂的基础上，利用物联网技术和设备监控技术加强信息管理和服务，清楚掌握产销流程、提高生产过程的可控性、减少生产线上人工的干预、即时正确地采集生产线数据，以及合理的生产计划编排与生产进度，并加上绿色智能的手段和智能系统等新兴技术，构建一个高效节能的、绿色环保的、环境舒适的人性化工厂。

学生在教师的指导下，可以通过模块化的拼搭方式再现真实工厂环境，让学生在人工智能模拟生产环境的劳动实践条件下，不仅能够体验不同的劳动场景、劳动工具，还能够从感官上感受到模拟劳动实践场景中所嵌入的劳动知识、劳动价值、劳动理念等。

首先，组建团队，做好"智慧工厂"各模型搭建及程序调试等工作分工，教师协助每组学生完成地图布置，并分发给每个小组搭建器材和计算机。其次，在劳动课专业老师带领下，学生分别完成智能运输车模型、智能起落架模型、全自动货物流水线模型搭建和智能立体停车场模型调试等任务。然后，将以上模型合体，形成"智慧工厂"完整模拟环境，并进行联合测试，确保整体各模型顺利衔接，零失误展示，记录项目实施过程心得体会。最后，通过后期整理资料，进行项目实施总结，小组轮流汇报，教师帮助学生完成项目课程评价与回顾。

4. 实践要求

小组完成一份关于"智慧工厂"项目实践的报告或以短视频的形式记录总结项目实施过程。

5. 实践评价

思考劳动在搭建智慧工厂中的作用，分享你在完成搭建任务后的收获。小组劳动成果展示结束后，各组开展互评分数，并提出"智慧工厂"优化方案。

参考文献

［1］卡尔·马克思.资本论：第一卷［M］.北京：人民出版社，2004.

［2］中共中央马克思恩格斯列宁斯大林著作编译局.马克思恩格斯全集：第一卷［M］.北京：人民出版社，2001.

［3］卡尔·马克思.1844年经济学哲学手稿［M］.北京：人民出版社，2000.

［4］中共中央马克思恩格斯列宁斯大林著作编译局.列宁选集：第四卷［M］.北京：人民出版社，2012.

［5］毛泽东.毛泽东选集：第二卷［M］.北京：人民出版社，1991.

［6］邓小平.邓小平文选：第三卷［M］.北京：人民出版社，1999.

［7］江泽民.江泽民文选：第三卷［M］.北京：人民出版社，2006.

［8］习近平.决胜全面建成小康社会，夺取新时代中国特色社会主义伟大胜利［M］.北京：人民出版社，2017.

专题一
拓展阅读

［9］人民教育出版社历史室.世界近代现代史［M］.北京：人民教育出版社，
    2006.

［10］何盛明.财经大辞典［M］.北京：中国财政经济出版社，1990.

［11］毛玉美.论邓小平关于"社会主义要靠发展实践证明"的思想［J］.甘肃社会
    科学，2009（06）：200-202.

［12］檀传宝.劳动教育的概念理解——如何认识劳动教育概念的基本内涵与基本特
    征［J］.中国教育学刊，2019（02）：82-84.

［13］黄顺基.中国科技发展战略问题初探［J］.齐鲁学刊，1998（2）：37-44.

［14］刘冠军.论实现高新技术产业化的意义和途径［J］.齐鲁学刊，1997（1）：
    46-50.

［15］胡锦涛.在2010年全国劳动模范和先进工作者表彰大会上的讲话［N］.人民
    日报，2010-04-28（002）.

专题二
劳动与强国建设

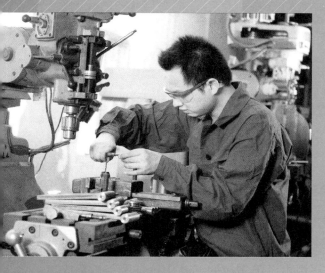

　　劳动是创造价值的唯一源泉，人才是实现民族振兴、赢得国际竞争的宝贵战略资源。提高劳动者素质、建设创新人才队伍是实现高质量发展、增强国际竞争力的关键。本专题围绕劳动与高质量发展、人力资源强国与国际竞争、人口与劳动力供需、劳动与可持续发展四个部分展开，阐述了劳动对促进国家高质量发展、提升国际竞争力，推动社会及个人可持续发展的重要意义。引导当代大学生深入认识创造性劳动对于国家实现高质量发展的关键性作用，深切了解现阶段我国劳动力供需状况及存在的突出矛盾，深度领悟人力资源强国战略的重要意义，自觉把个人理想融入国家命运，练就过硬本领，勇担时代重任。

2.1

劳动与高质量发展

习近平总书记指出，"劳动创造了中华民族，造就了中华民族的辉煌历史，也必将创造出中华民族的光明未来"。在新时代新征程中，面对国家实现高质量发展的战略任务，当代中国青年学子要深化"劳动是创造价值的唯一源泉"的认识，树立对劳动创造幸福的信心，增强走技能成才、技能报国之路的行动自觉。

劳动认知

1. 高质量发展问题的缘起及内涵要求

我们党对"高质量发展"的认识经历了一个不断深化的过程。2017年党的十九大报告中首次提出经济领域的"高质量发展"概念，历经"十三五"期间的实践检验，"高质量发展"的内涵进一步拓宽，逐渐由经济领域的"高质量发展"拓宽成为经济、社会、文化、生态等各领域的"高质量发展"。在"十四五"规划建议的起草过程中，习近平总书记明确提出，"高质量发展不能只是一句口号，更不是局限于经济领域"。在党的十九届五中全会上，习近平总书记强调：我们必须把发展质量问题摆在更为突出的位置，着力提升发展质量和效益。经济、社会、文化、生态等各领域都要体现高质量发展的要求。2021年，党的十九届六中全会通过的《中共中央关于党的百年奋斗重大成就和历史经验的决议》（以下简称《决议》）强调："必须实现创新成为第一动力、协调成为内生特点、绿色成为普遍形态、开放成为必由之路、共享成为根本目的的高质量发展，推动经济发展质量变革、效率变革、动力变革。"

（1）高质量发展问题的缘起

高质量发展问题的提出有其深刻的历史逻辑、实践逻辑和理论逻辑，是我国经济社会发展历史、理论和实践的统一。

从历史层面看，高质量发展是我们党在推动经济建设不断向高级形态迈进过程中形成的。新中国成立初期，我国经济社会发展面临一穷二白的局面，国家集中资源短时间内建立起独立的、比较完整的工业体系和国民经济体系。党的十一届三中全会召开之后，全党工作的重心和全国人民的注意力转移到了社会主义现代化建设上，提出了改革开放的任务，我国经济经历了加速发展的阶段，生产潜力不断得到释放，生产要素得到有效利用，经济规模越来越大。但与此同时，经济增长方式较为粗放，经济结构不合理，能源、资源、环境等约束日益凸显，经济发展方式转变问题日益引起党中央的高度重视。党的十三大强调了经济效益和经济结构的问题，提出"要从粗放经营为主逐步转向集约经营为主的轨道"，党的十五大提出可持续发展战略，党的十七大进一步明确加快转变经济发展方式的战略任务（图2-1-1）。

党的十八大以来，中国特色社会主义进入了新时代，党中央提出要适应、把握、引领经济发展新常态，坚定不移贯彻新发展理念。党的十九大根据发展阶段和社会主要矛盾重大变化，经过充分论证，明确提出我国经济已由高速增长阶段转向高质量发展阶段。

图2-1-1
可持续发展

从理论层面看，高质量发展是我们党把握发展规律从实践认识到再实践再认识的重大理论创新。经济发展理论必须与时俱进。马克思主义的认识论强调，新理论产生于新实践，新实践需要新理论指导。党的十八大以来，以习近平同志为核心的党中央作出经济发展面临"三期叠加"、经济发展进入新常态等判断，强调不能简单以生产总值增长率论英雄，必须深化供给侧结构性改革。党的十九大作出我国经济转向高质量发展阶段的判断，《决议》对高质量发展做了进一步强调。这些思想环环相扣，系统回答了经济形势"怎么看"、经济工作"怎么干"的问题。推动高质量发展的重要论述，连同经济发展新常态、深化供给侧结构性改革、统筹发展和安全、贯彻新发展理念、构建新发展格局等，成为习近平新时代中国特色社会主义经济思想的重要组成部分，是当代中国马克思主义政治经济学、中国特色社会主义政治经济学的最新成果。这些重要思想是党的十八大以来我国经济发展取得历史性成就、发生历史性变革的根本思想保证，是全面建设社会主义现代化国家过程中必须长期坚持的重要指导思想。

从实践层面看，高质量发展是全面建设社会主义现代化国家的首要任务。实践呼唤高质量发展。当前，我国社会主要矛盾已经转化为人民日益增长的美好生活需要和不平衡不充分的发展之间的矛盾。不平衡不充分，本质上就是发展质量不高。现阶段，我国生产函数正在发生变化，经济发展的要素条件、组合方式、配置效率发生改变，面临的硬约束明显增多，资源环境的约束越来越接近上限，碳达峰碳中和成为我国中长期发展的重要框架，高质量发展和科技创新成为多重约束下求最优解的过程。在全面建设小康社会阶段，我们主要解决的是量的问题；在全面建设社会主义现代化国家阶段，必须解决好质的问题，在质的大幅提升中实现量的持续增长。

（2）高质量发展的内涵要求

高质量发展就是体现新发展理念的发展，必须坚持创新、协调、绿色、开放、共享相统一。

高质量发展是以人民为中心的发展。满足人民需要是社会主义生产的根本目的，也是推动高质量发展的根本力量。我国经济的新增长点、新动力蕴含在解决好人民群众普遍关心的突出问题中，产生于人力资本质量提高的过程中。高质量发展就是要回归发展的本源，实现最大多数人的社会效用最大化。进入新发展阶段，以习近平同志为核心的党中央把实现全体人民共同富裕摆在更加重要的位置上，我们必须坚持通过推动高质量发展、通过共同艰苦奋斗促进共同富裕，必须广泛调动全社会的积极性和能动性，提升全社会的人力资本质量和专业技能，通过14多亿人共同努力，一起迈入现代化。

高质量发展是宏观经济稳定性增强的发展。经济增长往往呈现周期性波动，但大起大落会破坏生产要素和社会财富。在世界面临百年未有之大变局、全球经济充满不确定性的条件下，高质量发展要始终坚持稳中求进工作总基调，要更加注重从供给侧发力，通过优化经济结构提升经济稳定性。《决议》提出，完善宏观经济治理，创新宏观调控思路和方式，增强宏观政策自主性。要持续抓好落实，尤其要针对经济波动，做好宏观政策跨周期设计和逆周期调节，加强预期管理。从高速增长转向高质量发展是风险易发高发的时期，要坚持底线思维，防范化解各种重大风险特别是系统性风险，着力用高质量发展来从根本上防范化解各类风险，实现稳增长和防风险的长期均衡。

富有竞争力的企业是高质量发展的基础。高质量发展必须把培育有核心竞争力的优秀企业作为各类经济政策的重要出发点，真正打牢高标准市场体系的基础。企业好经济就好，居民有就业、政府有税收、金融有依托、社会有保障。国有企业要不断深化改革，在高效公平地参与市场竞争中不断提升创新引领力和国际竞争力。民营企业要向"专精特新"方向发展，把敢于冒险的企业家精神和公司治理的规范性统一起来。外资企业要鼓励引进更具竞争力的产品、技术和服务，在更高水平的竞争中创造价值、实现互利共赢。要为企业家充分发挥要素整合、市场开拓、创新推动作用创造良好的市场环境。

高质量发展是创新驱动的发展。高质量发展就是将创新作为第一动力的发展，只有创新驱动才能推动我国经济从外延式扩张上升为内涵式发展（图2-1-2）。能否实现高质量发展关键在于能否实现由要素投入驱动向技术创新驱动的跨越，从而在全球创新和产业链分工中占据关键位置。提升全要素生产率、劳动生产率、科技贡献率、人力资本积累等，都与创新直接相关。党的二十大强调，要加快实施创新驱动发展战略。坚持面向世界科技前沿、面向经济主战场、面向国家重大需求、面向人民生命健康，加快实现高水平科技自立自强。以国家战略需求为导向，集聚力量进行原创性引领性科技攻关，坚决打赢关键核心技术攻坚战。要调整优化科技结构，真正形成以企业为主体的创新体制，发挥大企业的引领支撑作用，支持中小企业成为创新重要发源地，加强创新领域国际合作；强化知识产权创造、保护、运用，完善科技创新激励机制和科技评价机制，落实好"军令状""揭榜挂帅"、科研经费"包干

图2-1-2
创新是发展
的第一动力

制"等机制；改革科研经费管理，赋予科学家更大的技术路线决定权、经费支配权、资源调度权，探索赋予科研人员职务科技成果所有权和长期使用权；加快形成并实施有利于科技人才潜心研究和创新的评价体系。

高质量发展要坚持市场化、法治化、国际化。高质量发展需要强化市场机制，形成良性竞争，降低制度性交易成本，建立统一开放、竞争有序的高标准市场体系。社会主义市场经济本质上是法治经济，必须以保护产权、维护契约、统一市场、平等交换、公平竞争、有效监管为基本导向，完善社会主义市场经济法律制度，为市场主体活动提供公正、稳定、可预期的法治环境。高质量发展要在高水平国际竞争中动态提升，稳步扩大规则、规制、管理、标准等制度型开放，增强中国市场吸引力和中国企业国际竞争力。市场化、法治化、国际化三者相辅相成，是培育吸引全球一流要素和高质量微观主体的基础性制度要求，必须通盘推动，构建更加成熟、更加定型的社会主义市场经济体制。

高质量发展要坚持生态优先、绿色发展。推动经济社会发展绿色化、低碳化是实现高质量发展的关键环节。习近平总书记一直重视对生态环境的保护，十八大以来多次对生态文明建设做出了重要指示，在不同场合反复强调"绿水青山就是金山银山"，山水林田湖草沙是一个生命共同体，要一体化保护和系统治理。要实行最严格生态环境保护制度，着力推进重要生态系统保护和修复重大工程，构建生态安全屏障体系；要在碳达峰碳中和框架下，逐步有序推进我国生产生活方式全面绿色低碳转型；要坚持系统观念，统筹推进碳达峰碳中和工作，按照"全国统筹、节约优先、双轮驱动、内外畅通、防范风险"的原则，先立后破，处理好发展和减排、整体和局部、短期和中长期的关系；要完善绿色低碳政策和市场体系，充分发挥市场机制激励约束作用；深入研究我国现阶段以煤为主的能源结构下，如何实现绿色低碳发展；在推动绿色低碳发展中解决生态环境问题，推动绿色低碳技术取得重大突破，加快形成节约资源和保护环境的产业结构、生产方式、生活方式、空间格局；深度参与全球环境与气候治理，引导应对气候变化国际合作。

2. 实现高质量发展必须大力发展职业教育

习近平总书记指出，技术工人队伍是支撑中国制造、中国创造的重要基础，对推动经济高质量发展具有重要作用。奋进新时代新征程，要实现高质量发展，必须大力发展职业教育，充分发挥人才蓄水池功能，培养有理想守信念、懂技术会创新、敢担当讲奉献的技术工人队伍，为中国产业迈向全球价值链中高端提供生力军提供人才支撑。

（1）发展职业教育要深化产教融合，增强服务高质量发展能力

高质量发展呼唤更多高质量人才，服务高质量发展是新时代职业教育的历史使命。党的十九届四中全会强调，建立以企业为主体、市场为导向、产学研深度融合的技术创新体系，为职业教育坚定不移走应用型办学，服务高质量发展指明了实践之路。必须把握好经济社会发展形势、技术技能人才需求，不断提升职业教育服务能力。立足地方产业发展和乡村振兴，以校企合作为抓手，将产教融合贯穿人才培养全过程，着力培养高素质劳动者和技术技能型人才，使这一融合合作成为创新发展的"助推器"、就业增收的"稳定器"、高质量发展的"催化器"。

（2）发展职业教育要深入推进"三教"改革，提升技术技能型人才的培养质量

职业教育教师、教材、教法的"三教"改革是增强职业教育适应性、提升技术技能型人才培养质量的关键抓手。在新一轮技术革命及产业升级的背景下的生产劳动的内涵和外延正在发生着重大变化，尤其是由云计算、物联网、大数据、人工智能催生出的新基建、新技术、新材料、新业态对生产劳动者产生了比以往任何时代都要强烈的创新创造性素质的要求。这就客观上要求职业教育要因时而进、破旧立新，以增强职业教育适应性为目标，以搭建校企合作共同体为平台，在教师上积极打造一支专兼结合的"双师"教学团队，教材上将企业的新技术、新规范、新标准、新工艺有机融入，教法上打造深度融合的理实一体化课堂，以"红军不怕远征难"的精气神，不断攻克在职业教育发展中的"娄山关""腊子口"，大力推进职业教育教师、教材、教法的"三教"改革，使职业教育所培养人才的素质与经济社会发展的要求高度契合。

（3）发展职业教育要加大供给投入，提供职业教育发展支撑

大力发展职业教育是一项系统工程。要认真贯彻落实2021年10月中共中央办公厅、国务院办公厅印发的《关于推动现代职业教育高质量发展的意见》（以下简称《意见》）。首先，完善国家职业教育体系。按照"管好两端、规范中间、书证融通、办学多元"的原则，严把教学标准和毕业学生质量标准两个关口。其次，推进高等职业教育高质量发展。把发展高等职业教育作为优化高等教育结构和培养大国工匠、能工巧匠的重要方式，使城乡新增劳动力更多接受高等教育。再次，完善高层次应用型人才培养体系。完善学历教育与培训并重的现代职业教育体系，畅通技术技能人才成长渠道。推动具备条件的普通本科高校向应用型转变，鼓励有条件的普通高校开办应用技术类型专业或课程。最后，促进产教融合、校企"双元"育人。借鉴"双元制"等模式，总结现代学徒制和企业新型学徒制试点经验，校企共同研究制定人才培养方案，适应"互联网＋职业教育"发展需求，运用现代信息技术改进教学方式方法，推进虚拟工厂等网络学习空间建设和普遍应用。同时《意见》指出，未来将"加快构建现代职业教育体系，建设技能型社会""加快建立'职教高考'制度"，鼓励应用型本科学校按照专业大致对口原则，开展职业本科教育。发展特色综合高中和职业本科教育，中国职业教育将迎来里程碑式的发展。

可以预见，职业教育的有效发展将不断增强适应性，实现教育链、人才链与创新链、产业链的衔接，让更多高素质技术技能人才、能工巧匠、大国工匠从职业院校中走出来，成就更多"技能改变人生"的精彩故事，为实现高质量发展、全面建设社会主义现代化国家提供强有力的人才支撑。

3. 高质量发展需要依靠劳动创造去实现

党的二十大强调，团结奋斗是中国人民创造历史伟业的必由之路。这是对中国经济社会发展艰辛历程的深刻总结，也是对实现高质量发展必由之路的深刻提示。

（1）劳动是实现高质量发展的必经之路

劳动是推动历史前进的唯一动力。习近平总书记指出："劳动是人类的本质活动，劳动光荣、创造伟大是对人类文明进步规律的重要诠释。"纵观整个人类文明史，从刀耕火种的原始社会到男耕女织的农业社会，从蒸汽时代到电气时代、再到当今的信息时代，劳动一直推动着社会进步的车轮滚滚向前，一直滋养着人类的精神世界，促进着人的全面发展。埃及金字塔、希腊帕特农神庙、中国京杭大运河和万里长城……这些历经沧桑、至今仍然熠熠生辉的文明瑰宝，无不辉映着千千万万劳动人民智慧的光芒。民生在勤，勤则不匮。中华民族是勤于劳动、善于创造的民族，正是因为中华民族的劳动创造，我们才拥有了辉煌的历史，我们才能不断向世界呈现精彩纷呈的"中国故事"（图2-1-3）。

　　中国特色社会主义进入新时代，我们迎来了高质量发展的建设时期。但无论时代环境条件发生什么样的改变，无论技术进步和知识更新达到什么样的程度，无论经济社会发展达到什么样的水平，劳动始终是文明进步的重要源泉，劳动者的创造始终是历史前进的根本动力。从"高速发展"向"高质量发展"的华丽转身，要靠那一双双辛勤的双手、坚韧的臂膀和诚实勤奋的劳动精神。

（2）高质量发展赋予劳动新的特质

　　在世界经历百年未有之大变局，我国发展环境面临深刻复杂的变化，在国内发展的不平衡不充分问题仍然突出、重点领域关键环节的改革任务仍然艰巨的国际国内背景下，立足新发展阶段、贯彻新发展理念、构建新发展格局、推动高质量发展为劳动提出了更高的要求，赋予了新的特质。

　　一是勤于创造、勇于奋斗的特质。处在百年未有之大变局的关键时期，核心技术创新成为我国在日趋激烈的国际竞争中立于不败之地的关键"利器"；面向"十四五"规划和2035年的远景目标，破解发展中深层次的顽瘴痼疾，需要攻坚克难、壮士断腕的决心和勇气，更需要创造和创新；实现高质量发展，劳动比以往任何时候都更加需要富有创造性，创新成为发展的第一推动力。

　　二是追求卓越、争创一流的特质。全面建设社会主义现代化国家的宏伟目标，必然要求在劳动的物质产品、精神产品和服务方面达到优质和高效，使其具有品牌竞争力。这就需要劳动者在劳动精神风貌上具备追求卓越、争创一流的精神特质。这一特质不仅是优秀劳动者职业精神的呈现，更蕴含了对全体劳动者的期待；不仅是劳模精神、工匠精神的写照，更是高质量发展前提下中国人的劳动精神航标。

　　三是诚信务实、造福社会的特质。高质量发展是以人民为中心的发展，其目标指向是增加社会财富，提升经济社会发展效益，让人民群众真正有获得感、幸福感、安全感。因此，劳动必须是有利于社会财富真实而非虚假的增加、经济真实而非虚假的繁荣，有利于人民群众共享成果的持续壮大和美好生活的持续改善。因此，要坚决反对和防止劳动的异化，使劳动合乎社会主义道德和精神。

（3）青年是推动高质量发展的主力军

时代呼唤担当，实现高质量发展关键在于青年。"当代中国青年生逢其时，施展才干的舞台无比广阔，实现梦想的前景无比光明。"广大青年要珍惜这个时代，在实现高质量发展的征程上勇担使命，在应对重大挑战、抵御重大风险、克服重大阻力、解决重大矛盾中迎难而上、挺身而出，在担当中历练，在尽责中成长，让青春在实现高质量发展的奋斗中绽放。

图2-1-4
青年劳动者
要发挥实干
精神

做推进高质量发展征程上的劳动者，需要发扬实干精神（图2-1-4）。习近平总书记在纪念五四运动100周年大会上的讲话中指出："奋斗不只是响亮的口号，而是要在做好每一件小事、完成每一项任务、履行每一项职责中见精神。"高质量发展不会从天而降，坐而论道不行，坐享其成更不可能。"九层之台，起于累土。"要实现高质量发展，把全面建设社会主义现代化强国的宏伟蓝图变为现实，必须"不驰于空想，不骛于虚声"；发扬"钉钉子精神"，一锤接着一锤；发扬长征精神，一步一个脚印。以永不懈怠的精神状态和一往无前的奋斗姿态，踏踏实实干好每一项工作，走好属于我们这一代人的新的长征路。

做推进高质量发展征程上的劳动者，需要练就过硬本领。劳动要苦干、实干，但不能蛮干，人的素质和能力是奋斗的前提条件。新的时代，新的征程，人民日益增长的美好生活需要和不平衡不充分的发展之间的矛盾和在诸多关键技术领域"卡脖子"的突出问题，对党和国家各项工作都提出了新的要求。身处这一伟大时代的青年学子都应该思考如何提高自己的能力和素质来适应这个时代，以更好地进行劳动。青年学子要切实增强学习紧迫感和自觉性，珍惜韶华、不负青春，如饥似渴、孜孜不倦地学习马克思主义的立场、观点、方法，努力掌握科学文化知识和专业技能，努力提高人文素养，提高内在素质，锤炼过硬本领，在新时代新征程中作出积极贡献。

案例品鉴

高凤林：站在巅峰之上的中国技师

高凤林，中国运载火箭技术研究院首都航天机械公司发动机零部件焊接车间员工、高凤林班组组长。作为一名航天特种熔融焊接工，我国长三甲系列运载火箭、长征五号运载火箭的第一颗"心脏"——氢氧发动机喷管，都是在他手中诞生的。发展航天，火箭先行。高凤林作为一名普通航天人，几十年如一日，用勤勤恳恳的工作，为我国90多发火箭焊接过"心脏"，占到我国火箭发射总数的近四成，助推了我国航天强国和世界科技强国建设。

1970年，我国第一颗人造地球卫星飞上太空，大街上的广播中回响着卫星传回的"东方红"乐曲，年幼的高凤林产生了疑问："卫星是怎么飞到天上去的？"由此，航天在他的心中成了一个梦境。为了回答儿时的疑问，高凤林以优异的成绩从中学毕业后，报考了"七机部"技校，七机部是我国早先航天工业部门的简称。从此，高凤林与航天结下了不解之缘。要掌握过硬的焊接技术，离不开辛勤练习的汗水。高凤林一面虚心向师傅求教，一面勤学苦练，吃饭时拿筷子练习送焊丝动作，喝水时端着缸子练稳定性，休息时举着铁块练耐力，常常冒着高温观察铁水的流动规律。

20世纪90年代，为长三甲系列运载火箭设计的新型大推力氢氧发动机，其大喷管的焊接一度陷入研制瓶颈。大喷管的形状有点儿像牵牛花的喇叭口，延伸段由248根壁厚只有0.33毫米的细方管组成，仅一根管子的价值就相当于一台彩电，这些全部要通过工人手工焊接而成。全部焊缝长近900米，管壁比一张纸还薄，焊枪多停留0.1秒就可能把管

◎案例分析：推进高质量发展，建设社会主义现代化强国，需要一代又一代的劳动者坚持不懈地努力奋斗。高质量发展离不开高技能人才，我国要实现高质量发展需要建设一支数量充足、素质优良、结构合理的高技能人才大军。在新时代，青年学子要把自己的小我融入祖国的大我之中，着眼自身发展，增强行动自觉，将青春梦融入中国梦，让青春在强国建设中绽放、在技能报国中闪光。

子烧穿或者焊漏。在首台大喷管的焊接中，高凤林连续奋战一个多月，凭借着高超的技艺，攻克了烧穿和焊漏两大难关。

此后的日子里，高凤林积极开展技术创新，攻克多项难题。他成功解决了某型号发动机推力室生产难题，突破十多年未解决的技术瓶颈；提出多层快速连续堆焊加机械导热等方法，解决"长二捆"运载火箭研制生产难题，保证了澳星成功发射；他大胆运用新的工艺措施，解决了国家863攻关项目中久攻不下的难关；在新一代运载火箭长征五号研制中，他面对极其困难的操作环境，高空焊接，成功修复发动机内壁，避免经济损失上百万元。

（资料来源：《北京青年报》，有删改）

思辨探究：面对时代赋予的推进高质量发展、建设社会主义现代化强国的历史使命，结合高凤林的案例，谈谈作为职业院校青年学子的你应做哪些准备？你打算如何去做？

话题互动

诺贝尔奖是衡量一个国家科技实力的指标之一，但目前我国获得诺贝尔奖的数量和我国的综合国力并不匹配。请你结合我国现阶段创新驱动发展战略，辩证分析我国的强国建设是否必须要在诺贝尔奖数量上取得国际领先。

2.2

人才强国与国际竞争

无论是日常消费品生产，还是高精尖制造，都需要有一大批"身怀绝技"的大国工匠。说到底，国际竞争的关键是人才竞争，不惟制造业如此，各个领域莫不如是。显而易见，挖掘人力资源，提升人才创新能力，是我们立于不败之地的关键因素之一。

劳动认知

1. 人力资源的内涵与特征

（1）人力资源的内涵

就逻辑从属关系而论，人力资源属于资源这一大范畴，是资源的一种具体形式，资源是人类赖以生存的物质基础。从经济学的角度来看，资源是指能给人们带来新的使用价值和价值的客观存在，它泛指社会财富的源泉。自人类出现以来，财富的来源无外乎两类：一类是来自自然界的物质，可以称之为自然资源；另一类就是来自人类自身的知识和体力，可以称之为人力资源。在相当长的时期里，自然资源一直是财富形成的主要来源，但是随着科学技术的突飞猛进，人力资源对财富形成的贡献越来越大，并逐渐占据了主导地位。

1954年，管理学大师彼德·德鲁克（Peter F. Drucker）首先提出了"人力资源"的概念，之后随着人类社会进入知识经济时代，高新技术革命与进步的浪潮正在把世界各国的经济发展由自然资源竞争、资本资源竞争推向人力资源竞争。人力资源，又称劳动力资源或劳动力，是指一个国家或地区够推动整个经济和社会发展、具有劳动能力的人口规模与质量的总称。从现实的应用形态来看，人力资源包括体质、智力、知识和技能四个方面。一个国家的人力资源状况直接关系到社会的发展水平和国家的竞争能力，因而，人力资源是最重要的财富基础和战略资源。

马克思主义政治经济学认为，社会经济运动过程是物质财富生产过程和精神财富生产过程的统一，无论物质财富还是精神财富，都是由劳动者创造的。社会生产过程又呈现出多层次、多样化特点，有直接生产劳动过程，有非生产性劳动过程。同一工厂有多样化的工种，同一行业有不同的管理方式，同一区域有不同的行业等，由此有一线工人、技术人员、管理人员、教师、律师、演员、警察、法官等多样化的人力资源社会分工，他们以不同的劳动形式为社会创造着物质财富和精神财富。社会经济的发展，就是人力资源和物质资源相结合形成生产力的结果。

（2）人力资源的特征

较之自然资源和物质资源，人力资源是更为重要的优势资源和特殊资源，因而具有诸多显著的特点。

第一，时效性。人力资源的形成和利用受到生物学意义上的时间限制，如同其他生物体一样，人有着一个从成长到衰亡的生命过程。人在童年及少年时期不具有现实人力资源的意义，只能是一种潜在的人力资源，只有达到法定的劳动年龄之后，才能成为具有实际劳动能力的人力资源，而人进入老年期之后，劳动能力衰退，由此又失去了人力资源的意义。因此，人力资源具有时间的界定，局限于具有实际劳动能力的劳动适龄时期。世界各国对劳动年龄的界定并不相同，因而国民的劳动参与率也存在差异（图2-2-1）。我国现行的劳动年龄规定是：男性16~60岁，

图2-2-1
2019年各经济体15~64岁年龄劳动参与率（资料来源：世界银行）

女性16~55岁。从2019年各经济体15~64岁年龄段劳动参与率可以看出，我国劳动参与率达到了75.9%。但是在现实中，也有一些特殊情况，如劳动适龄人口中存在部分丧失劳动能力的病残人口，还存在一些因各种原因暂时不能参加社会劳动的人口，如在校就读的学生。在劳动适龄人口之外，也存在一些具有劳动能力，正在从事社会劳动的人口，如退休返聘人员。

第二，能动性。人不同于自然界的其他生物，因为人具有思维情感，具有调节自身与外部关系的社会意识。这种意识，使人力资源能够发挥主观能动性，对自身行为作出抉择，主动学习与自主地选择职业，且有目的、有意识地利用其他资源进行生产，推动社会和经济的发展。正如马克思在《资本论》中所指出的："劳动首先是人和自然之间的过程，是人以自身的活动来引起、调整和控制人和自然之间的物质变换的过程。"同时，人力资源的能动性还表现为创造性思维，这种思维在人类活动中能够发挥创造性的作用，既能创新观念、革新思想，又能创造新的生产工具、发明新的技术，从而创造出更多的社会财富与价值。

第三，可塑性。人的劳动能力可以通过教育与训练，使其层次较低的能力得到发展而具有较高的品质和较强的功能。马克思在《资本论》中指出："要改变一般的人的本性，使他获得一定劳动部门的技能和技巧，成为发达的和专门的劳动力，就要有一定的教育或训练。"劳动者所受的教育程度越高，其劳动力的品质就会越好，劳动能力也就越强。高科技人力资源普遍接受过系统的或较高层次的专业学习，并从事高科技领域的研究，专业知识精深，视野开阔，知识面广，能够扩展知识结构，经常能够创造性地完成工作任务，并能够在此过程中产生强大的内驱力和比较持久而且相对稳定的进取精神，从而达到实现自我价值的目的。

第四，时代性。自然资源会在一个较长的历史时期保持相对稳定的状态，而人力资源则会因不同时代的社会发展因素而产生新的变化，出现新的状态。当今社会，知识经济迅猛发展，科学技术日新月异，产业结构调整速度加快，全球一体化形成的"蝴蝶效应"对各国经济和劳动就业的冲击也在日益加快。其他方面姑且不论，仅就知识更新的速度而言，其周期明显越来越短。联合国教科文组织的一项研究表明，19世纪到20世纪初，知识更新周期为30年，而进入21世纪时，

图2-2-2
终身学习

许多学科的知识更新周期已缩短为2~3年。显然，这一时代性因素对人力资源的"终身学习"提出了新的要求（图2-2-2）。

2. 人才是国际竞争的根本保障

（1）国际竞争的核心是人才竞争

放眼古今中外，无数历史事实告诉我们，人才是经济社会发展的第一资源，人才的数量和质量从根本上决定着一个国家的发展水平和竞争力水平。而所谓人才，是指具有一定的专业知识或专门技能，能进行创造性劳动并对社会作出贡献的人，是人力资源中能力和素质较高的劳动者。我国作为世界第一人口大国，人力资源的基数远超其他国家，对这一资源的开发和利用必然成为国家发展处于领先优势和竞争立于不败之地的关键。因此，我们在强化人才意识的同时，更要有明确的人力资源理念。人力资源是将所有人纳入资源范畴，根据每一个人的特点进行效益最大化设置，目标是人尽其才，人尽其用，即人人都可以发光发热，在国家建设和民族复兴的伟大征程中有所作为。习近平总书记在中国科学院第十七次院士大会、中国工程院第十二次院士大会开幕会上指出，"要把人才资源开发放在科技创新最优先的位置，改革人才培养、引进、使用等机制，努力造就一批世界水平的科学家、科技领军人才、工程师和高水平创新团队，注重培养一线创新人才和青年科技人才"。这里强调的不只是人才的重要性，更是一种高瞻远瞩的资源意识。只有把着眼点定位在人力资源效益最大化上，把落脚点定位在人力资源最大能量释放上，才能在更大程度上优化人才队伍，强化国家竞争力。

随着我国经济发展进入新常态，经济发展由高速增长转为中高速增长，产业结构不断调整优化，经济增长方式由投资、要素驱动转向创新驱动，这在为我国带来良好的发展机遇的同时，也对人力资源建设提出了新的挑战。党的二十大报告指出，要深入实施科教兴国战略、人才强国战略、创新驱动发展战略，努力培养造就更多大师、战略科学家、一流科技领军人才和创新团队、青年科技人才、卓越工程师、大国工匠、高技能人才。目前，如何采取切实有效的政策措施，加强人力资源投资，培育强大的创新型人才队伍，已经成为我国建设创新型企业、创新型国家进程中最重要、最艰巨的任务。

（2）世界主要经济体人力资源发展概况

自15世纪"地理大发现"以来，在500多年的历史跨度里，一些大国凭借海外冒险和殖民掠夺相继崛起。随着时代的变迁，世界竞争格局发生变化，这些"大国"此兴彼衰，最后剩下部分国家在国际竞争中仍然保持了较强的优势和竞争实力，其原因虽各有不同，但对人力资源的开发利用无疑是共同的特点。近代文明发展的历史轨迹是"以现代商品文明取代自然经济文明"，从英国产业革命以后的近200年里，前期经济社会发展的主要支撑是物质资本；第二次世界大战结束至今，人类社会则跨入了一个全新的发展阶段——"以人力资本为依托的经济发展时期"，人力资源开发已然成为经济发展的引擎。

当今世界无论是发达国家还是发展中国家，彼此之间的竞争主要表现为科技的竞争，而科技的载体是人才，所以世界各国对人才开发都尤为重视。德国新千年伊始就宣布要招聘2万名海外信息技术人才；英国则拿出400万英镑用于提高一流科学家的工资，以防人才流失；美国、加拿大、澳大利亚等发达国家都有类似做法。

西方各国实业界开发人力资源的另一个新动向是重视对"灰领"人才的培训提高。所谓"灰领"，主要是指技术工人、高级技师等，他们是制造业发展的关键性资源和核心动力之一。由于现代制造业需要高新技术支撑，要求劳动者既要有理论和专业知识，又要有很强的动手能力，在工作实践中能够解决关键技术和工艺的操作性难题。于是培训能够适应知识经济要求的集知识性、技能性于一体的复合型技术人才，在发达国家便被广为重视。日本与德国之所以能以强大的经济实力位于发达国家的前列，主要得益于有灰领人才队伍支撑的发达的制造业。灰领人才队伍的等级比例在这些国家多呈"圆桶型"，高级技工和技师的比例一般要占40%左右；在素质层面上，他们的文化专业知识较为全面扎实，如日本制造业从业人员平均受教育年限为12.3年。有关定量研究发现，第二次世界大战后日本经济增长的1/4应归功于教育的发展和人才的开发。

亚洲地区的一些新型工业化国家和地区，在人力资源开发方面也有自己比较独特的做法。如新加坡，主要着力于通过培训提高人力资源的技能水平，并且通过提高薪资引导人们学技术、提高技能水平。作为亚洲地区制造业大国的韩国则特别重视职业教育和对技术工人的培养，强调通过开展职业教育提高人力资源的生产效率，尤其是通过鼓励学生进入工学院和职业学院学习来增强学生对现实的适应能力。根据西班牙教育和职业培训部公布的2018—2019学年数据，在西班牙有近84万人正在接受职业教育培训。

不难看出，德国、新加坡、日本、韩国等重要经济体的人力资源开发在很大程度上得益于职业教育。欧洲各国也顺应时代潮流，大力发展职业教育，一些国家已建立起一套机制成熟、覆盖全民的职业教育和培训体系，使民众的整体竞争力得以提升。如瑞士早在19世纪末即广泛开展职业教育。在瑞士，人们从小就受到技能教育理念的耳濡目染，约2/3的中学毕业生选择职业教育。瑞士精工细作的钟表、汇集数十种功能的军刀、享誉世界的酒店管理等，都是瑞士的"名片"。这些闪亮的"名片"背后，一套运行成熟的职业技术人才培养机制功不可没。另外，西班牙、新加坡等国职业教育也起步较早。

（3）我国当前人力资源与人才现状

近年来，中国在人力资源开发与人才体系完善方面取得的成就有目共睹。全球化智库（CCG）与中国教育学会联合发布的《2018人力资源强国报告——人力资源竞争力指数》指出，中国人力资源开发规模世界第一，开发能力持续提升，开发质量不断提高，开发贡献举世瞩目。据2021年习近平总书记《深入实施新时代人才强国战略 加快建设世界重要人才中心和创新高地》一文列举的相关数据，我国人才资源总量从2010年的1.2亿人增长到2019年的2.2亿人，其中专业技术人才从5 550.4万人增长到7 839.8万人。2019年，各类研发人员全时当量达到480万人年，居世界首位。世界知识产权组织等发布的全球创新指数显示，我国排名从2012年的第34位快速上升到2021年的第12位。总体而言，中国已成为全球人力资源竞争力上升最快的国家和进入人力资源强国的唯一的发展中大国。我国在人力资源开发上取得如此成就，离不开近年来在扩大高等教育规模、加强人才队伍建设、推进国际人才交流等高质量人才培养方面做出的诸多努力。

伴随着我国经济发展进入新常态，提高劳动者素质、建设高质量的人力资源和人才体系成为支撑高质量经济发展的关键。从高等教育规模、留学归国人数和中长期人才发展规划目标的实现情况看，我国初步建成了一支素质过硬的人才队伍，人力资源就业结构也根据产业结构的变迁特点进行了适当的调整。但从国际比较的视角来看，我国人力资源开发与利用还存在诸多矛盾，比如劳动力整体素质还有待提高、高质量的人力资源相对匮乏、人力资源层次结构不够合理与分布不平衡等。

3. 我国的人才强国战略

（1）实施人才强国战略的重要意义

人类社会历经自然经济、农业经济、工业经济等社会形态，已进入知识经济社会。发展所依赖的战略资源发生了巨大的变化，已经由自然资源、资本资源，逐步转向人力资源。人力资源是一切资源中最宝贵、最重要的资源，人力资源开发的程度决定社会发展的程度这一观点已成为共识。英国经济学家哈比森（F.H.Harbison）认为：人力资源是国民财富的最终基础。资本和自然资源是被动的生产要素；人是积累资本，开发自然资源，建立社会、经济和政治组织并推动国家向前发展的主动力量。一个国家如果不能发展人民的技能和知识，就不能发展任何别的东西。

在2021年9月召开的中央人才工作会议上，习近平强调，当前，我国进入了全面建设社会主义现代化国家、向第二个百年奋斗目标进军的新征程，我们比历史上任何时期都更加接近实现中华民族伟大复兴的宏伟目标，也比历史上任何时期都更加渴求人才。实现我们的奋斗目标，高水平科技自立自强是关键。综合国力竞争说到底是人才竞争。人才是衡量一个国家综合国力的重要指标。国家发展靠人才，民族振兴靠人才。我们必须增强忧患意识，更加重视人才自主培养，加快建立人才资源竞争优势（图2-2-3）。

图2-2-3
国家发展靠人才

（2）人才强国，职业教育大有可为

实现中华民族伟大复兴是近代以来我们民族最伟大的梦想。我国的一个重要国情就是人口多，人力资源基数大，面对这个庞大的基数，教育强国显然成为强国建设和民族复兴的基础工程。党的十八大以来，以习近平同志为核心的党中央，深刻回答了为什么建设人才强国、什么是人才强国、怎样建设人才强国的重大理论和实践问题。党的十九大报告则指出，"建设教育强国是中华民族伟大复兴的基础工程，必须把教育事业放在优先位置"。党的二十大报告又提出了"加快建设教育强国""加快建设高质量教育体系"的战略目标。具体而言，教育强国包括学术强国和技能强国两个层面。不论从哪个层面来讲，青年学生无疑都可大有作为。学术昌明是国家强盛的重要基础之一，而技能强国则是中国现代化整体建设的长远需求和战略目标，打造技能强国是我国建设成为经济强国、生产强国和制造强国的重要途径。《中国制造2025》明确提出："到2035年，我国制造业整体达到世界制造强国阵营中等水平。创新能力大幅提升，重点领域发展取得重大突破，整体竞争力明显增强，优势行业形成全球创新引领能力，全面实现工业化""新中国成立一百年时，制造业大国地位更加巩固，综合实力进入世界制造强国前列"。职业教育是技能强国的载体，在全面建设社会主义现代化国家新征程中，职业教育前途广阔、大有可为。因此，构建现代化高质量高等教育体系尤其是职业教育体系，提高劳动者素质，培养更多高素质技术技能人才、能工巧匠，是我国实施人才强国战略和实现"工匠"人才储备的必然选择。

进入21世纪，世界职业教育在改变与竞争中持续发展，发达国家与发展中国家在职业教育体系构建、高技能人才培养等方面相互竞争、相互借鉴。我国在成为重要的工业产品制造国的同时，正在成为最为重要的职业人才培养培训大国。党的十九大以来，习近平总书记从新时代青年成人成长、国家建设发展、新时代现代产业大军培养、新时代脱贫攻坚等战略高度与长远视野，全面阐释"劳模精神、劳动精神、工匠精神"，反复强调职业教育在制造强国、人才强国等重大战略实施中的重要意义，为职业教育提供了战略指引。国家先后出台了一系列重磅文件，明确了职业教育在国家战略体系中的地位，要把职业教育摆在教育改革创新和经济社会发展中更加突出的位置。2019年1月国务院颁布《国家职业教育改革实施方案》，明

确了职业教育与普通教育同等重要的地位，并提出开展本科层次职业教育试点，打破了职业教育止步于专科层次的"天花板"。至此，我国职业教育改革发展走上提质培优、增值赋能的快车道，职业教育面貌发生了格局性变化。2021年4月，全国职业教育大会提出，要稳步发展职业本科教育，培养更多高素质技术技能人才、能工巧匠、大国工匠，为本科层次职业教育承担培养新时代大国工匠的时代使命提供了根本遵循。

推动本科层次职业教育发展，培养新时代大国工匠精神、造就新时代大国工匠人才，已经成为我国人力资源强国战略的重要组成部分。目前，我国共有包括本科层次在内的各级各类职业学校1万余所，在校生近3000万人，建成了世界上规模最大的职业教育体系，培养了一大批支撑经济社会发展的技术技能人才，促进了我国由人口大国向人力资源大国的转变。

在此背景下，高等职业教育已然成为广大青年成功成才的重要途径，也为"人人出彩，技能强国"铺就了一条康庄大道。习近平总书记强调："我国经济要靠实体经济作支撑，这就需要大量专业技术人才，需要大批大国工匠。"2019年8月，习近平总书记在甘肃山丹培黎学校视察时对同学们说："三百六十行，行行出状元。希望你们继承优良传统，与时俱进，认真学习，掌握更多实用技能，努力成为对国家有用、为国家所需的人才。我支持你们！"

习近平总书记的殷殷嘱托更加坚定了青年一代选择接受职业教育的信心和"不负韶华，强国有我"的决心。如今，一代人的青春，正在强国之路上闪耀光芒，在科技赋能中铸就责任，在职业技能舞台上熠熠生辉！

案例品鉴

从受制于人到全球领先：中国盾构机背后的"杜鹃花"

凿穿喜马拉雅山脉修建铁路，你敢想象吗？面对这一前无古人的设想，曾有西方声音说，"给中国100年时间，也不可能修建成功"。而如今，中国正在修建通往尼泊尔的一条大通道——中尼铁路。之所以有底气修建这样一条铁路，一个重要原

◎案例分析：我国盾构机技术从受制于人到走向世界，从一个侧面反映了国家科技竞争力的增强，也有力地证明了技术人才在国际竞争中的重要作用。在强国建设当中，我们不但需要科学大师，而且需要像王杜娟这样的工匠大师。高技术技能人才的培养是强国建设的有力保证，当前，只有在高技术技能人才的坚实支撑下，并坚持把握新发展阶段、坚持新发展理念、构建新发展格局，才能在科学技术上立于世界之林。

因是，我们拥有全球最强的盾构机。

盾构机，即盾构隧道掘进机，是一种隧道掘进的专用工程机械，广泛用于地铁、铁路、公路、市政、水电等隧道工程，号称"地下航母"。但长期以来，国内盾构机市场完全依赖进口，不仅价格昂贵、制造周期长，关键技术也受制于人。

1997年，我国开挖秦岭18公里隧道，从德国引进两台盾构机，对方索价高达7亿元。后来，我国开始与外国企业合作，按外方图纸生产盾构机配套构件。当时，年轻的中铁隧道集团工程师王杜娟发现图纸中有很多错误，联系对方要求改正，可他们开出的条件是咨询费每天1万元。这种技术受制于人的无奈，让王杜娟暗下决心，一定要造中国人自己的盾构机。

2002年10月，中铁隧道集团盾构机研发项目组正式成立，年轻的王杜娟成为项目组18位成员之一。盾构机的系统非常复杂，被称为"工程机械之王"，自主研发谈何容易？王杜娟跟着研发团队，跑遍了所有有地铁施工的城市，从早到晚都在隧道里观察机器、画图纸、研究结构，从刀盘到土压传感器再到液压驱动系统，王杜娟和她的团队战胜了一个又一个关键性的挑战。

功夫不负有心人，2008年4月，王杜娟和同事们终于成功研制出我国第一台拥有部分自主知识产权的复合土压平衡盾构机，其整机性能达到国际先进水平，多项关键技术达到国际领先水平。从这一刻开始，洋盾构机一统天下的格局终于被中国人打破了，王杜娟也成为同行眼中"一朵怒放在盾构设计领域的杜鹃花"。此后，王杜鹃先后主持完成了国内多地隧道掘进的盾构机设计任务；2012年，又顺利完成马来西亚2台盾构机设计，实现了"中国中铁盾构机"冲出国门、走向世界的跨越。

2014年5月，习近平总书记在河南调研时，视察了中铁装备总装车间盾构机装配平台。他欣慰地说："装备制造业是一个国家制造业的脊梁，希望我们掌握更多的核心技术，让中国品牌叫响世界。"2019年"两会"期间，习近平总书记参加河南代表团审议时，王杜娟向总书记汇报了我国隧道掘进机的科技创新和产业发展情况，她自豪地说："我们从中国产品走向了中国品牌，中铁装备的品牌在全世界已经响当当了。"

（资料来源：《河南日报》，有删改）

思辨探究：技能人才特别是高技能人才是我国人才队伍的重要组成部分，是支撑中国制造和中国创造的重要力量。从案例中王杜鹃的技术研发历程出发，讨论并分析技能人才在国际竞争中的作用和角色担当。

话题互动

我国的工业经济已进入快速发展期，需要大批高技能的人才。然而，我国当下的高技能人才还不足技术人员总数的30%，与发达国家相比尚有相当大的差距。你如何看待我国高技能人才比重较小这个问题？

2.3

人口与劳动力供需

人口问题是人类社会共同面对的基础性、全局性和战略性问题，人口数量及结构的变化将深刻影响劳动力供需平衡及经济社会发展全局。《中华人民共和国国民经济和社会发展第十四个五年规划和2035年远景目标纲要》提出，把提升国民素质放在突出重要位置，构建高质量的教育体系和全方位全周期的健康体系，优化人口结构，拓展人口质量红利，提升人力资本水平和人的全面发展能力，建设社会主义现代化强国。

劳动认知

1. 人口是劳动力供需的基础

（1）人口是劳动力的重要基础

人口作为社会生活的主体，涉及一个国家和社会的政治、经济、军事、文化等各个方面的活动，是经济社会发展的基础，是一切发展最根本的动力源泉，是最有效的生产力。这里讲的人口，是指有一定的科学知识、生产经验和劳动技能，并能基于此使用工具、实现物质资料生产的人，即劳动力。劳动力有广义和狭义之分：广义上的劳动力指全部人口，狭义上的劳动力则指具有劳动能力的人口。国际上一般把15~64岁列为劳动年龄人口，我国规定男子16岁~60周岁，女子为16岁~50周岁，这部分人口被视为劳动年龄人口。从总量上考察，在一定人口数量的情况下，决定劳动力供给的主要因素之一是总人口中劳动年龄人口所占的比重。简而言之，人口是一定数量个人的综合，强调规模。劳动力资源是在这总和中具备劳动能力的人，而人才是劳动力资源中的佼佼者。"人口"与"劳动力""人才"是一种包含关系，表2-3-1可以帮我们更全面地认识人口与劳动力之间的关系。

表2-3-1　认识人口资源、劳动力资源与人才资源

	定义	性质	关注焦点	影响因素
人口资源	指一个国家或地区的人口总体，是进行社会生产不可缺乏的基本条件，是构成一个国家综合国力的重要因素	人口总体情况的问题	人口增长的速度和质量	生理、自然环境、社会经济、政治、科技、文化、教育、民族、心理等
劳动力资源	指一个国家在一定时期内，全社会拥有的在劳动年龄范围内、具有劳动能力的人口总数，照我国现行规定，劳动年龄的范围为男16~60岁，女16~55岁（工人为50周岁）	劳动力人口的质量问题	具有劳动能力的那部分人	遗传、营养、教育、自我努力程度、人口总量以及人口的出生率、死亡率、自然增长率，人口年龄组成及其变动，人口迁移等
人才资源	指的是人力资源中素质层次较高的那一部分人，是一个边界模糊的概念	人的创造性的劳动过程	人力资源中的高层次人才	专业技能、创造解决问题的能力、管理者的管理能力、心理素质等

在任何国家和任何时代，劳动力都是不可或缺的生产要素，劳动力的数量、质量和结构直接决定着一个国家或地区的经济表现。劳动力人口具有数量、质量、结构和分布等不同维度的特质，并都会对经济产生直接的影响。首先，一定的劳动力人口数量是一个国家和地区经济增长的必要条件。一方面，虽然在不同的技术时代或不同的经济发展阶段，劳动力人口数量的意义有所不同，但劳动力人口数量只有在达到一定规模后才能实现充分的分工，进而提高劳动生产率。另一方面，在市场扩张时期，劳动力数量的增长可以带来可观的规模效益。这正是亚当·斯密所揭示的劳动力人口的分工效应和规模效应。

其次，劳动力人口的质量，亦即人力资本决定着劳动生产率。人力资本是指蕴含于人体之中、具有经济价值的知识和技能，是经济增长的重要源泉。在当代经济

中，人力资本可以在一定程度上替代劳动力数量发挥作用。在劳动力人口规模相同的情况下，具有较高人力资本水平的经济体的劳动生产率明显高于人力资本水平较低的经济体，在全球化的经济体系中更具有竞争力。但是，由于人力资本蕴含于人的头脑和身体之中，劳动者是人力资本的天然承载者和运用者，因此一定数量的劳动力人口仍然是人力资本存在的必要前提。在人力资本存量一定的情况下，劳动力人口数量的减少同时意味着人力资本存量的缩减，这正是目前一些长期生育水平极低的国家面临的窘境。

（2）劳动力供需的基本概念及影响因素

劳动力供给是指在获得一定报酬的条件下，劳动者个人或家庭为社会提供劳动力的数量。影响社会劳动力供给的因素主要包括两类：第一类是宏观因素，包括人口及劳动年龄人口规模、宏观经济状况、社会经济政策、教育发展状况及不同教育程度劳动力的工资率差距和劳动保障制度等；第二类是与个人或家庭参与劳动决策直接相关的因素，包括工资政策和工资关系、市场工资率、个人非劳动收入、居民家庭生产率的变化、劳动者个人的年龄和性别等。

劳动力需求主要指的是国家或者社会在某段时间内，能够以自愿原则购买的劳动力数量。究其本质而言，劳动力需求主要是社会、企业在生产过程中所能够吸纳的劳动力总量，即在一定时期内雇主愿意并能以某种工资率雇用的劳动力数量。劳动力需求的影响因素主要包括经济增长因素和经济结构因素。经济增长促进劳动力需求的提升，企业经营范围的扩大也会提升其劳动力需求，这同时也会为社会增加就业机会、扩大就业规模。

人口结构是劳动力供需的最重要影响因素之一。在人口年龄结构的变动中，劳动力人口的比重越大，对经济的推动力也就越显著。因此，在其它条件不变的前提下，为了刺激经济增长，适当保持较高的劳动人口比重是非常重要的。一旦老年人口比重超过劳动力人口比重，经济增长的速度必定下降。我国虽然人口基数大，劳动力人口数量大，但这并不意味着中国劳动力供需处于理想状态。比如现在就存在"供需双降"这种供需不平衡的现象。与此同时，妇女就业、大学生就业、新兴经济行业人才需求等因素也都影响着中国的劳动力供需关系。

2. 人口结构影响劳动力供需

（1）人口老龄化冲击劳动力市场

我国曾实现了长达数十年的经济高速增长，富有生产性的人口年龄结构保证了充足的劳动力供给，为经济发展做出了显著贡献。近年来，我国经济发展进入新常态，增长速度有所放缓，同时伴随着社会进入低生育阶段，人口增速放缓（图2-3-1）、老龄化加剧，我国劳动力供给形势也出现新变化。

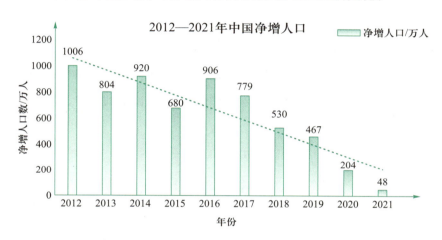

图2-3-1
2012—2021
年中国净增人
口（资料来源：
国家统计局）

根据联合国最新人口预测，未来我国劳动年龄人口规模会持续下降，劳动力无限供给的人口基础正在消失。劳动力市场中劳动力供给规模的下降已成必然趋势，但在我国经济结构尚在转型期间，劳动力的需求总量依然很大。由此产生的影响主要表现在三个方面：一是劳动力供给紧张，这会给劳动力市场乃至整体经济发展带来冲击。由于经济发展水平的区域不平衡和人口变化的区域差异，在劳动力人口持续减少的情况下，一些地区尤其是经济发达地区的劳动力市场会更可能出现供求失衡的问题，整体经济应对市场条件变化的弹性也会变小。二是劳动成本增加，劳动力供给短缺将提高市场工资水平，加之老龄化和人口抚养比加重等因素，劳动成本将显著增加。劳动密集型产业将首当其冲受到负面影响，曾长期支撑我国经济快速增长的劳动力比较优势不复存在。三是年轻劳动力数量减少会改变劳动力人口整体生产能力的结构。在当今新技术时代，年轻人接受更多的教育，其所掌握的知识和能力要强于年龄较大的劳动力，因而具有更高的劳动生产率。由于年轻劳动力的数量和比重变化直接关系到一个国家或地区的竞争力，所以曾经依靠"人口红利"增长的经济结构，正在向"人才红利"转变。

（2）人口素质及流动与劳动力供需结构性矛盾

在新的经济形势下，我国人口老龄化进程加快，劳动力供给增速下降、规模缩小，同时伴随人工成本不断上升，过去长期依赖的劳动力比较优势逐渐减弱，所以我国经济正在进入高质量发展阶段，劳动力市场发生深刻变革。与此同时，外部经济环境挑战也在增多。在这样的内外部环境下，随着经济结构调整和产业转型升级，劳动力供需的结构性矛盾更加突出（表2-3-2）。一方面沿海地区招工难、用工荒和技工短缺的局面没有得到有效缓解，另一方面大学毕业生人数不断创新高，农民工等群体就业质量有待提高，城镇就业压力依然存在。同时，随着全球新一轮科技革命和产业变革浪潮的到来，传统劳动密集型就业岗位受到冲击，一些行业对人力资本要求进一步提高。

表2-3-2　我国劳动力供需的不平衡现状

类型	现状
地区分布不均	东部地区的岗位数量最高，而人口大省多为中西部地区
城市分布不均	一线城市的就业人数最多，新一线城市对人才的吸引力也在不断上升，二三线城市人才外流的现象突出
行业分布不均	互联网、金融等行业的就业吸引力很高，但传统服务业、制造业、能源、矿产等行业的人才供给持续低迷
企业规模分布不均	微型企业的就业景气程度最高，人才需求最旺盛，但受到雇主品牌、福利待遇等因素的制约，人才供给面临不足；中小企业人才需求较多，竞争也最激烈；大型企业的招聘需求放缓，竞争同样激烈

另外，我国区域经济发展水平具有明显的不均衡性，不同地区内部产业结构不同，对劳动力人口规模与类型的需求也存在较大差异。在信息不对称以及区域制度性分割等因素的影响下，我国不同地区的劳动力资源在空间上难以实现优化配置。东南部及沿海地区尤其是特大城市劳动力集聚程度较高，但内部仍存在结构性失业问题；中西部地区尤其是中小城市就业机会较少、就业层次较低，难以吸引高素质、高技能劳动力流入，地区间劳动力供需失衡问题可能持续存在。

3. 人才资源充足和劳动力供需平衡是经济社会发展的关键性因素

（1）提高劳动者素质，推动劳动力供需平衡

习近平总书记强调："当代工人不仅要有力量，还要有智慧、有技术，能发明、会创新。"劳动者要实干，还要创新，因为"劳动者素质对一个国家、一个民族发展至关重要。劳动者的知识和才能积累越多，创造能力就越大"。随着新科技革命的不断深入，中国产业结构转型升级速度将不断加快，劳动力市场也将产生重大调整，未来人们的生产生活方式都将随之发生变革，生产生活呈现智能化趋势（图2-3-2）。一方面一些传统岗位被替代，文化程度不高、技能水平较低的劳动者群体受到较大冲击；但另一方面也会出现新的岗位，将有更多能够发挥人的比较优势技能的工作岗位，对人力资本结构的需求进一步改变。新技术革命对我国的人才供给体系提出新的要求，人才培养与人才引进工作更加重要和紧迫。

图2-3-2
生产生活智能化

提高劳动者素质需加强人力资本投资。人力资本是体现在劳动者身上的资本，如劳动者的知识技能、文化技术水平与健康状况等，人力资本投资指的是一个国家为了经济发展，在教育经费和技术训练等方面所进行的投资，其中最有效的投资是教育上的投资，这种投资能增进全民的知识、技术和能力。大力加强人力资本投资，继续提高人口素质，用劳动力质量代替劳动力数量，这样才能够从根本上解决未来我国劳动力人口规模下降带来的劳动力供给不足问题。同时，在劳动人口老龄化的情况下，由于劳动者的知识技能与岗位需求不匹配导致的就业失衡问题可能会进一步加剧，不同行业、区域的结构性失业或局部劳动力短缺问题将更加凸显。因此，促进人才区域合理布局和协调发展，需要进一步挖掘劳动力供给的素质潜力，开发劳动力质量红利，通过加强劳动者技能培训与知识转换能力，提高劳动者自身素质与岗位需求的匹配度，以解决结构性失业和局部劳动力短缺问题。

（2）建设创新人才队伍，增强技术创新能力

创新在我国现代化建设全局中居于核心地位，而创新的关键是各类人才。人才

从劳动者中产生，只有提高劳动者整体人力资本水平，才能形成足以支撑创新发展的高质量人才队伍。"十四五"时期的一个显著的时代特征便是以人工智能技术为标志的第四次工业革命已经到来，我国要利用此次工业革命的契机乘势而上、占据世界科技高地，这离不开创新人才队伍的建设。

高质量的人力资本有助于提升劳动生产率、增强技术创新能力。在当前全球技术革命和产业变革蓬勃发展的大背景下，劳动力人口素质提高能够为我国转变经济发展方式、推动产业结构升级提供支撑，是我国经济高质量发展的必然要求。尤其是近年来我国的产业价值链不断向高端环节转移，一些基于信息和知识的生产性行业需求不断增加，就业岗位正在发生从低技能、中低技能向更高技能水平的转变，越来越需要受教育水平更高且具备更高专业技能的劳动力资源。

就制造业而言，随着企业的转型升级和智能化水平越来越高，企业对劳动者的需求广度和深度都在发生变化，高端制造业和智能化行业技术及人才供需矛盾突出。目前，我国有技术工人近1.7亿人，其中高技能人才不到4 800万人。因此，培养造就大批德才兼备的高素质人才，是国家和民族长远发展大计。唯有加强技能人才队伍建设，才能解决就业难问题，才能实现制造强国的愿景，才能促进社会的健康发展。

案例品鉴

"人口红利"的机会窗口正在越关越小

近年来，出生率的快速下降让不少人开始担忧，认为推动我国经济高速发展的"人口红利"即将消失。对此，专家认为不必过分悲观，"中国目前仍然处在人口红利的机会窗口期，但是这个窗口正在越关越小"。

一方面，在中短期内，我国仍然可以继续享受前几代人快速增长以及全球人口大国带来的"人口红利"。即使转为人口负增长，人口依然处在规模巨大的惯性之中，到2050年中国人口仍会保持在13亿人左右的高位，"在很长的一段时间内，人口规模巨大的基本国情不会改变，人口对经济社会的压力不会改变，庞大人口和有限的资源环境之间的矛盾也不会改变"。

另一方面，过去的经济高速增长依靠的是劳动密集型的产业结构和规模巨大的劳动力资源，我国以劳动年龄人口数量庞大和劳动力价格低廉为基础，收获的是人力资源型人口红利。党的十八大以来，我国提出经济高质量发展，不仅强调经济增长速度和产值，更强调整个经济发展的结构和质量，在经济发展方式转型条件下，产业结构升级势在必行，人力资本型人口红利显现。

◎案例分析：面对我国经济的飞速发展，把数量型红利转为更长久的质量型人口红利，应更加重视人口与劳动力素质的提高，努力以素质的提高补偿数量的下降。这就要求既要大力发展和巩固各级教育，也必须高度关注各类职业教育和职业培训。只有如此，才能将人口负增长给经济社会发展带来的冲击降到最小，高质量的发展也才会有更加持久的动力。

近年来，我国人口素质在持续改善。2022年教育部最新公布的数据显示，目前我国接受高等教育的人口已达到2.4亿人，新增劳动力平均受教育年限达13.8年，劳动力素质结构发生了重大变化，全民族素质稳步提高。"这为未来整个经济结构从劳动密集型转向技术密集型、资本密集型、知识密集型奠定了人力资本的基础。"未来不但要把数量型红利转为更长久的质量型人口红利，同时还要把老年人口、女性人口的红利充分发掘和开发出来。"这些都是收获新时代人口红利的基础，是我们未来的发展机会。"

（资料来源：光明网，有删改）

思辨探究：2022年5月1日，新修订的《中华人民共和国职业教育法》正式施行，法案明确了职业教育是国民教育体系和人力资源开发的重要组成部分，与普通教育是两种不同类型的教育，但具有同等重要地位，是培养多样化人才、传承技术技能、促进就业创业的重要途径。请结合当前我国"人口红利"的变化谈一谈为什么国家如此重视职业教育的发展？作为学生我们又该如何做？

话题互动

我国与印度的人口数量相近，并且我国与印度基本是同时开始发展的。2021年我国的GDP总量是114.4万亿元，折合约17.7万亿美元，而印度仅有3.08万亿美元。都说人口是我国发展的优势，拥有同样优势的印度，为何没能够达到同样的经济发展水平？请从人口与劳动力供需的角度分析。

2.4

劳动与可持续发展

可持续发展是21世纪世界各国协调人口、资源、环境与经济之间关系的共同发展战略，是人类求得生存与发展的唯一途径。人类社会可持续发展的关键是劳动，劳动创造了人和人类社会，人类社会又在创新劳动中得到发展，在创新劳动中走向未来。实现可持续发展除了要求在劳动中重视自然的生态保护和自然资源的有效利用外，还需要重视劳动力资源的可持续发展，在创造劳动中实现人与自然的和谐共生。

劳动认知

1. 劳动是维护人类生存与发展的必要条件

（1）劳动创造人类社会

劳动是人类的第一个历史活动。劳动创造了生产工具，并通过制造工具使"猿"手进化成了"人"手；劳动推动了语言的产生；在劳动和语言的推动下，使"猿"脑进化为"人"脑，推动了人类意识的产生和发展。劳动创造并发展了人和人的社会关系，把"猿群"改造成了"社会"。正是在劳动中，我们人类得以直立行走，得以发展灵巧的双手与智慧的大脑。可以说，劳动是人类发展的起源。

几千年来，中华民族在田野中精耕细作，开拓了祖国的大好河山，创造了绵延不绝的文明奇迹和不朽的精神财富。中国这艘巨轮的行进史，就是一部劳动人民勤劳耕耘、不懈拼搏的奋斗史。从"铁人精神"到"两弹一星"、从小岗村的"红手印"到深圳蛇口的经济特区；从"神舟"飞天、"北斗"组网到"嫦娥"探月、"蛟龙"入海；从"绿色奇迹"到人类历史上最成功的"脱贫故事"……每一个重大成就的取得，都是劳动者用汗水浇灌的，是劳动者用智慧创造的。在波澜壮阔的历史进程中，数万万劳动者以蓬勃的创造力量，积极投身国家的建设和改革之中，为实现民族独立、国家富强和人民幸福作出了不可磨灭的历史贡献。正是一砖一瓦的勤劳劳动，才搭建出社会主义事业的大厦；正是一笔一画的辛勤绘制，才描绘出中华民族的美好未来。

（2）创新劳动驱动社会发展

创新劳动就是创造性地劳动，即通过人的劳动推动技术、知识、思想的革新，从而提升劳动效率并带来社会财富或成果的劳动。创造性劳动与重复性劳动不同，它特别强调劳动过程中的变革性和创新性。一方面，创新劳动强调将科学原理和技术运用到具体劳动中，从而改变劳动方式；另一方面，强调在劳动过程中发现问题，并创造性地解决问题。在人类社会发展历程中，石器被青铜器所替代，又被工业机械所替代；木版印刷术被铅字印刷术所取代，又被计算机胶印印刷术所取代（图2-4-1）。

图2-4-1 印刷术的发展

这些进步现象表明：创新劳动推动了人类社会持续发展和进步。社会各阶层的劳动者都有能力从事创新劳动，全社会范围内的创新劳动促进了整体社会生产力的进步，对社会的经济发展产生着重要影响。人类社会正是在劳动中实现经验积累与物质准备以创造财富，又是在创新劳动中获取更多的剩余价值，在创新劳动中得到发展，在创新劳动中走向未来。

唯改革者进，唯创新者强。创新才能把握时代、引领时代，让广大劳动者更有力量，共享人生出彩的机会，从而推进实现第二个百年奋斗目标的壮阔实践。劳动创造了历史，也将开拓未来。当前，我国国内外环境、经济增长机制都已发生重大变化。无论是实现经济的升级换挡还是提质增效，无论是实现"中国制造2025"还是在新一轮全球科技革命和产业革命中抢占先机，都需要通过创新驱动发展。这一切都呼唤创造性劳动、创新性劳动。创业创新不是企业家、年轻人或者科研人员的"专利"，而是与每一个劳动者息息相关。

2. 实现可持续发展必须在劳动中坚持人与自然的和谐共生

（1）强化生态环境保护，促进资源可持续发展

可持续发展是21世纪经济发展的主题和方向，是实现物质文明、精神文明、生态文明相统一的载体。实现可持续发展的基本前提是自然资源的可持续性利用。自然资源是社会经济发展的自然前提和物质基础，如果忽略自然，人类社会就会成为无源之水、无本之木，人类社会也无法维持下去。绿色发展是世界的潮流，是未来产业经济的发展方向。中国式现代化是人与自然和谐共生的现代化，必须牢固树立和践行绿水青山就是金山银山的理念，推动绿色发展，在新型工业化、农业现代化全过程和各方面，协同推进经济发展和环境污染防治、生态系统保护。同时，良好的生态环境本身就是一笔巨大的财富，它能够带来源源不断的经济利益，实现环境保护和经济发展的"双丰收"。

生态环境同每个人息息相关，人人都是践行者、推动者。习近平总书记指出，"环境就是民生，青山就是美丽，蓝天也是幸福"。在劳动中我们要树立保护资源的观念，倡导简约适度、绿色低碳的生活方式，反对奢侈浪费和不合理消费，开展创建绿色家庭、绿色学校、绿色社区和绿色出行等行动，形成全社会共同参与的绿色行动体系。我们要携起手来，从自身做起，从小事做起，多节约一滴水、一度电、一张纸，少开一天车、少使用一个塑料袋，让绿色低碳、环保文明的生活方式成为一种习惯、一种风尚，共建生态文明，同绘美丽中国，在绿水青山中共享自然之美、生命之美、生活之美（图2-4-2）。

图2-4-2 共建生态文明

（2）创新劳动方式，推动绿色发展

"加快发展方式绿色转型。推动经济社会发展绿色化、低碳化是实现高质量发展的关键环节。"这是我们党根据国情条件、顺应发展规律做出的正

确决策，表明了党对环境保护、生态
文明建设和发展方式的重视和推进达
到了一个前所未有的新高度。马克思
主义认为，社会生产方式是社会存在
发展的决定性力量。因此落实绿色发
展战略，必须推动生产方式的绿色转
型（图2-4-3），而劳动方式是生产方
式中最为首要和基本的内容，因此推
动绿色发展的关键在于创新劳动方式。

图2-4-3
生产方式的
绿色转型

创新劳动方式，一方面要高度重
视生产技术进步，把经济增长建立在
技术进步与劳动生产率提高的基础之上，形成集约式经济增长方式；另一方面要大
力推动劳动方式的绿色化，改变以环境污染、资源浪费和生态退化为代价的传统生
产模式，加快产业结构调整和优化升级，构建科技含量高、资源消耗低、环境污
染小的绿色产业体系，努力实现整个生产过程的绿色化，不断提高经济绿色发展
程度。

习近平总书记指出，"正确处理经济发展和生态环境保护的关系，像保护眼睛
一样保护生态环境，像对待生命一样对待生态环境，坚决摒弃损害甚至破坏生态环
境的发展模式，坚决摒弃以牺牲生态环境换取一时一地经济增长的做法"。我们要
坚持"生态优先、绿色发展"，坚持传统产业与新兴产业互促共进、深度融合，严
守生态功能保障基线、环境质量安全底线、自然资源利用上线"三大红线"，推进
能源生产和消费革命，着力打造绿色产业、绿色制造、循环经济、清洁能源、低碳
经济，积极鼓励和支持绿色技术创新，全方位推动产业转型升级，做到经济效益、
社会效益、生态效益同步提升。

3. 实现可持续发展需要高素质的劳动者
（1）积极承担责任，推动构建人类命运共同体

构建人类命运共同体是世界各国人民前途所在。面对生态环境挑战，人类是一

荣俱荣、一损俱损的命运共同体，只有并肩同行，才能让绿色发展理念深入人心、全球生态文明之路行稳致远。作为最大的发展中国家，中国秉持创新、协调、绿色、开放、共享的新发展理念，围绕推动构建人类命运共同体，大力倡导国际合作，为推动实现更加强劲、绿色、健康的全球发展贡献中国智慧、中国方案、中国力量。2020年9月22日，习近平总书记在第75届联合国大会一般性辩论中宣布，中国将力争2030年前实现碳达峰、2060年前实现碳中和。这是中国推动构建人类命运共同体的责任担当和实现可持续发展的内在要求，也是中国对世界的庄严承诺。

近年来，中国通过积极推行绿色低碳生产生活方式、调整产业结构、优化能源结构、提高资源能源效率、加快推进全国碳市场建设等手段，使资源能源效率大幅提高，能源结构不断优化，绿色低碳发展的格局初步显现。2020年，中国单位国内生产总值碳排放较2005年累计下降48.4%，超额完成应对气候变化行动目标。同时，中国积极推动应对气候变化领域的双边和多边合作，赢得了国际社会普遍赞誉。这充分体现了中国作为一个发展中大国的责任担当，充分体现了中国在推动构建人类命运共同体、推动人类社会可持续发展方面所付出的巨大努力。

（2）提升个人素质，在劳动中实现自我价值

人类的发展就是在不断的创新劳动中实现的，在劳动中创造，在创造中劳动。劳动和创造的过程中，至关重要的是不断提高劳动者素质，使劳动者不仅勤于劳动，而且善于创造，用创造提升劳动的品质，在创造性劳动中实现梦想。在新的历史时期，创造性劳动更为重要，习近平总书记强调，"要始终高度重视提高劳动者素质，培养宏大的高素质劳动者大军"。只有高度重视和不断提高劳动者素质，才能为"劳动托起中国梦"强本固基，提供充足的动力和重要保障。

提高劳动者素质，最重要的是提升劳动者创造性劳动的能力。这种能力至少包括：具有创造力，好学上进，技术精湛，自觉从严，一丝不苟。比如，近年来劳模结构由建国初期的体力劳动实干家，逐步向知识型、科技型、创新型人才方向发展，其中新型技工的比例在每年劳模评选中不断提高。"青年强，则国家强。"我们必须要认识到自己作为劳动者在社会可持续发展中作为不可缺一环的作用，珍惜宝贵的学习时间，真正掌握劳动技能，积极投入到劳动创造中，践行绿色发展理念，充分发挥个人价值，成为推动社会可持续发展的重要力量。

案例品鉴

大企业双创带动大制造发展

作为中信重工蓝领工人的佼佼者，张东亮是工人创客群中的一位带头人。他早在2013年就获得了中信重工"大工匠"称号。以这些大工匠之名成立的工作室，是中信重工开展员工群体创客中的一部分内容。张东亮说，工作室的任务就是要创新，有效地解决生产制造中的难题、带出一批拥有高技能的新一代产业工人。据介绍，中信重工目前已有20多个创新工作室，带动了500多位生产技术工人，管理层面解决了大企业创新的问题。

中信重工董事长任沁新对中国工业报记者介绍说，中信重工的工人创客群活动其实是企业近年来整体转变观念，实现战略转型的一部分内容。从2013年开始，为适应战略转型，公司在技术系统，针对各个技术重大研发课题，组建了由首席技术专家、首席设计师、首席工艺师参与的18个技术创客群，一个技术创客群代表一个领域。

中信重工作为先进的重型装备制造业代表，在发挥大工匠精神来生产、制造先进装备，调动工人加入创新系统中作出了积极探索。从2013年开始，公司先后组织了22个创客群，涉及生产过程的各个专业领域，如数控镗铣、变频控制、智能液压等。这些工人创客群体，既有大工匠、全国劳模领衔的，也有金牌首席员工领衔的，他们的参与不仅解决了技术创新的问题，还解决了工艺创新的问题。

企业通过技术创客群、工人创客群找到了一条创新途径。从实际效果看，首先是创出了成果，企业获得了国家科技进步二等奖、国家创新工程奖等荣誉。2014年，仅工人团队就解决了146个技术攻关难题，取得的各项专利、重大装备产品研发成果，充分体现了创新的驱动力。公司通过这种多学科、扁平化、高效率的

◎案例分析：创新是企业的兴盛繁荣之路，也是兴盛之道。作为承担国家重大战略装备的研发、进步责任的大型国有企业，更应要围绕国家战略来创新，推动中国装备走出去，打出中国装备的金字招牌，这一历史责任，使得创新更加有意义。全面建设社会主义现代化国家离不开创新，我们要坚持以"建设知识型、技能型、创新型劳动者大军"为奋斗目标，立足工作岗位，坚定不移走好创新之路。

技术研发创新方式，每天都在产生效益。其次，创出了团队。一个领军人物带出一个团队，这个团队又影响了更多的员工。18个技术研发团队，直接参与的技术研发人员1 100人；工人创客群，直接参与的有500人，但却拉动影响了4 000多名职工。再次，创出了效益。一个技术研发团队一年创造的效益，最多达20多亿元；工人技术团队创造的效益，一年也有几千万元。最后，创出了品牌。一个技术领军人物，一个工人创客群的领军人物，本身就是一块金字招牌，就是一个品牌。

（资料来源：《中国工业报》，有删改）

思辨探究：一个企业，或者一个人，在取得巨大成功之后，会对其成功的"路径"产生严重的依赖。但世易时移，当这种"路径"开始变得过时时，企业或个人就会陷入困境而不能自拔。例如，数码相机问世后，柯达为了保护自己利润丰厚的传统相机胶卷业务，错过了从胶卷时代向数码时代转型的最好时机，直到2003年年末，柯达才提出"全力进军数码领域"的战略，却为时已晚。你认为企业和个人可持续发展的关键是什么？

话题互动

有人觉得创新是科技工作者的事，也有人认为创新是年轻人才可以做到的事，自己年龄大跟不上时代进步，创新与自己毫无关系。习近平总书记指出："哲学社会科学创新可大可小，揭示一条规律是创新，提出一种学说是创新，阐明一个道理是创新，创造一种解决问题的办法也是创新。"可以说，这一重要论述适用于各个领域。创新具有丰富内涵和多样形式，只要能突破陈规、有所推进，无论大小都可以称得上是创新。请谈谈我们如何在平凡的工作岗位上有所创新？

专题二
交互测试

拓展实践

1. 实践主题

调查研究：我所在的领域/行业有哪些"卡脖子"问题？

2. 实践目的

通过搜集资料使学生更加了解自己专业领域的发展现状及未来发展方向，明确今后努力的方向。

3. 实践内容

以小组为单位围绕某一行业或针对某一具体企业开展调查研究，可从行业/企业发展现状、目前面临的主要问题及今后的发展方向等方面展开调查，最终形成一份调查报告。

4. 实践要求

通过搜集资料、实地调查、访谈等方式了解影响行业/企业可持续发展的主要问题。

5. 实践评价

从调查研究的系统性，数据的真实性、完整性，分析的逻辑性、结论的准确性等多个维度评价学生的调查成果。

参考文献

［1］习近平.在中国科学院第十七次院士大会、中国工程院第十二次院士大会上的讲话［M］.北京：人民出版社，2014.

［2］刘洪银，田翠杰.新时代中国现代职业教育：模式与治理［M］.北京：中国财富出版社，2020.

［3］国家发展和改革委员会.中华人民共和国国民经济和社会发展第十四个五年规划和2035年远景目标纲要［M］.人民出版社，2021.

专题二
拓展阅读

［4］贺丹.中国人口展望（2018）——从数量压力到结构挑战［M］.北京：中国人口出版社，2018.

［5］李建民.劳动力人口缩减对中国经济的长期影响［J］.团结，2021（06）：17-19.

［6］原新，金牛，刘旭阳.大变局与新格局：中国人口负增长时代的劳动力供需［J］.江苏行政学院学报，2020（05）：61-68.

［7］高春明，于潇，陈世坤.人工智能对中国未来劳动力就业的影响［J］.社会科学战线，2020（10）：249-254.

［8］田永坡.我国劳动力市场供需短缺的职业状况研究［J］.中国人事科学，2020（10）：67-76.

［9］陆杰华，刘瑞平.新时代我国人口负增长中长期变化特征、原因与影响探究［J］.中共福建省委党校（福建行政学院）学报，2020（1）：19-28.

［10］郭剑仁.迫切需要变革现有的劳动方式［J］毛泽东邓小平理论研究，2020（2）：38-40.

［11］胡莹.论数字经济时代资本主义劳动过程中的劳资关系［J］.马克思主义研究，2020（6）：136-145.

［12］邹琨.数字劳动的生产性问题及其批判［J］.马克思主义理论学科研究，2020（01）：46-54.

专题三
劳动与共同富裕

共同富裕是中国特色社会主义的本质要求。千千万万名劳动者辛勤劳动，各司其职，在获得劳动收入的同时，推动着行业和社会的发展。但不同行业、不同岗位的劳动者存在收入差距，实现共同富裕的关键是在高质量发展中解决发展不平衡不充分的问题。本专题围绕劳动分工与职业差异、劳动组织与职业流动、劳动分配与收入差异、收入调整与共同富裕四个部分展开，阐述社会劳动分工与我国收入分配制度的合理性，以及市场与政府如何协同推进共同富裕。一方面引导大学生正确看待职业差异，认识到各种职业的价值和自身职业流动的可能去向；另一方面使学生客观看待收入差异，树立正确的劳动观和财富观，积极引领当代大学生为共同富裕贡献力量。

3.1

劳动分工与职业差异

大学生毕业走出校园，面对全新的职业环境，需要学习劳动技能，了解岗位职责，适应工作中的各项制度，学会处理多种社会关系，逐渐承担特定的职业角色。那么什么是职业？这些形形色色的职业从何而来？影响我们职业选择的因素有哪些？让我们从与职业密切相关的劳动分工说起。

劳动认知

1. 劳动分工与劳动者发展

（1）劳动分工是社会运行的必然要求

劳动分工是指社会经济活动的划分和独立化、专门化。1776年，亚当·斯密在《国民财富的性质和原因的研究》中提出了劳动分工的观点，并系统地阐述了劳动分工对提高劳动生产率和增加国民财富的巨大作用。为了说明分工怎样促进劳动生产力的提高，亚当·斯密举出了著名的制针手工工场的例子，因为分工协作，将抽丝、拉直、切断、削尖、磨光等工序进行专业化分工，一个工人一天可生产上千枚针；如果单个人完成制针的所有工序，可能一天连一枚针也生产不出来。分工的精细化和专业领域活动频率的提高会带来三个效果，一是熟能生巧，二是减少了工种转换时间，三是人的注意力集中于单一事物上。因此，分工提高了工作效率，创造了更多财富。亚当·斯密认为，不论是经济发展、国际贸易，还是劳动生产率的提高、国民财富的增长，劳动分工都是关键起点。马克思批判地继承并发展了亚当·斯密的分工理论，认识到了劳动分工的二重性。马克思提出，合理的社会分工对提高社会劳动生产率具有积极意义，但同时，分工也是社会不平等的根源。

只要有人类社会，就会有生产和劳动，只要有生产和劳动，就会有分工。生产力发展引起分工的发展，而分工的发展又能促进生产力的进一步提升。随着新一代技术革命的到来，劳动分工越来越细化，许多工业产品生产往往会涉及成百上千家企业，有的甚至牵涉若干个国家，需要通过全球产业链来完成。例如在芯片制造的过程中，就涉及微电子学、集成电路设计与集成系统、电子科学与技术、电子信息工程、电子封装技术、通信工程、光电信息科学与工程、计算机等诸多专业。芯片产业链分为上中下游市场，上游为半导体材料及半导体设备，中游为芯片设计、晶圆制造、封装测试，下游应用领域有汽车、计算机、安防、通信、消费电子、工业、军工等。再具体到半导体材料的构成，大硅片占比为32.9%，气体占比为14.1%，光掩膜占比为12.6%，另外，抛光液和抛光垫、光刻胶配套试剂、光刻胶、湿化学品、溅射靶材占比分别为7.2%、6.9%、6.1%、4%和3%。芯片设计是典型的人才和智力密集型产业，芯片设计分为逻辑、DAO（Data Access Object，数据访问对象）和存储。可以看出，芯片制造、设计和材料涉及众多国家和广阔的市场领域，它是全球产业链在共同合作的基础上完成的，单凭一个国家的一己之力，不可能完成整个芯片设计和制造的全过程（图3-1-1）。劳动分工越来越细化是人类社会发展的必然趋势，是社会进步和科技创新引发人类生产和生活方式变革的一种具体表现。

图3-1-1
芯片制造需要劳动分工

（2）合理的劳动分工实现人的全面发展

劳动分工越来越精细，劳动者所能参与的仅仅是整体劳动分工中的某一个环节。马克思认为，如果分工不是出于自然形成，也不是出自个人自愿，那么劳动就会成为异己的、对立的和压迫人的力量。不自愿的、非自然的劳动分工在科技、资本、利润的驱动下会产生不利于人发展的因子，使人的全面发展遇到很多新困境。例如，随着社会分工程度的不断提高，劳动者无法通过单一的、重复的劳动去感受生命的价值和劳动的意义；劳动者从属的职业不同导致在社会生活中的财富、权利、报酬、环境存在差异；社会上出现个别劳动付出程度低但收入偏高的人，滋生了不正常的价值导向等。

建构科学合理的社会分工，是实现人的全面发展的必然选择。就业是最基本的民生。要尊重在一切劳动分工下从事劳动的主体——劳动者，消除一切不合理、不平等的分工歧视，实现各类劳动者公平就业。

2. 职业分化与变迁

（1）职业分化是劳动分工的结果

职业跟我们的生活密切相关，职业作为一种社会现象，是人类社会生产力发展到一定阶段的产物，是随着社会分工的出现而产生的。职业分化是指伴随着劳动分工的发展，不断地产生新职业的过程。职业分化与劳动分工有密切关系，分工是职业分化的基础。当分工发展到一定程度，某些一般工作变得足够丰富与重要，劳动者能够稳定地从事这种工作时，一种新的职业便分化形成。

在人类社会发展的初期，劳动分工主要建立在年龄和性别基础上，没有职业的划分。一个成年男子今天既可以去狩猎，也可以去捕鱼，明天还可以去伐木，没有固定从事专门的工作，因而也无从谈起职业了。然而伴随着生产力的发展，人类征服自然的能力不断提高，社会分工不断细化，不同的劳动者从事不同的社会劳动，承担着较为稳定的专门化职责。人类历史经历了三次规模较大的社会分工变革，第一次是畜牧业从农业中分离出来，一部分人专门从事畜牧业，人类出现了职业分工。其后，手工业和商业也先后独立，完成了第二次和第三次社会大分工，职业成为普遍的社会现象。

在这一历程中，我们可以看到职业的基本内涵，第一，职业是劳动者在社会分工体系的某一个环节上稳定地从事某项工作而获得的职业角色。也就是说，劳动者只有固定从事某项工作，才能获得一种职业角色，成为职业劳动者。第二，职业是劳动者能够稳定地从事并赖以生活的工作。这就意味着并非所有的工作都能成为职业。某项工作只有能够吸引劳动者长期稳定投身其中，并且成为其经济生活的来源才是职业。比如，某人为满足爱好，从事无报偿的集邮工作，还成了集邮家。那么，集邮对于他来说就不是一个职业，只是一份工作而已，因为他并不以集邮为经济生活来源。

（2）职业变迁是社会发展的结果

职业是劳动者的社会角色和社会标志。对个体而言，职业是谋生的手段，是实现价值的途径；对国家社会而言，经济体制、产业结构和科技水平决定着社会的职业构成，而职业的变迁是时代发展与进步最具人格化特征的注脚。

"您是做什么的？"这是人们初次见面时常用的寒暄。改革开放40年来，"做什么"的答案已经发生了巨变。发展理念升级更新、科学技术迭代跃升、社会公共事业蓬勃发展，都改变着既有的劳动关系，也创造着全新的社会职业。1999年，原劳动和社会保障部与其他部委发布了《中华人民共和国职业分类大典》，里面将中国社会中的职业归为8个大类，66个中类，413个小类，1838个细类。2015年修订的大典将职业分为8个大类、75个中类、434个小类、1481个职业。2022年新修订的大典将职业分为大类8个、中类79个、小类449个、细类（职业）1636个。近年来，我国陆续颁布74个新职业，均被纳入新版大典。新职业种类繁多，涵盖多个职业领域，传统的"三百六十行"逐渐增长到如今的一千六百多行，并且还处于不断增长的趋势之中。

20世纪80年代，"商品经济"的合法地位被确立，人们怀着想要摆脱贫困、过上好日子的朴素愿望，开始了改变命运的探险，个体户、私营企业主如雨后春笋不断冒出。当时《中国青年报》的一项调查显示，最受人们欢迎的三个职业分别是出租车司机、个体户和厨师，而渴望知识、重视科教的风气也让教师成为当时受欢迎的职业之一。

20世纪90年代，中国经济发展迅速，人们的视野不断拓宽。全社会创业热情被点燃，"下海"成为职业变化的主题词。同时，中国对外开放步伐加快，提升了外企的吸引力。在这一阶段，最受人们欢迎的职业是企业家、管理者、教师。

进入21世纪，每个行业都受到互联网思维的影响，职业再次变革。程序员是中国职业变化的又一个标志，越来越多的职业"联系"上了网络。同时，产业结构调整，人们的需求更加多样，各领域创造力勃发，也促进了社会职业结构向高级化发展，如金融、物流、咨询等行业应运而生；与人们精神文化生活密切相关的影视、文化、教育产业兴旺蓬勃；与健康、家政、养老有关的生活服务业欣欣向荣

（图3-1-2）。

图3-1-2
家政行业的
新职业——
整理收纳师

随着信息时代到来，劳动力市场产生了新的变化。一方面，互联网技术、云计算以及终端设备为代表的全球化网络数字技术推动着中国制造业转型升级，新产品、新模式、新业态不断涌现。无论是共享经济、互联网金融，还是电子商务、个性化定制，都是新职业出现的基础。另一方面，信息时代也给职业结构变化埋下伏笔。工业时代的生产模式是大规模、标准化、低成本的，而信息时代的生产模式则是全覆盖、个性化、高价值的。在这一趋势下，高技能、高技术、高创造的劳动和职业将取代传统体力劳动，成为发展新动力。

面对传统职业的颠覆和新职业的诞生，劳动者需要进行人力资源的自我开发。不管时代如何变迁，劳动者要不断提高自己的核心能力，始终以勤奋、好学、创新为核心竞争力，使自己不断适应经济社会发展与职业变化。

3. 职业选择

职业选择是指个人对自己就业的种类、方向的挑选和确定。职业选择是人们进入社会生活领域的重要行为，是人生道路的关键环节。在时代发展的潮流之中，每个人都应当认真思考劳动之于个体和社会的意义。职业差异对应着劳动具体形态的区别，慎重地选择职业本质上就是为了提升个体劳动能力与职业劳动需求的匹配度，从而更加充分地释放自己的劳动潜能，创造更丰裕的物质和精神财富，实现自己的人生价值，并服务于社会的稳定发展。

（1）影响职业选择的因素

首先，社会因素是影响职业选择的普遍性因素。社会经济结构的战略性调整、产业结构的重组使就业结构发生相应变化。近年来，智能制造、社会服务等新兴行业的从业比例显著上升，而专业人才的培养需要一定时间才能完全适应社会因素的转变，这导致人才培养与用人需求可能出现矛盾，影响个体的职业选择。

其次，劳动力市场状况决定着就业难度与就业质量。2001年以来，我国高校扩招效应逐步显现，全国高校毕业生以每年2%~5%的速率快速增长。2001年我国普通高校毕业生人数刚刚迈上100万人的台阶，2011年就猛增至660万人；最近十年增速虽有减缓，但整体规模仍在继续扩张，2021年我国高校毕业生总人数已达到创纪录的909万人，在各种因素共同作用下高校毕业生面临全新的就业形势。

同时，家庭经济条件、家庭职业传统、父母受教育程度、父母期望与教养方式等都是影响大学生职业选择的重要家庭因素。这些耳濡目染的影响因素共同决定了个体的职业选择。

另外，自身的性格、兴趣、价值观以及自我定位等因素都会对职业选择产生直接影响（图3-1-3）。比如，由于人们从事的职业具有不同的特点，对从业人员的性格也会提出不同的要求，而性格是指一个人在先天生理素质的基础上在社会实践活动和环境熏陶下逐渐形

图3-1-3 兴趣会对职业选择产生影响

成的比较稳定的心理特征。对自身性格的认知影响着个体的职业选择成功与否。同样，在能力上，任何一种职业活动都要求具备特定的专业能力，能力因素在职业选择中起筛选作用。一方面，个人根据能力的高低和能力优势确定其职业意向，另一方面，用人单位也会把能力作为首要的考虑因素。

（2）培育正确的择业观

正确的择业观对拓宽职业选择范围、解决就业难题、实现自身价值、促进社会发展具有积极意义，既能够提升就业成功率，也有助于改善劳动岗位匹配效果；相反，消极甚至错误的择业观则会对职业选择过程以及未来职业发展产生不良影响。大学生应当从劳动价值观的高度深入思考职业定位，科学把握职业与个人劳动价值观、个体能力以及社会需求间的匹配关系，合理确定择业目标，正确把握就业形势，重视自身能力建设，避免"功利化"求职心态，将个人的职业目标融入国家发展的大局之中，努力成为服务时代需要的人才，实现自己的理想抱负。

新时代的新职业

淘宝网发布的2020、2021年度"冷门职业观察"，对出现的新职业进行集中盘点，上榜职业包括宠物入殓师、奶茶代喝员、玩偶医生、绘梦师、多肉寄养师、游戏捏脸师、整理收纳师、猫粮品尝师、铸甲师、手机入殓师等。

新职业里有时代的进步——新职业大量涌现蕴藏着经济社会发展的巨大活力，代表了新的方向和趋势。只有在技术不断迭代、产业蓬勃发展、社会分工日益细化的时代，才会出现如此丰富的就业形态。计算机、互联网、人工智能等新技术日新月异，催生了人工智能训练师、工业机器人系统操作员、数字化管理师、区块链应用操作员等一系列新兴职业。

新职业里有时代的温度——新职业推陈出新，映射出人们不断增长的对美好生活的需要。随着生活水平的提升，人们对精神生活、美好生活的需求逐渐升级。为满足更加个性化、多元化、精细化的消费需求，各种新服务体验如雨后春笋般拔节生长。从吃得饱到吃得好，公共营养师、食品安全管理师应运而生；"老吾老，以及人之老"，精细化助老养老服务涌现，老年人得以享受改革发展成果，安享幸福晚年……只有在一个高质量发展的时代，才会更加重视人的全面发展，才有可能关照到每个人的切身需求。

新职业里有时代的期盼——新职业的诞生与壮大，创造了大量的就业岗位，也有效提升了就业质量。只有在这样一个包容开放的时代，人们的职业追求才会跳出以往单一的"成功"标准，变得五彩缤纷。调饮师、易货师、电子竞技员、桌游教练、酒体设计师……多维度、多元化的新职业，为人们提供了更广阔的就业舞台，个人也得以搭建起人生出彩的大平台。

◎案例分析：以往闻所未闻、知之甚少的新就业形态逐渐演变为有标准、可规范的新职业，这充分体现了时代的进步和发展。个人的职业成长与时代前行交织，个体的价值实现与社会发展融汇，每个人都是新时代的奋斗者、创造者，都是追梦人、圆梦人。

（资料来源：《人民日报》，有删改）

思辨探究：外卖运营师、互联网营销师、连锁经营管理师等新职业从业者不断涌现，新职业人才成为"香饽饽"，请结合案例讨论，大学生怎样实现自我提升以适应不断发展变化的就业环境？

话题互动

人的发展是与社会生产发展是一致的，旧时代的劳动分工模式造成了人的片面发展。在当下信息爆炸的互联网时代，专业领域越分越细，需要劳动者在某一领域具有更加专业的知识和技能；但与此同时，跨行跨界却又遍地开花。那么我们作为信息时代的劳动者，究竟应该"术业专攻"还是"全面发展"？

3.2

劳动组织与职业流动

现代社会是组织化的社会，劳动者在劳动组织中获得自身生存和发展，劳动组织推动劳动者承担特定的职业角色。但劳动者所从事的职业往往不是一成不变的，职业流动是一种普遍的社会现象，是劳动者在不同职业之间转化和重新选择的过程。

劳动认知

1. 劳动组织多种多样

现代社会是组织化的社会，我们从出生到生命的终结都不可避免地与形形色色的社会组织发生联系。劳动组织是按照一定的劳动规范建立起来，以为社会提供产品或服务为目的的组织，劳动者工作于其中。劳动组织通常包括政府、企业、事业单位及非营利或非政府组织。

（1）政府：承担公共管理职能

政府是国家进行统治和社会管理的正式组织，是国家公共行政权力的象征、承载体和实际行为体。政府的特征包括公共性、普遍性、强制性和非营利性，具有政治、经济、文化、服务等职能。

政治职能是保障人民民主和维护国家长治久安的职能。我国政府担任着保卫国家的独立和主权，保护公民的生命安全及各种合法权益，保护国家、企业和个人的合法财产不受侵犯，保障人民民主，协调人民内部矛盾，打击犯罪分子，维护社会治安和社会秩序等职能。

经济职能是指政府为了国家经济的发展，对社会经济生活进行管理的职能。在社会主义市场经济条件下，政府主要有四大经济职能：经济调节、公共服务、市场监管、社会管理。

文化职能主要有两方面：一方面，宣传马克思主义科学理论，引导人们抵御错误和腐朽思想的影响，提高全民族的思想道德素质和科学文化素质；另一方面，组织和发展教育、科技、文化、卫生、体育等各项事业，努力提高国家文化软实力。

社会公共服务职能即国家提供公共服务、完善社会管理的职能。包括调节社会分配和组织社会保障的职能，保护生态环境和自然资源的职能，促进社会化服务体系建立的职能，提高人口质量、引领创新等。

（2）企业：提供产品和服务

企业是指从事生产、流通或服务等经济活动，实行独立经济核算、自主经营、自负盈亏，具有法人资格的基本经济单位。

企业组织劳动通常是指企业按照生产的过程或工艺流程，组织劳动者分工与协作，使之成为协调统一的整体，进行有序劳动，并正确处理劳动者之间、劳动者与劳动工具之间以及劳动者与劳动对象之间的关系，不断调整和改善劳动组织的形式，创造良好的劳动条件与环境，以发挥劳动者积极性。

企业组织劳动的着力点包括以下几个方面。一是建立现代企业制度。包括组织形式、领导制度和法人治理结构三个部分，组建公司的决策机构、执行机构、监督机构，赋予经营者充分的自主权，切实保障所有者的权益，充分调动生产者的积极性。二是合理配置与有效利用现有生产要素。把企业现有的劳动资料、劳动对象、劳动者和生产技术等生产要素合理地组织到一起，并恰当地协调要素间的关系，使企业生产组织合理化，从而实现物尽其用、人尽其才。三是不断改进生产技术，优化商业模式。通过技术创新改造生产工艺和生产流程，提高生产效率；通过优化商业模式释放企业活力，提高员工的积极性，发挥员工的创造性。四是建立激励约束机制，挖掘员工潜力。激励和约束就是奖励和惩罚，激励可以激发被管理者的工作动力，约束可以预防被管理者做出偏离组织目标的行为。五是建立优秀的企业文化，使员工具有共同的价值观，使员工的个人行为与企业整体战略统一起来，朝着共同的目标努力。

（3）事业单位：承担多种生产和服务功能

事业单位指由国家行政机关举办，受国家行政机关领导，所需经费由公共财政支出，主要提供教育、科技、文化、卫生、体育等非物质生产和劳务服务的社会公共组织。事业单位接受政府领导，表现形式为组织或机构的法人实体。事业单位可以分为四种类型，分别是行政类、生产经营类、公益一类和公益二类。公益一类主要承担义务教育、基础性科研、公共文化、公共卫生及基层的基本医疗服务等基本公益服务，不能或不宜由市场配置资源。公益二类主要承担高等教育、非营利性医疗等公益服务，可部分由市场配置资源。

（4）非营利或非政府组织：开展公益活动

非营利组织是指不以营利为目的，主要开展各种志愿性的公益或互益活动的非政府社会组织。非营利组织具有非营利性、非政府性、志愿公益性或互益性等特征。按照登记管理制度，中国的非政府组织分为社会团体、基金型组织与民办非企业三大类。其中，社会团体主要指一些采用会员制的组织，比如公益型组织和互益型组织，公益型组织如妇联、残联等，互益型组织如商会、职业团体等；基金型组织包括各种慈善募捐协会、基金会等；民办非企业主要指各种民办的养老院、医院、剧团等。

2. 劳动组织使劳动者与社会建立关联

（1）劳动组织具有多种社会功能

劳动者在劳动组织中获得自身生存和发展，劳动组织推动劳动者承担特定的职业角色，劳动组织的社会功能包括：

第一，经济功能。劳动组织运行的最主要目的就是通过劳动者的生产、经营、服务满足社会成员的需求，为社会创造财富。同时，劳动者在劳动组织中得到工资报酬，获得自身生存和发展所需的经济支持。

第二，社会心理功能。劳动者在劳动组织中不仅仅获得经济收入，也通过劳动组织建立各种人际关系，获得社会地位，实现自己的价值，满足自己的精神需求（图3-2-1）。

图3-2-1
劳动者通过劳动组织建立人际关系

第三，继续社会化功能。劳动组织通过组织内的培训教育，把一个普通的社会人塑造为职业人，推动劳动者承担特定的职业角色，从而在社会中更好地自我定位。

第四，社会控制功能。劳动组织通过纪律、规章制度等劳动规范实现对劳动者行为的制约，客观上促进社会秩序的稳定。

（2）社会环境对劳动组织具有一定的影响

劳动组织的有效运行，虽然与劳动组织内部的管理密切联系在一起，但也需要不断地与外部社会环境进行互动。劳动组织的外部社会环境包括经济环境、社会环境、文化环境等。

经济环境影响劳动组织的因素包括经济政策、经济发展水平和市场状况等。经济政策如政府的财政、金融、货币、税收、产业布局规划等都会对劳动组织的生产经营活动产生直接影响。经济发展水平如劳动力供给的数量、质量和结构会影响劳动组织的运行。市场状况如原材料、资金、市场的需求、购买力等也是经济环境的重要部分。

社会环境的影响因素则可能更为宏观，包括政治制度、政治局势、突发状况等。据国际劳工组织调查统计，全球劳动力市场在2020年新冠肺炎疫情大流行的环境中遭遇了前所未有的破坏，工作时间损失占总时间的8.8%，使全球劳动力收入与2019年相比下降8.3%。

文化环境与劳动组织交互影响。一方面，劳动组织在自身的活动中创造了组织文化，这会影响总体的社会文化。另一方面，劳动组织的目标、经营管理理念、劳动者的思想、管理的方式无不受到社会文化的影响，都展现着深深的文化烙印。

（3）劳动者社会化是一个持续的过程

劳动者社会化是一个普通社会人转变为具有一定劳动技能、遵守劳动规范、适应组织文化的劳动者的过程，经由这一过程，劳动者能够承担特定的职业角色。

劳动者的社会化有两个基本阶段，一个是前组织社会化，一个是组织社会化。前组织社会化发生在入职前的准备阶段，是我们在家庭、学校中获得知识和技能，完成职业人转变的必要准备阶段。但这并不意味着完全做好了成为职业人的准备，我们还需要经历组织社会化阶段。组织社会化是劳动组织通过各种方式，让员工掌握职业技能、内化劳动规范、认同组织文化，从而实现特定职业角色转变的阶段。当一名新员工能够接纳、认同劳动组织的价值观，自觉承担相应职业角色的时候，才基本完全地实现了劳动者的社会化。

劳动者社会化包括以下四个方面的内容：

① 掌握职业技能

掌握职业技能是劳动者承担特定职业角色的前提。尽管在进入劳动组织之前我们已经获得了一定的专业知识，但是要将这些知识转化为职业技能，适应相应的工作岗位，仍然需要职业技能训练。熟练地掌握职业技能才能够真正融入职业角色，才能在特定的工作岗位中立足。目前我国全国技能人才总量超过2亿人，高技能人才总量已超过5 000万人，但技能人才仍供不应求。

② 内化劳动规范

任何劳动组织都有一套制约劳动者行为的规章制度、惯例、习俗等劳动规范，以保证劳动组织能够顺利运行。作为一名新人进入劳动组织，劳动规范最初是一种

图3-2-2
遵守组织的
劳动规范

外在的约束力量，我们需要逐步了解、学习、遵从这些业已形成的规范。当我们逐渐明确职业角色，不再将劳动规范当作外在强制性约束，而是形成自觉的行动，这就完成了劳动规范的内化。只有完成劳动规范的内化，才能真正融入劳动组织，成为劳动组织的一员（图3-2-2）。

③ 适应工作中的人际关系

进入劳动组织后，还需要适应工作中的人际关系环境。与家庭和学校相比，工作中的人际关系环境要复杂得多。首先要适应劳动组织中的正式关系，包括上下级关系、同事关系、部门关系、同行关系等，以及生产者、经营者与消费者、服务对象的关系。除此以外，还需要处理工作环境中的一些非正式关系，如师徒关系、朋友关系、老乡关系、校友同学关系等。这些正式关系与非正式关系往往交织在一起，有时还会发生碰撞，需要新入职的劳动者妥善处理。

④ 认同组织文化

劳动者的社会化还包括对劳动组织文化的认同。组织文化的核心是组织的价值观，包括劳动组织的生产经营理念、效益观念、道德观念、发展理念与愿景等。组织的价值观是无形的、潜移默化的，又是无处不在的，既体现在劳动组织整体的规范体系中和劳动组织的运行中，也体现在个体劳动者的劳动行为中。对于一个劳动者来说，对组织价值观的认同和对组织文化的内化，标志着劳动者社会化的完成。

劳动者社会化是一个持续的过程。随着科学技术的进步、社会经济结构的变化、行业的转型、劳动组织的发展，劳动者要持续不断地调整自身，以适应职业角色的新要求。而如果劳动者离职并进入新的职业或岗位，则更需要面对继续社会化的过程。

3. 职业流动是一种普遍现象

在现代社会，人们所从事的职业往往并非一成不变。职业流动是一种普遍的社会现象，它是社会流动的重要形式。当下职业流动较高的开放程度，是现代开放性社会结构的主要标志之一。

（1）职业流动的表现

以职业地位和职业声望为标准，可以把职业流动分为水平流动和垂直流动。劳动者在具有相似职业地位和职业声望的职业系列中的流动就是水平流动；劳动者在不同地位等级和职业声望的职业系列中的流动就是垂直流动，从职业等级较低的职业流动到较高的职业就是向上流动，反之则为向下流动。例如，通过对外卖骑手调查发现：外卖骑手地域限制性较低，能够为劳动者提供更多本地就业机会；外卖骑手职业为社会经济地位相对较低的人群提供了向上流动的机会。

两代人之间从事的不同职业的变化可表现为代际流动。父亲是农民，儿子是工人；父亲是大学教授，儿子是企业经理；这种情况可以称之为代际流动。代际流动的频率表征着一个社会的开放程度，并且受社会形态、人事管理制度、教育水平等多因素的影响。在现代社会中，代际流动显著，而且向上流动的频率明显加快，愈是发达地区愈为突出。

从职业流动引起社会职业结构性变化的情况看，表现为结构性流动和个别流动。职业流动引起和影响社会职业结构发生大规模的变动，这就是结构性流动。例如，改革开放以来，我国大量的农民涌入城市，形成了规模庞大的农民工群体，逐渐成为当下产业工人的主体。再如，科学技术迅猛发展，新技术广泛应用，第三产业用工的需求量大增，伴随而来的也是职业的结构性流动。由劳动者个人自身因素引起的在职业结构的变化，就是个别流动。

（2）影响职业流动的因素

影响职业流动的因素包括两大方面。一方面是劳动者个体因素，包括劳动者的性别、年龄、爱好、人格特征、身体状况等；另一方面是社会结构因素，主要包括：

宏观的社会结构。一个社会的社会结构是开放还是封闭的，会直接影响职业的流动。改革开放前，我国是一个较为稳固的城乡二元的社会结构，城市和农村之间的职业流动的途径是有限的。而改革开放以后，城乡二元的社会结构逐渐松动，城乡间的职业流动性开始增强。

产业结构。产业结构的调整以及新兴产业的发展，都会带来职业的流动。近年来，在互联网发展带动下，平台经济、共享经济迅猛发展，新的职业不断涌现。来自发达国家和地区的经验表明，在现代社会中产业工人具备步入社会中等收入阶层的可能，这一流动最可能率先发生在产业工人中的技师和工匠身上。因为无论是高新技术行业还是传统制造业，工人技师和工匠由于掌握着精湛的技术技能，会获得较高的收入和地位，由此可以率先步入中等收入阶层。

人口变迁。一个国家人口的增长率以及人口结构也会对职业流动产生深远的影响。一般情况下，社会人口的出生率降低或者死亡率提高的时候，个人职业流动的机会就增加，反之则会减少。

教育。教育一直被视为获取社会地位、改变社会阶层的一个重要因素。受教育程度成为区别职业地位的标准之一。同时，教育还影响职业流动的方向和机会，影响着个人职业流动的愿望。

除了这些社会结构因素以外，家庭背景、婚姻和生育模式，以及地方文化和风俗等因素也会影响职业流动。

（3）职业流动的效应

我国改革开放以来的职业流动，主要是水平流动，比如农民工从原来农业转移到非农产业，并以此进入小城镇、中等城市、大城市、沿海地区。当然，在水平流动中也包含垂直流动，比如岗位提升，以及收入和社会身份的提高等。这样的变化得益于我国整体教育水平提高速度非常快，普及九年义务教育、高校扩招让更多的人接受了更高水平的教育，在经济增长和产业结构变化迅速的时代中，蛋糕做得既大且快。

经济力量驱动的劳动力转移有利于经济增长和就业增长。城市规模经济带来的生产率提升使得企业有能力开出高工资——这是促使劳动力从农村向城市地区转移的关键力量之一。仅在2000—2017年，我国就有超过2亿人为寻找更好的就业机会，从农村地区迁移到城镇地区。沿海地区一直以来都是我国经济发展的引擎，半数以上的迁移人口都流入了沿海地区。人口从农村向城镇的迁移一直以来都是我国城镇化进程和经济成功发展的另一个关键因素。据估算，在过去几十年中，劳动力迁移对GDP的贡献率超过20%。2021年，农业转移劳动力在第二产业就业人口中所占比重为52.1%，其中，制造业占26.5%，建筑业占23%；在第三产业中所占比重为43.7%。这些流动性高的转移人口改变了我国经济形态，为我国的工业化进程提供了关键性投入。

随着我国进入高质量发展阶段，劳动力的流动速度放慢。在这个时候更应关注社会性流动。如果没有切实的保障手段，社会性流动容易变成零和博弈，相当于挤一辆公共汽车，你挤上来我就掉下去，这种现象会导致社会凝聚力下降。因此，在这样的情况下，党的二十大提出，要破除妨碍劳动力、人才流动的体制和政策弊端，消除影响平等就业的不合理限制和就业歧视，使人人都有通过勤奋劳动实现自身发展的机会。

300万名快递员流动性居高不下成为行业痛点

"近年来我国快递业持续高速发展，全国快递员每天服务超过2亿人次。"中国快递协会副会长孙康说，"越来越多的年轻人加入快递行业，但是快递员的流动性依然居高不下。缺乏职业规划引导、缺少社会给予的职业认同感是主要原因。"

"就在几个月前，就在我们这个行业，发生了两起让我们痛心的事件。"苏宁物流客服总监桑萍说，两名来自不同快递公司的快递人员在遭遇客户投诉时，一个选择了宁可放弃生命也要捍卫自尊，一个被迫抛开自尊以下跪的方式向客户求得谅解。

"这两起事件让人心情沉重，也让我们陷入了思考。对于快递员来说，孤立的一起投诉、一个评价，是否能够作为业绩评定依据？快递员在职业发展中遇到挫折的时候，有没有人能帮助他们积极调整心态？"桑萍说，"我们发现，企业普遍缺乏一个精确到个体的对快递员的量化评估方案，更多是把快递员的收入和投诉类违规的扣罚相关联，缺乏对快递员的长效激励方案。对于快递员服务水平的管理，我们的手段也较为有限，以至于快递员的归属感不强、荣誉感不强、队伍也不够稳定。"

◎案例分析：快递员已然成为打通经济命脉、服务千家万户最后一公里的"小蜜蜂"，但快递员也是流动性很大的职业之一。快递行业需要完善体制机制，通过从业人员职业技能等级认定、打通职业发展双向通道、组织行业技能竞赛等培养更多高技能人才，激励更多劳动者特别是青年人走技能成才、技能报国之路。

据介绍，眼下快递业仍处于粗放发展阶段，企业用工与薪酬激励机制仍有待规范，不签合同、不缴社保在一些快递企业中成为潜规则。甚至在不少人心目中，快递只是年轻人趁着体力好的时候赚点钱的"简单"工作。有统计表明，有44.2%的站点快递员平均工作年限在1~3年，流动性较大。

（资料来源：新华网，有删改）

思辨探究：快递员流动性大、收入与劳动强度不匹配、不稳定，请你从不同角度分析应如何提升快递员工作的满意度，并讨论，如何辩证地理解快递行业的高流动性？

话题互动 —————

职业流动包括在城乡之间、地区之间和行业及岗位之间的水平流动，也包括在职业类别、收入分组、教育和技能水平、社会身份等方面的垂直流动。农村剩余劳动力转移到城市从事非农产业就业，是典型的水平流动，并且同时已经通过劳动报酬的不断提高增加了农民工收入。但对绝大多数农民工来说，技能提高、职业发展和地位改变这种垂直流动的通道还不通畅。你认为如何拓宽劳动力的社会上升通道？

3.3

劳动分配与收入差异

劳动者有多种收入来源，按劳分配、多劳多得、多种分配方式并存是普遍适用的劳动分配方式。劳动收入是大多数劳动者最重要的收入来源。劳动收入水平存在差异，有些是行业决定的，有些是工作特点决定的，有些是劳动者个人因素决定的，劳动者需知悉收入差异的客观和主观原因，为所在岗位创造更多价值，获得更多收入。

劳动认知

1. 劳动分配的正义性

（1）劳动是天职

动物要生存，尚且要搭窝筑巢、寻找食物，甚至与其他动物展开搏斗。人类要生存，同样要解决温饱问题，当满足温饱、安全无忧后，人类希望过上更好的生活，就要探索自然界，创造出新的劳动工具，在认识自然界的过程中构建人类社会。人类的发展史就是一部不断认识自然规律、生活范围不断扩大、生产工具不断创新、生活水平不断提高的历史。这部历史饱含人类的各类劳作和一代又一代人的辛勤付出，劳动者以汗水和智慧浇灌出一个又一个劳动成果，造就了灿烂的物质文明和精神文明。

人从呱呱坠地开始就承载着一定的期望，家人翘望其茁壮成长，社会期望其建功立业，因此家庭从小就教导幼儿学习各种本领，到一定年龄还要送孩子到学校接受专门的教育，同时社会也为孩子成长提供必要的资源、平台和保护。在成长过程中，人们在每个年龄段都要学会完成力所能及的事情，比如，3岁时自己穿衣，6

岁时帮忙干家务，10岁时进行一定的主动创作，16岁时如果没有继续读书深造，就可以进入劳动力市场，承担一定的生产任务。到了三四十岁，一般会成为所在工作岗位和部门的中坚力量，承担重要的工作任务。到了五六十岁，要高屋建瓴制定战略，带领团队砥砺前行，指导后辈成长。退休后，还有可能继续发光发热，为行业和社会贡献自身的智慧和力量。不少百岁老人仍然从事一些简单的日常劳动以保障自身的生活质量。人在不同年龄段都要做一些力所能及的事情，从事的一定的劳动，虽然劳动的形式、时长和数量不同，不过在本质是一样的，都是个人成长和社会发展的必然要求，可以说劳动是人的天职。

（2）劳动获得回报

人们辛勤劳动，通常会得到一定的回报。这些回报一方面是对劳动者的体力消耗或为从事该劳动而付出的相关成本的弥补，另一方面是对劳动者辛勤付出的认可，是尊重劳动的体现。如果劳动者劳而无获或者回报少于劳动成本，长期可能带来体力不够，财力不支，情感和精神上的回报缺失，无以为继。若劳动回报与劳动投入相当，劳动者将乐于投身此项劳动。

劳动者从外部获得的回报形式有两大类，一类是物质回报，比如实物、金钱、股票或股票期权，另一类是精神回报，比如奖章、荣誉证书或荣誉称号等。当然，劳动者从劳动过程或劳动成果中获得的满足感，也是内在的精神回报，因人而异。对大多数劳动者而言，物质回报是主要回报，精神回报是次要的。在物质回报中，人类早期社会以实物回报为主，不过实物回报有便携性、交换便利性和贮藏等方面的缺点，在专门的货币即金银、纸币等出现后，金钱回报成为主要形式，实物回报只是偶尔用之。随着人类社会进步、企业发展和激励手段演变，股票和股票期权回报也逐渐流行起来，成为重要的回报形式。人类社会有史以来一直沿用精神回报，形式和内涵不断丰富。当众表扬，授予勋章、证书和称号，广泛宣传和刻碑立传都是精神回报。精神回报是更高层次的认可，比物质回报更难获得。虽然上述外部精神回报较难获得，但大多数人的大多数劳动在获得物质回报的同时，也可以获得内在的成就感（图3-3-1），这是一种内部精神回报。在一些工作领域，如果劳动价值很高，除了必要的物质回报外，精神回报与精神激励也很重要，比如体育运动员刻苦训练为国争光、人民子弟兵以生命和汗水保卫国家等。

图 3-3-1
劳动可以使
人获得内在
成就感

一分耕耘,一分收获;勤劳致富,懒惰返贫。勤劳者将比懒惰者获得更多回报,古今中外各个民族均将勤劳作为美德。无论是农业社会、工业社会还是今天的智能社会,勤劳均是致富的必要条件。但"勤劳"背后的含义在不同的时代也存在区别。农业社会中,人们付出辛勤的体力劳动就能致富,正所谓"人勤地不懒,人懒地不产";在工业社会和今天的智能社会中,辛勤的简单劳动也能获得大量回报,不过远不及辛勤的复杂劳动所获得的回报。今天,勤劳会有更多收入,但未必致富,以专业化技能或创造性劳动为基础的勤劳更有可能致富。

2. 我国的分配制度

(1)以按劳分配为主体

按劳分配是指将劳动数量和质量作为个人回报的主要标准,等量劳动获得等量报酬,多劳多得,少劳少得。在中国特色社会主义的经济体制下实行按劳分配为主体的分配方式,这反映了劳动要素是各种生产要素中最受重视的部分。

社会生产力发展水平是实行按劳分配的物质条件。社会的生产力水平决定产出数量,进而决定可供分配的产品数量,而可供分配的产品数量则在本质上决定了分配方式。当前的生产力水平远高于封建社会和原始社会,因此不会实行封建社会时小范围的平均分配或原始社会时大范围的平均分配。但今天的时代也没有达到共产主义社会的富足程度,产品还不能满足人们的各种需要,也不能实行按需分配。综合对比,按劳分配为主体是相对公平合理的分配方式。

生产资料公有制决定了按劳分配的正义性。生产资料公有制意味着劳动者在生产资料占有方面具有平等关系,即在公有制内部人们不能凭借公有的生产资料无偿占有他人的劳动成果,只能凭借自己提供的增量要素和做出的增量贡献分配劳动成果。

按劳分配可以调动劳动者的积极性。人们的劳动产出与辛勤程度密切相关,劳动报酬与劳动贡献密切相关。因此,实行按劳分配制度,可以促使劳动者提升自身劳动技能，加大劳动投入，从而促进行业发展和社会进步。

（2）多种分配方式并存

改革开放以来，中国逐步形成了以按劳分配为主体，多种分配方式并存的分配制度。在改革开放初期，按劳分配以外的收入来源很少，后来逐渐增多。国家统计局数据显示，按收入来源分，2020年全国居民人均工资性收入17 917元，人均经营净收入5 307元，人均财产净收入2 791元，人均转移净收入6 173元，占可支配收入的比重分别为55.7%、16.5%、8.7%和19.2%。以上数据表明，工资性收入（或称劳动收入）是最重要的收入来源，其他收入在总收入中的占比相对较小。

城镇和农村居民的人均可支配收入来源大同小异。图3-3-2显示，2020年中国城镇居民工资性收入占人均可支配收入的60%，农村居民工资性收入占人均可支配收入的41%，工资性收入是各群体的最大收入来源。城镇居民财产净收入占比（11%）高于农村居民的财产净收入占比（2%），农村居民的经营性净收入占比（35%）高于城镇居民的经营性净收入占比（11%）。两个群体的转移性净收入占比相近，分别为19%、21%。[①]这些数据表明，按劳分配是各群体的主要分配方式，各群体的其他分配方式与生产要素相关，城镇居民的财产要素相对较多，农村居民提供劳务、加工农产品、零售小商品等，获得经营性收入。

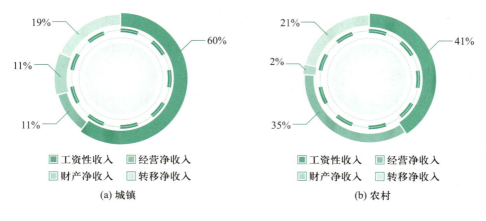

(a) 城镇　　　　　　　　　　　(b) 农村

图3-3-2
2020年中国城镇和农村居民人均可支配收入来源占比

在社会主义市场经济中，实行多种分配方式并存的分配制度具有一定的客观必然性。首先，以公有制为主体、多种所有制经济共同发展的经济制度决定了按劳分

---

① 数据来源：国家统计局。

配为主体、多种分配方式并存的分配制度。其次，在公有制经济内部，有多种实现形式，比如合作制、承包经营、股份制等，这必然产生按劳分配以外的各种分配形式。最后，资本、土地、技术等生产要素都在社会生产中发挥作用，这些生产要素需要得到相应的市场评价，要素的所有者理应得到相应的收入。总之，多种所有制经济、多种经营方式、市场经济的运行规律决定了社会主义市场经济中多种分配方式并存这一制度现实。

3. 劳动分配存在差异的原因

人们都想获得高收入，然而在现实中，有的人收入高，有的人收入低。我们应如何认识劳动分配的差异？如果我们知悉分配差异的各方面原因，就能树立正确的收入观念，以积极的心态追求高收入，并帮助低收入者。

如前所言，收入有多种来源，大多数人的收入来源是劳动或工作，而非金融投资、出租房屋土地。劳动或工作的收入差异有多种原因，大致可分为客观原因和主观原因两大类。

（1）收入差异的客观原因

① 工作所创造的价值

劳动创造的价值越大，回报越多。劳动者的劳动价值在于满足了他人、行业或社会的需求，满足的对象越多，满足的需求越大，劳动价值就越大，相应地，劳动者得到的回报就越多。

从这个层面上说，获得高收入的一个途径是服务于最广大的群体，为最广大的群体创造价值。一项工作的受益者越多，劳动者所创造的价值可能越大。

② 工作条件与环境

有些职业的工作需要在艰苦的环境下完成，收入相应就高，比如矿工、高压线施工工人、大厦外墙清洗员。相反，一般的办公室文员工作环境相对较好，工资收入相对不高。有些工作岗位的工作内容一样，但因为工作时间不同，收入也相应不同，比如在工厂流水线中，夜班工作比白班工作的收入高。

③ 地区发展水平

同一个劳动者，在不同地区做同样的工作，收入水平可能不一样。比如，人们在一线城市理发的价格高于三线城市和乡镇地区，一线城市理发师的收入高于乡镇地区的理发师收入。这种现象在一定程度上是因为不同地方经济发展水平不一样，物价水平不一样，从而产生了收入差异。尤其在服务行业中，各类工作的工资收入与当地经济发展水平高度相关，同样的服务内容和质量在经济发达地区会获得更高收入。这也是为什么人们愿意背井离乡到城市里工作，以获得更多收入。

除了以上原因外，性别、年龄、民族、籍贯、家庭背景和宗教信仰等劳动者无法改变的客观因素，却可能被用人单位作为限制性条件，用来降低或提高劳动者的收入水平，这些因素就是歧视性因素。

（2）收入差异的主观原因

① 天赋

有些职业的收入普遍较高，比如足球运动员、演员、画家、歌唱家等，虽然一般人也会踢球、拍视频、画画、唱歌，不过很难达到专业级别，很难以此作为主要职业和收入来源，这些职业的从业者一般拥有某方面的特殊天赋，加上后天的努力，获得较深的造诣，从而获得较高的收入。

② 能力或经验

有些工作需要一定的专业技能，从业时间越长、经验越多，技能水平越高，从而收入越高。刚从事这项工作时，收入水平一般，随着工龄增长，工作经验更加丰富，解决问题的能力更高，收入也随之增加，比如维修工、电焊工、月嫂、医生、律师、程序员、培训师等。当然，在同一个时间点上，能力更高的劳动者通常会更易获得工作机会，从而获得更多劳动收入。

③ 勤奋程度

有些工作不需要很高的天赋，也不需要很强的能力，只需勤奋，就能获得更多收入。比如计件工作的工人、快递员和出租车司机，只要投入更多时间，完成更多的工作量，就能获得更多收入。这些工作没有太高的职业门槛，以重复性劳动为主，勤奋程度和工作时长是收入的重要决定因素。

④ 受教育程度

教育经济学的大样本研究表明，受教育程度与收入水平正相关，高学历的人普遍比低学历的人收入高。不过，也有高学历者收入较低而低学历者收入较高的现象。但在大多数情况下，每一个学段中随着受教育年限增加，收入水平有一个向右上方凸出的趋势（图3-3-3）。不过受教育年限多的群体中也有个别人的收入低于受教育年限少的人，但这只是普遍规律中的一部分，从总体数据看，受教育程度越高，获得高收入的概率更大。

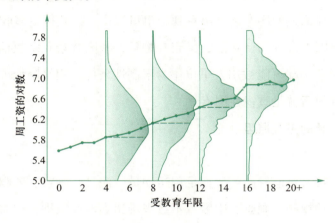

图3-3-3
受教育年限
与工资水平

案例品鉴

家政服务业促进农民增收

冯纪兰是一位来自山西省天镇县偏远山村的农家女性。在参加完县里组织的免费培训后，她来到城里当上一名家政服务员。"以前在村里种地，收成不稳定。现在做家政一个月工资几千元，干得好不愁找不到活儿，工资还能涨，好着呢。"

像冯纪兰这样通过从事家政服务解决就业、增加收入的农村劳动者数量不在少数。商务部数据显示，我国家政行业从业人员已达3 000万人，其中约有90%来自农村地区。截至2020年年底，仅在脱贫地区就有85万名劳动力进入家政行业，既能满足农村进城务工人员的就业需求，又能满足城市家庭育儿、养老等现实需要，家政服务正日益成为一个有效连通城乡、促进互利共赢的产业。

近年来，伴随着消费升级，我国家政服务业发展规模不断扩大。月嫂、收纳师等专业化程度较高的家政服务快速发展，从业人员专业化、年轻化、职业化趋势日益明显。家政服务与养老、育幼、物业、社区零售等业态融合发展步伐不断加快。

但就家政行业发展现状而言，供给不足、质量不高等问题依然存在。从供给侧看，农村劳动力"出不来、留不住、干不好"是突出难点；从需求侧看，消费者找家政服务员"找不着、找不起、找不好"是痛点、堵点。家政服务如何实现"找得好"又"干得好"？这种现状亟须从统筹供需两侧、城乡两端入手，打通家政服务供需两端的堵点痛点，系统推进行业高质量发展。

数据显示，2021年家政服务业人员缺口超过2 000万人，这为有就业意愿的农村劳动力提供了广阔的空间。适应城市消费者"找得着、找得起、找得好"的需求，让农村劳动力"出得来、留得住、干得好"，对于带动农民增收十分重要。确保农村劳动力"出得来"是家政行业带富农民的第一步，这就需要多措并举。畅通渠道需要加强供需双方对接，为想进城从事家政服务的农村劳动者送政策咨询、送信息服务，并将这些服务覆盖农村到城市全流程。确保"留得住"，需要两端发力优化从业环境，既维护好家政服务员的合法权益，加强劳动报酬、社会保险等保障，也为其子女提供人文关怀和生活帮助，免去从业者们的后顾之忧。"干得好"的前提是有一技之长，这离不开有针对性的培训，提升家政服务员的职业技能。在过硬的技能基础上，"干得好"更需要满满的爱心，如此才能让消费者用工更放心、享受服务更舒心。

> ◎案例分析：近年来服务业在中国国内生产总值中的占比超过五成，服务业从业人员数量也超过第一产业和第二产业，未来服务业占比和服务业从业人员数量还将继续增加。家政业是典型的服务业，家政人员工作内容看似简单，实则复杂，需要多种劳动技能。近年来家政从业人员的收入水平逐步提升，既与中国经济发展的宏观背景相关，也与从业人员个人辛勤劳动、积极提升劳动技能和熟练程度有关。可以说，家政业发展是传统服务业升级发展的一个缩影。

日前，商务部等14部门联合印发了《家政兴农行动计划（2021—2025年）》，提出到2025年，家政服务品牌化、信息化、专业化、规范化水平有效提升，优质家政服务有效供给显著增加，人民群众对家政服务满意度稳步提高。相信随着一系列举措落地，家政服务这项朝阳产业将加快高质量发展，充分发挥促进农民增收的作用，更好地惠及城乡百姓。

（资料来源：《人民日报》，有删改）

思辨探究：在现实生活中，一些人对家政人员、保洁、保安、快递员、餐馆服务员和物业人员等颐指气使，这些不尊重普通服务人员的现象为什么存在？请结合具体案例，从劳动分配的角度分析讨论如何提升公众对服务业劳动者的认知和评价。

话题互动

勤劳是中华民族的传统美德，辛勤劳动是劳动精神的重要体现。在新技术不断涌现、科技创新日新月异的背景下，不创新的勤劳还能否获得高收入？如何理解习近平总书记"鼓励勤劳创新致富"的思想？新时代大学生如何将辛勤劳动和聪明才智结合起来，在服务社会的过程中实现个体的人生价值？

3.4

收入调整与共同富裕

劳动收入主要源于初次分配，初次分配会产生收入差距，因此需要二次分配和三次分配，使劳动分配更加公平合理。劳动者需充分认识各种分配的差异，在初次分配中获得更高收入。政府需要通过二次分配的政策，调节收入差距，保障民众基本生活水平。社会需要鼓励三次分配，倡导慈善公益事业，促进共同富裕。

劳动认知

1. 初次分配与劳资协调

（1）初次分配是起点和基础

初次分配也被称为一次分配或首次分配，是与劳动、资本和技术等生产要素直接联系的分配，各市场主体按提供要素的贡献程度取得回报。比如，人们在企业或政府上班，提供劳动力，获得工资；人们将资金存在银行、借给亲友或投资于某个企业，获得利息或红利；个人或企业提供专利技术，获得专利费或技术服务费；个人或企业出租房屋或土地，获得租金等。

在初次分配中，劳动收入是大多数人的主要收入来源，因为大多数人拥有的资本和技术类要素较少，从中获得的收入也较少。在劳动收入中，大多数人只从事一种工作，签订一个劳动合同，少数人同时从事多个工作，跟多家公司建立劳动关系。在零工经济、平台经济中，一个劳动者从事多项工作成为可能。

衡量一国居民收入初次分配是否公平的主要指标是分配率，即劳动报酬总额占国内生产总值的比重。比重越高，说明初次分配越公平。2020年中国的这一比重为 47.5%，与美国的 53.6% 较接近，不过仍然有待进一步提高。

（2）初次分配的博弈

初次分配取决于要素的供求情况，一般而言，供给大于需求，则要素回报减少，供给小于需求，则要素回报增加。在社会主义市场经济中，市场在初次分配中发挥资源配置的决定性作用，生产要素的回报相对公平。在现实中，由于种种限制，生产要素的回报可能低于或高于应有的水平，比如，同一个单位中，由于户籍或聘用形式的差异，员工的工资水平可能有差异，出现同工不同酬现象。

在初次分配中，供求双方的博弈分散在劳动力市场、资本市场、技术交易平台、房屋租赁市场或土地交易市场等。在这几类市场中，拥有特殊要素的一方在博弈中的话语权更大，比如拥有特殊技能、大量资金、某种技术、特殊地段的房屋或土地等。劳动力市场的博弈表现为劳资关系或劳动关系，即雇佣者和被雇佣者之间的关系。如果是资本雇佣劳动，则劳动者的话语权相对较小，如果是合伙人制度或员工持股计划，则劳资双方更加平等，劳动者的话语权相对更大。

初次分配是实现共同富裕的基础，在实现共同富裕的过程中发挥决定性作用，为促进共同富裕，公共政策需创造更多的公平机会，让各市场主体共同参与，公正竞争。

2．二次分配的公共政策

（1）二次分配调节收入差异

二次分配也被称为再分配，是国家各级政府部门以社会管理者的身份通过税收、转移支付或社会保障的方式调节居民收入。税收调节涵盖财产税、流转税和所得税等方面，转移支付包括各类津贴、补助和补贴等，社会保障主要包括医疗、保险和社会福利等方面（表 3-4-1）。

表 3-4-1　二次分配的形式

税收	财产税	房产税、车船税、遗产税、赠与税和契税等
	流转税	增值税、消费税和关税等
	所得税	个人所得税、企业所得税
转移支付		津贴、抚恤金、养老金、失业补助、救济金和农产品价格补贴等
社会保障		养老保险、医疗保险、失业保险、工伤保险、生育保险和住房公积金等

① 税收

财产税是对法人或自然人在某一时点占有或可支配的财产征收的税。所谓财产，是指法人或自然人在某一时点占有或可支配的经济资源，包括不动产和动产两类。不动产指土地和土地上的改良物，如住宅、商店、工矿企业；动产包括车辆、家具、耐用消费品等有形资产，及股票、公债、银行存款、现金等无形资产。财产税的课税对象是财产的收益或财产所有人的收入，包括房产税、车船税、遗产税、赠与税和契税等。房产税是以房屋为征税对象，将房屋的计税余值或租金收入为计税依据，向产权所有人征收的一种财产税。车船税是车辆和船舶的所有人或管理人向国家缴纳的税种。遗产税和赠与税分别针对遗产和生前赠与财产征税，这两种税在鼓励勤劳致富、反对不劳而获方面具有独特作用，很多国家已经开征这两类税收，中国已经将其列入了立法计划。契税是在房产买卖、典当、赠与和交换中向产权承受人征收的一种税，征收对象是房屋产权的转移行为，包括房产的买卖、典当、赠与和交换活动。

财产税历史悠久，曾是奴隶制和封建制国家财政收入的最主要来源。后来，由于征税对象有限、计税依据难以准确界定、税收征管难度大等原因，其作为主体税种的地位逐步让位于流转税和所得税。流转税的征税对象为商品生产流通环节的流转额或数量及非商品交易的营业额，包括增值税、消费税和关税等。增值税是对商品生产、流通、劳务服务中多个环节的新增价值或商品的附加值征收的一种税，有增值才征税，没增值不征税。消费税是以特定消费品为课税对象所征收的一种税，是在对货物普遍征收增值税的基础上，选择部分消费品再征收一次消费税，目的是为了调节产品结构，引导消费方向，比如对高档化妆品和烟酒征税。关税是指一国海关对通过其关境的进出口货物征收的一种税。

所得税主要包括个人所得税和企业所得税。个人所得税是指个人获得收入后，向国家缴纳一部分个人所得，上缴的比例即个人所得税税率。个人所得中，综合所得和经营所得适用超额累进税率。超额累进税率是指一定金额之下的个人所得不用缴税，一定金额之上的个人所得按超额的情况，实行不同档次的税率，超额越多，税率越高。目前我国居民的每月个税免征额为 5 000 元。个人所得中，利息、股息、红利所得、财产租赁所得、财产转让所得和偶然所得适用比例税率，目前我国的比例税率为20%。企业所得税是企业的各项收入扣除各项支出后，所获的利润按一定比例上缴给国家，缴税后剩余的利润为净利润。不同企业的所得税税率不同，目前我国的企业一般适用于25%所得税率。

② 转移支付

转移支付是政府保障民生、调控经济的重要方式，包括津贴、抚恤金、养老金、失业补助、救济金和农产品价格补贴等。在社会保障方面，社会基本医疗保险主要包括城镇职工医疗保险、新型农村合作医疗保险和城镇居民医疗保险，参保人缴纳一定年费后，医疗花费中的一部分由国家承担，个人只承担较小的部分。社会保险主要是"五险一金"，包括养老保险、医疗保险、失业保险、工伤保险、生育保险、住房公积金。社会福利是政府提供给大众的物品、资金、服务或保障，按照享受对象可分为以下六种：为全体社会成员提供的公共福利，为本单位、本行业从业人员及其家属提供的职业福利，专为老年人提供的老年福利，为婴幼儿、少年儿童提供的儿童福利，为妇女提供的妇女福利，为残疾人提供的残疾人福利。

综合而言，所有税收都有调节收入的作用，但不同税种的调节作用不同。比如超额累进所得税率和财产税的调节重点是收入较高的群体，有利于缩小贫富差距，而社会保障的主要目的是保障人民的基本生活水平，保障普通居民或低收入群体的基本利益。

（2）如何进行二次分配

居民可支配收入是居民来自市场的收入加上转移性收入，再减去个人所得税和社会保险费。个人所得税和社会保险费属于二次分配范畴，因此二次分配会影响居民的可支配收入。由于初次分配后普遍存在收入差距，二次分配的目的就是缩小初次分配中产生的收入差距，保障基本公共服务均等化，在政策层面促进共同富裕。

世界各国在长期的实践中，总结出了两条相对具有共性的二次分配经验。一是按照累进所得税税率征收个人所得税，二是建立健全社会保险和社会医疗保障机制。在财产税、房地产税、遗产税和社会福利方面，各国存在较大差异。比如，一些国家已经实行了财产税、房地产税和遗产税，另一些国家正在探索实行，还有一些国家尚未征收这些税种。在转移支付和社会保障方面，提供的福利内容多种多样，比如免费的义务教育、全面的失业救济金、为养育子女提供多重礼包、发放普惠性节日慰问金等等。未来，随着经济发展水平提高，税收改革将不断推进，扩大社会保障范围，提高综合保障水平是社会发展的必然趋势。

3. 三次分配与共同富裕

（1）三次分配促进社会和谐

三次分配有广义和狭义之分。广义的三次分配是指动员社会各方面的力量，调动各方面的积极性，发展慈善事业，建立社会救助、民间捐赠和志愿者行动等制度或机制，是以社会互助补充政府调控。狭义的三次分配仅包括慈善捐助，是社会公众在自愿的基础上，在习惯和道德的影响下，把个人物资或可支配收入的一部分捐赠出去。常见的三次分配形式包括捐款，献血，捐建希望小学，义务支教（图3-4-1），向边远学校捐赠计算机、仪器或图书，向地震洪涝灾害或疫情地区捐赠食物、衣物或资金，在灾区或疫区提供志愿服务等。

图3-4-1
义务支教

2020年，我国慈善捐赠和志愿服务价值的总量是5 500亿元左右，占GDP比重为0.54%左右。这一比重虽然低于二次分配，但三次分配是对初次分配和二次分配的有益补充，是社会和谐的润滑剂，也可以彰显先富群体的社会责任和美好品德，弘扬社会爱心，维护社会和谐。与此同时，共同富裕不仅包括物质层面的共担共享，也包括精神层面的共荣共情，三次分配既可以促进物质层面的共同富裕，也可以促进精神层面的共同富裕，具有独特价值。

（2）如何进行三次分配

三次分配是收入分配体系的重要组成部分。2021年8月17日，中央财经委员会第十次会议研究部署在高质量发展中促进共同富裕，再次重申共同富裕是社会主义的本质要求。在实现共同富裕的过程中，三次分配可以从金融、法律、文化等多方面发力，其中最直接的是在慈善事业方面采取行动。

一是鼓励各个市场主体参与三次分配。目前我国慈善捐款主要来源是企业，未来既要继续积极鼓励企业参与，但还要动员高收入群体和普通公众广泛参与，既鼓励慈善捐赠，也鼓励志愿服务。

二是发展慈善组织。2020年年底我国社会组织总量将近90万家，其中认定为慈善组织的不到1万家，被认定的慈善组织中有公募权的仅2394家，总体数量不多。在三次分配过程中，慈善组织是慈善资源的募集者、分配者和中介管理者，慈善组织的数量、规模和公信力是衡量慈善事业发展水平的重要指标。

三是健全慈善行业发展的基础设施和法律规范。基础设施包括慈善行业数据库、行业信息披露与分析平台、第三方评估机构、慈善组织财务审计、筹款平台和慈善组织孵化器等。我国于2016年出台了慈善法，社团、民办非企业单位、基金会等方面的登记管理条例还在修订之中，社会组织的登记还存在严格的限定条件。

总体而言，初次分配由市场主导，重效率，关注以最大程度调动各市场主体的积极性，让一切能够创造财富的要素都涌现出来。二次分配由政府主导，重公平，为社会稳定和经济可持续发展奠定坚实基础。三次分配由社会主导，重自愿，让经济发展成果更好地惠及全体国民。初次分配是基础，二次分配是保障，三次分配是补充。初次分配做得好，有利于做大蛋糕；二次分配做得好，有利于分好蛋糕；三次分配进一步解决分好蛋糕的问题。首先，企业创造就业岗位，提供优质的产品和服务，缴纳更多的税收，就是对社会的最大贡献。政府有了税收，就可以做更多的公共服务。当然，捐赠也不完全是公益行为，政府可以在税收等政策方面进行引导，比如把企业捐赠支出在税前扣除，鼓励企业进行公益捐赠。三次分配也要适度，如果为了推进共同富裕而让企业承担过重的社会责任，将影响企业发展，最终影响公共服务和共同富裕水平。共同富裕是民众的美好憧憬，需要全社会的劳动者勤劳创新，人尽其才，需要政府发挥调节和保障作用，需要各类组织和富裕群体承担必要的社会责任。

慈善有温度，帮扶有力度

广东省佛山市顺德区素有崇德乐善的传统。2021年5月，顺德创建"众扶乐享"慈善救助信息平台，推动慈善资源对接、服务、监督等智能化。全区建立1万余份帮扶对象档案，录入1.4万份服务与受援记录，还有近两万份需求评估与探访记录等。2021年11月，顺德区慈善组织联合会自主开发的"慈链公益"平台获得民政部第三批慈善组织互联网募捐信息平台认证。该平台开设慈善项目、慈善专题、圆梦行动、慈善活动和慈善义卖等功能模块，入驻机构达85家、上线募捐项目130个。

同时，一批企业家和社会群体也在踊跃参与公益慈善事业，造就多家具有较强实力与专业水准的慈善组织，充实了"顺德慈善"力量。据统计，顺德现有公益慈善类社会组织260家，包括8家省级登记基金会、36家区级登记基金会、11家区镇（街）慈善会。全区慈善组织资金总量达150多亿元、从业人员1200多名、受益人群超百万，均居同级城市前列。

"做慈善需要政社企联动，营造友爱、互助、融洽的社会氛围，满足困难群众个性化需求。"顺德区民政和人力资源社会保障局负责人说，该区已建立区慈善会、镇（街）慈善会、村（社区）福利会三级慈善体系，10个镇（街）均有"关爱帮扶小组"。许多人既是捐赠人，也是志愿者，实现了慈善平民化、科技化、常态化。

"人人可公益、人人可慈善。"在当地党委和政府支持下，顺德各类慈善组织和相关部门、企业、服务机构之间深度合作，细化服务，多元发展，逐步形成良好的慈善公益生态圈。

从2017年起，顺德实施"众创共善"计划，整合区委政法委、区民政和人力资源社会保障局等7个单位资源，并鼓励社会组织和个人通过公益创投参与慈善事业，一起助医、助学、助困、助老、助残，并向资助文化传承、基层治理、行业发展等领域延伸。

◎案例分析：助人为乐是中华民族的传统美德，慈善行为是夏日的凉风，是寒冬的温暖。在力所能及的范围内帮助他人，改善他人的处境，有利于营造良好的同伴关系，创造团结友爱的社会文化，提升所在人群的向心力和凝聚力。新时代呼唤更多的慈善行为，让更多人感受同伴的关怀，分享收获的喜悦，参与发展的过程，共建发展的蓝图。

龙江镇左滩村下辖20个村小组，停车难、卫生差等"烦心事"不少。广东省德胜社区慈善基金会与左滩村研究"和议协商"制度，遇事村民议事协商，并设立"幸福基金"，资助村民参与公益服务，"自己家园自己管"。

两年前，顺德倡导"慈善超市"向"慈善综合体"转型，力求慈善功能多样、普惠民生、充满活力。顺德8个镇（街）建立"慈善综合体"，除募捐、救助等服务，还开拓了慈善商品销售、便民服务、志愿服务、项目孵化、文化传播、产品开发等综合功能。其中，依托"顺德慈善"集体商标，独创"善+互联网""善+美食""善+设计"等"善+"系列品牌，购买产品即成捐赠，让慈善公益与企业营销实现"双赢"。

目前，顺德已开展700多个慈善项目，包括安心善居、和美社区、善耆家园、圆梦行动、德益青年公益行动、慈善文化月等慈善品牌。2021年顺德区慈善组织联合会与260多个单位合作，发动全区慈善组织提供款物救助54万人（次）、服务帮扶47.58万人（次）。

（资料来源：《人民日报》，有删改）

思辨探究：共同富裕是社会主义的本质要求，它意味着广大群众共享经济发展成果，人均可支配收入和生活水平接近。结合材料分析，政府和企业可采取哪些措施促进共同富裕？

话题互动

一些企业偷税漏税，规避纳税义务，但却同时进行一些慈善捐赠，帮助低收入人群。如何看待这种行为的矛盾性？为规范企业纳税行为，提高企业社会责任感，政府和社会需做出哪些努力？

专题三
交互测试

拓展实践

劳动者收入现状调研

1. 实践主题

认识收入差异，探索增收方式。

2. 实践目的

感知不同劳动者的收入差异，了解劳动者的生活状况，加深与劳动者的理解和情感联系，厚植劳动情怀和劳动精神。

3. 实践内容

通过电话、问卷和实地调研的方式，获知不同劳动者（不少于20人）的收入水平及形式，通过访谈了解劳动者对本身收入水平的满意度，以及希望通过哪些方式提高收入水平。

4. 实践要求

三至五人一组，共同参与调研，获得一手资料，访谈过程需礼貌友善，相关资料可供追溯检验，立足现实综合分析，提出具有针对性和建设性的对策建议。

5. 实践评价

调研人数达到要求，访谈深入，资料详实，分析全面，体现出对劳动人民的真实关切和对劳动的深厚情怀。

参考文献

［1］亚当·斯密.国民财富的性质和原因的研究（节选本）［M］.北京：商务印书馆，2002.

［2］陶志勇.新时代劳动观［M］.北京：中国工人出版社，2002.

［3］教育部职业技术教育中心研究所.劳动教育读本（高职版）［M］.北京：高等教育出版社，2020.

专题三
拓展阅读

［4］刘向兵，等.劳动通论［M］.2版.北京：高等教育出版社，2021.

［5］党印.职业与劳动——大学生劳动教育十讲［M］.北京：人民交通出版社，2021.

［6］乔舒亚·安格里斯特，约恩-斯特芬·皮施克.基本无害的计量经济学［M］.上海：格致出版社，2012.

［7］宫汝凯.走向共同富裕之路：以技术市场发展提升劳动收入份额［J］.财经研究，2023，49（01）：19-33.

［8］纪珽，梁琳.代际职业流动及其影响因素的性别差异［J］.南开经济研究，2020，（02）：25-48.

［9］李红阳，邵敏.城市规模、技能差异与劳动者工资收入［J］.管理世界，2017，（08）：36-51.

［10］李萍，谌新民.工业化和城镇化对代际职业流动的作用分析［J］.南开经济研究，2021，（04）：142-168.

［11］李实.共同富裕的目标和实现路径选择［J］.经济研究，2021，56（11）：4-13.

［12］梁季.税收促进第三次分配与共同富裕的路径选择［J］.人民论坛，2021，（28）：34-39.

专题四
劳动与文化变革

　　劳动是人类最基本的社会实践活动，是人类文化的源泉与动力，也促成了劳动文化的产生和发展。劳动文化体现了人类对劳动的价值和意义、劳动者的尊严和权利的认知，最终呈现出崇尚劳动、劳动最美的社会风尚。本专题围绕不同时代的劳动与社会文化、不同的劳动文化、数字时代劳动的文化特征等展开，阐述劳动与劳动文化如何随着时代变革。引导学生感知劳动与社会文化之间相互影响、相互促进、密不可分的关系，帮助学生深刻理解不同劳动文化的外在表现和鲜明特点，培养学生敢闯会创的能力，使学生在劳动精神的感召下，争做新时代的奋斗者。

4.1

劳动与社会文化

劳动是人类最基本的社会实践活动，同时也是人类文化发展的源泉与动力；社会文化源于生活、源于劳动，社会文化是社会实践活动的产物，同时也是人类社会的灵魂和血脉。在不同的时代背景下，人类会进行不同的社会劳动，进而产生不同的社会文化。劳动与社会文化相互影响，相互促进，密不可分。

劳动认知

1. 社会文化是文化现象和文化活动的总和

社会文化是与基层广大群众生产和生活实际紧密相连，由基层群众创造，具有地域、民族或群体特征，并对社会群体施加广泛影响的各种文化现象和文化活动的总称。

（1）文化是劳动的成果

文化，是伴随着人类产生并发展到一定阶段（区别于其他动物，逐步脱离蒙昧）而形成的产物。文化，作为一切劳动成果的总和，包含着极其丰富的内涵。广义上的文化是指人类社会历史实践过程中人类所创造的物质财富和精神财富的总和，即人类劳动成果的总和；狭义上的文化是指社会的意识形态以及与其相适应的文化制度和组织机构，特指人类创造的"精神文化"。

文化产生的初始动力主要是为了改善生存条件。这种着眼于物质的文化活动（如伐木造屋、采石狩猎），既受到活动主体（劳动者本人）意识的指导，是其思维活动的具体展现，又被活动主体记忆于自己的大脑之中，同时引发他人的注意、模仿乃至后世的承传。

（2）劳动本身就是一种社会文化

劳动本身就是一种社会文化。劳动是人类社会生存和发展的基础，主要是指生产物质资料的过程，通常为能够对外输出劳动量或劳动价值的人类运动。劳动是人维持自我生存和自我发展的唯一手段。按照传统的劳动分类理论，劳动可分为脑力劳动和体力劳动两大类。马克思下了这样的定义："劳动力的使用就是劳动本身。劳动力的买者消费劳动力，就是让劳动力的卖者为其提供劳动。"

与此同时，社会文化包容着劳动。因为文化是笼统多样的，文化属于历史的范畴，每一个社会都有和自己的社会形态相适应的社会文化，这一社会文化随着社会物质生产的发展变化而不断演变。作为观念形态的社会文化，如哲学、宗教、艺术、政治思想和法律思想、伦理道德等，一定程度上都是社会经济和政治的反映，同时，又给社会的经济、政治等各方面以巨大的影响。在阶级社会中，观念形态的文化有着阶级性。随着民族的产生和发展，文化又具有民族性，形成传统的民族文化。社会物质生产发展的历史延续性决定着社会文化的历史连续性，社会文化就是随着社会的发展，通过自身的不断扬弃来获得进一步发展的。

2. 劳动与社会文化相辅相成，相互促进

（1）人类劳动创造社会文化

马克思认为，劳动是人的本质，劳动创造了人本身，劳动创造了人类生活。由此可见，劳动不是人的本能活动，劳动成果不是自然的产物，人在劳动中结成的社会关系，也不是纯粹自发的关系。

关于劳动与社会的关系，马克思认为，劳动是社会的基础；没有劳动，社会不能存在，也不能运转；任何一个民族，如果停止劳动，不用说一年，就是几个星期，也要灭亡。由于生产力发展所带来的社会分工，一个人在劳动时需要得到别人的支持、配合与帮助，无法单靠个人生产的产品或服务满足自己的全部需要，必须同其他生产者或服务者进行交换。

不难发现，人类在创造劳动的同时，还创造了人与人的交往关系，社会文化由此产生。

（2）社会文化推动劳动发展

社会是人类相互有机联系、互相合作形成的群体。社会创造了语言、文字、符号等人类交往的工具，为人类交往提供了必要的场所，从而保持和发展人们的相互关系。社会将无数个人组织起来，建立了一个供大家共同交流合作的平台。

在劳动实践的过程中，劳动工具、语言、饮食、服饰、礼仪、宗教、社会关系等人类文化逐渐形成，同时这些又进一步推动劳动的发展，使得人类劳动越来越远离动物的本能活动。

社会文化以特有的方式渗透在认识主体、中介系统和认识客体中，制约和规范着人类认识。人的生命短暂，人类一代代更替频繁，而社会则是长期存在的。社会文化具有造就人、塑造人的功能。在历史上，社会文化对人的影响不仅体现在生产技能的获得上，更重要的还在于社会教育，也就是通过积极地引导为社会培养合格的下一代。因此，要推进文化自信自强，以社会主义核心价值观为引领，发展社会主义先进文化，弘扬革命文化，传承中华优秀传统文化，满足人民日益增长的精神文化需求。

3. 不同时代的劳动与社会文化各有千秋

在不同的时代，受生产力水平、劳动意识、社会环境等各方面因素的影响，形成了不同的社会文化。

（1）农耕时代——"慢工出细活"

人类社会的发展，文明的进步，伴随着生产力的发展进步而一步步提升。同时，人类改造大自然的能力也一步步地增强。生产工具的不断更新进步，把人类的生活、生存形式，由被动地采集、狩猎，推进到主动地栽植农作物的农耕文明新阶段。

中国两千多年的封建社会，一直以自给自足的小农经济为经济支柱。何为自给自足？即自己需要的东西，几乎都由自己生产。如此，一个小农家庭，要生产的东西还是很多的。当然，生产出来的这些东西，几乎都是自己用，并不出售。

在这一时期，男人负责耕田，女人负责织布。男人除了耕田，还要养牛以作力役，养猪以供肉食，烧窑以制作锅、碗、瓢、盆，等等；女人除了织布外，还要种菜、采摘等。在这个过程中，勤劳的人民"靠山吃山，靠水吃水"，劳动人民创造了很多生存技艺，如篾制品制作技艺和青藤编织工艺。自产自销的小农经济锻炼了老百姓的动手能力和生活智慧，家里的一些生活用具，如背篓、竹篮或圆簸箕等，都是老百姓自己编织而成的（图4-1-1）。

图4-1-1
竹编工艺

篾制品制作技艺看起来简单，但上手还是有一定难度的。一个篾制品的诞生要经过6个步骤：破竹、分篾、锏篾、煮篾、刨篾、编织。不同的篾制品，编织方法各不相同（图4-1-2）。

图4-1-2
不同用途的篾制品

青藤编织工艺其实也大有学问，如粗细藤条的选择、用药浸泡的时间、编织时的力度等，都有讲究。这些常见却实用的物品，真实地反映出老百姓的质朴和勤劳。根根藤条相互交织，纵横交错缠绕，千年百炼藤编终成器，每个得来不易的青藤编制品，都是从自然而来，经过藤编手艺人的打磨又与使用

图4-1-3
青藤编织工艺品

者融为一体，续写一段又一段美好的故事（图4-1-3）。

（2）工业时代——"每个人都是螺丝钉"

工业社会是继农业社会之后出现的社会发展阶段。总体上来说，工业时代具有以下明显特征：科学技术高度发达，生产效率全面提高，以大机器为核心的专业化、社会化大生产成为生产的主要方式，工业居于社会经济的主导地位，社会分工逐步精细。

随着科技的高速发展，各种工作分工越来越细，"分工协作，每个人都是螺丝钉"的社会文化逐渐产生。

"一个人的作用对于革命事业来说，就如一架机器上的一颗螺丝钉。机器由于有许许多多螺丝钉的连接和固定，才成了一个坚实的整体，才能够运转自如，发挥它巨大的工作能力，螺丝钉虽小，其作用是不可估量的，我愿永远做一个螺丝钉。"雷锋同志在日记中这样写道。

螺丝钉是比喻，是指机器的一个部件。螺丝钉虽然小，其作用不可小视。任何庞大的机器往往都是由许多螺丝钉连接和固定起来的，只有各个部件状态正常，整个机器才能运转自如。个人的作用，对于党和人民的事业来说，就如同一架机器上的螺丝钉。在这架大"机器"中，一个人不论处于何种位置、从事什么工作，都起着螺丝钉的作用。只有人人都恪尽职守、勤奋努力，社会才会充满活力、不断发展。所谓"众人拾柴火焰高"，讲的就是这个道理。在我国改革发展进入关键时期的今天，更需要每个人发扬螺丝钉精神，自觉从自身做起、从小事做起，在本职岗位上建功立业，为改革发展事业添砖加瓦。

甘做螺丝钉并做一颗永不松劲的螺丝钉，不是一件容易的事。"永不松劲"，要求我们具有责任意识和奉献精神，不急功近利求功绩，不哗众取宠争虚名。从这个意义上说，螺丝钉精神反映了正确的世界观、人生观、价值观，体现了远大理想与求实态度、人民需要与个人价值的统一。作为新时代的大学生，作为国家的技能型人才，我们要甘做永不松劲的螺丝钉，求真务实，埋头苦干，尽职尽责，通过自己的勤奋工作促进经济社会的发展进步，为党和人民的事业作出应有的贡献。

（3）数字时代——"个性化制作"

20世纪末，伴随着计算机在各个领域的迅速普及，数字时代已经来临，给人们的工作和生活带来了新的冲击。进入21世纪以后，伴随着科学技术的突飞猛进，各行各业都在发生着巨大的变革以适应市场竞争。从英国提出物联网，到德国的工业4.0，大数据的应用让我们能够以一种前所未有的方式，通过对海量数据进行分析，获得具有巨大价值的产品和服务以及深刻的洞见，这进而引发了全球市场新一轮的科技革命和产业变革。

"工业4.0"本质上是基于信息物理系统(CPS)实现"智能工厂"，即智能设备根据处理后的信息，进行判断、分析、自我调整、自动驱动生产加工，直至最后的产品完成，最终使消费者的个性化需求能够得到满足。

为了抓住新一轮工业革命的重大机遇，加快从"中国制造"向"中国智造"的转变，"个性化制作"的社会文化逐步呈现。例如，企业在生产产品的过程中，通过数字化信息采集，可以更精准地了解客户的需求：通过脸部的数据，可以生成适合你脸型的眼镜结构；通过足部的数据，可以设计出适合你脚型的鞋子的样式；通过获取你的个性化数据，可以知道你喜欢听什么歌、喜欢看什么书。数字化使得个性化制作成为可能（图4-1-4）。

图4-1-4
数字化信息
采集

案例品鉴

文艺大师徐朝兴：一双无指纹的"青瓷手"

一双找不出指纹的匠人之手，一颗不老的匠人之心。已过古稀之年的中国工艺美术大师、宁波首批文艺大师徐朝兴，在浙江商业技师学院给众多青年学生分享了自己的青瓷艺术人生，并现场表演了青瓷"绝技"。

分享从他那双特别的手开始。徐朝兴从事青瓷事业已有六十余年，因长期从事青瓷制作，他手上的指纹已经被"磨"光，他的手成了一双无指纹的"青瓷手"。当他伸出自己的双手展示时，不少学生的心灵被深深震撼，现场响起了雷鸣般的掌声。

徐朝兴通过视频展示了自己的"绝技"——跳刀。屏幕上，随着坯体的高速旋转，他聚精会神地抖动着特殊的刀具，瞬间就刻下数万条波线或印痕，并以"剜""刻""拉"等技法，将千"线"万"点"通过特殊的排列与组合划刻在坯体上，形成效果奇特的水波、几何或多维图形。别看只是一只小小的碗，却要在上面

◎案例分析：在机器越来越智能高效的今天，劳动表现出明显的分化趋势。一方面，体力劳动总体上趋于简化，甚至越来越多地被机器所取代；另一方面，高技能手工劳动却具有越来越高的价值，是完全无法被机器所取代的。作为新时代的高职大学生，我们需要不断提高自身的专业技能，用自己的智慧和汗水，创造美的产品，提供美的服务。

"抖"成千上万刀，而且是在几分钟甚至几十秒时间里，"抖"出的斜纹既整齐又美观，充满了手工的柔韧之美。这样的技术，没有几十年的沉淀是难以练就的，观众无不称奇，瞪大眼睛看呆了。

"在青瓷的72道工艺中，跳刀是最难的工艺之一，要心到手到，才能跳得好。'抖'的时候，必须屏息凝神，全部的注意力都集中在作品上，才能制出青瓷珍品。"借自己的故事，徐朝兴勉励年轻人，无论做什么事，一定要静下心来，功到自然成。

（资料来源：中国宁波网，有删改）

思辨探究：俗话说，慢工出细活，过去，我们一直强调慢下来，把工作做细致。但是随着时代的发展，时不我待，我们对效率有了更高的追求。请问，你如何看待时不我待与慢工出细活之间的关系？

话题互动

从前，"慢"是成事的基础——"欲速则不达"，好汤得靠"慢火"炖煮，健康要从"细嚼慢咽"开始，"慢工出细活"更是品质的保证。总之，"一切慢慢来！快了出错划不来！"

现在，"快"是前进的动力——有"方便面"就不怕肚子饿，有"高速公路""高速铁路"就不怕塞车，有"宽频"就不怕资料下载中断，有"速递"就不怕东西交寄太晚。身边的事物都告诉我们："快！否则你就跟不上时代！"

不同的时代总有不同的想法，"慢"在今天是否已经过时？"快"在今天又是否真的必要呢？

4.2

劳动与劳动文化

在我国古代，虽然封建统治阶级强调"劳心者治人，劳力者治于人"，但劳动人民始终秉持着"一分耕耘，一分收获""人们真正的财富是劳动的本领"等劳动观念。中华人民共和国成立以来，社会逐渐形成了"劳动光荣"的社会风尚；改革开放后，社会逐渐认识到技术人才的重要性，并出现了尊重劳动和劳动者的"劳动文化"；新时代，"劳动最光荣、劳动最崇高、劳动最伟大、劳动最美丽"的劳动观在全社会蔚然成风。

劳动认知

1. 生存与发展孕生劳动文化

劳动最初产生于自然资源的不足，人类要维持生计必须付出劳动以获取食物，劳动的进化伴随着人类的进化，进化到一定程度便形成了劳动文化。

在旧石器时代，人类已经能通过自己双手的努力，就地取材，打制出一些粗糙的石器使用，这时的劳动以渔猎和采集为主，用来获得更多、更好的生活资源，满足自己无法直接从自然得到满足的需求。

进入新石器时代以后，石器由打制改良为磨制，并分化出各种专门用途。因此，人类社会出现了农业与畜牧业，将天然植物的种子加以人工播种、培育，把野生的兽类加以驯服、饲养，使其繁殖。人类从此有了比较稳定的食物来源，生存有了比较可靠的保障，心理性、精神性的需求逐步显现。

随着剩余产品的出现，人类开始有余裕从事文化活动，文化由此产生。同时，在劳动过程中，人不断加深对自身社会性的反思与认知，不断调整、改造、优化人与自然的关系、人与社会的关系、人与他人的关系及人与自身心灵的关系，使之更好地适应人类改造自然、进行生产的需要。在这个意义上，"劳动创造了人本身"，劳动是人类社会存在的基本方式，是人类文化进步的首要和基本前提。由此形成的劳动文化，是提升劳动文明、推进社会文明的基本动力。

劳动文化是文化的一个分支，是在文化或综合文化的背景下，在劳动领域所特有的观念和生活方式。劳动文化，是一种伸张劳动的价值和地位以及劳动者的尊严和权利的文化，是一种弘扬劳动者经济政治主体、精神文化主体和社会历史主体地位的历史观和价值观，是一种属于劳动者、依靠劳动者、为了劳动者的文化，是一种与官僚文化、贵族文化、奴隶主文化、地主文化和资本文化等相对的劳动者和平民大众的文化。

劳动文化的产生和发展过程，体现了人类对劳动的价值和地位、劳动者的尊严和权利的认知过程。

2. 劳动文化是劳动者的文化

劳动文化的内容非常丰富，是劳动者在劳动过程中所产生的物质产品和精神产品的总和，主要包括劳动财富、劳动神圣（劳动地位、劳动价值）、劳动规范、劳动精神（劳动意识、劳动理念、劳动态度、劳动作风、劳动道德）等。

（1）劳动文化的主要内容

劳动财富——劳动文化的物质财富体现。劳动财富是劳动者在生产劳动过程中创造出来的物质产品，是劳动文化的物质载体。劳动财富从何而来？答案肯定是从劳动中来，这是古往今来的基本常识。马克思在历史唯物主义中的一个基本观点是，人民群众是历史的创造者，广大人民群众创造了物质财富和精神财富，是推动社会变革的决定力量。

正如习近平总书记所言："民生在勤，勤则不匮。""劳动是一切成功的必经之路。"劳动是财富的源泉，也是幸福的源泉。当代大学生要清醒地认识到，"人世间的美好梦想，只有通过诚实劳动才能实现；发展中的各种难题，只有通过诚实劳动才能破解；生命里的一切辉煌，只有通过诚实劳动才能铸就"。

劳动神圣——劳动地位价值的最高赞美。劳动神圣是劳动者对劳动的信仰和崇拜，体现着整个社会对"劳动最光荣、劳动最崇高、劳动最伟大、劳动最美丽"的信念与价值追求，它是劳动文化的核心要义。

劳动之所以是神圣的，是因为劳动创造了人，缔造了社会关系，创造了人类社会，聚合了人类命运共同体，创造了人类社会的一切。人类产生的历史告诉我们：是劳动使得类人猿的手和脚开始分工；是劳动使原始人产生了交流思想的语言；是劳动使类人猿的脑逐步发展成为人的大脑，从而使人成为世界上的"万物之灵"。

劳动使人结成了社会联系，形成了社会关系，进而创造了人类社会。随着劳动和社会的发展，工业化、市场化和全球化造就了物品和服务在世界范围内的流通，劳动投射到全人类身上，促成了人类共同体的形成。当今时代，劳动依然是创造财富的源泉，是人们走向共同富裕的必然路径。劳动者用汗水和双手，凭勤劳和智慧，编织了色彩斑斓的生活，创造了人类的辉煌文明。所以，在世界上没有什么比劳动更伟大和神圣。

劳动规范——协调劳动关系的和谐规定。劳动规范是劳动文化的重要内容，是协调劳动要素和劳动关系的和谐规定，它协调着生产关系和分配关系。劳动包含劳动者、劳动对象（有形的和无形的）、劳动工具（机械的和生物的，技术生产力）、劳动环境（自然环境和人文环境）、劳动组织形式（劳动制度和劳动分工）等劳动要素，劳动规范对整合这些劳动要素、提高劳动效率起着重大作用。当代大学生今后要走向社会的各个工作岗位，必须严格遵守各自岗位上的劳动规范，以保证我们的劳动和谐、顺利、高效地开展与进行。

劳动精神——劳动过程凝结的文化精粹。劳动精神是劳动文化的精粹，是劳动者为创造美好生活而在劳动过程秉持的劳动理念、劳动态度、劳动作风及其展现出的道德风貌。劳模精神、劳动精神和工匠精神是中国劳动者精神面貌的代表（图4-2-1）。

图4-2-1
精益求精的
工匠精神

习近平总书记在2020年11月24日全国劳动模范和先进工作者表彰大会上的讲话中指出："在长期实践中，我们培育形成了爱岗敬业、争创一流、艰苦奋斗、勇于创新、淡泊名利、甘于奉献的劳模精神，崇尚劳动、热爱劳动、辛勤劳动、诚实劳动的劳动精神，执着专注、精益求精、一丝不苟、追求卓越的工匠精神。"

（2）劳动文化的主要特征

崇尚劳动是劳动文化的基本特征。习近平总书记在2012年11月15日会见中外记者时指出，"人世间的一切幸福都需要靠辛勤的劳动来创造"；时隔不久在2013年全国劳动模范代表座谈会上他又明确指出，"空谈误国，实干兴邦""人世间的美好梦想，只有通过诚实劳动才能实现；生命里的一切辉煌，只有通过诚实劳动才能铸就"；在2018年全国教育大会上，习近平总书记指出，"要在学生中弘扬劳动精神，教育引导学生崇尚劳动、尊重劳动，懂得劳动最光荣、劳动最崇高、劳动最伟大、劳动最美丽的道理，长大后能够辛勤劳动、诚实劳动、创造性劳动"。这些论述既指明了劳动文化之于人的教化功能，也指明了培育劳动精神的重要性，体现了对劳动的无比尊崇。

区别对待劳动是劳动文化的阶级特性。劳动创造人类，推动历史进步，但劳动需要付出，克服自然障碍和人的惰性的过程往往伴随辛苦乃至痛苦。因此，不同的社会、不同的阶级对待劳动的态度是不一样的。在原始社会，劳动者因生产力的低下而往往处于危险和饥饿之中，所有人必须共同劳动才能依靠集体的力量生存下去；在奴隶社会，奴隶主阶级把劳动者当作会说话的工具，奴隶们在奴役下进行劳动，面对棍棒甚至死亡的威胁而不得不劳动；在封建社会，人被划分为不同的社会阶级，劳动者是最低阶级，其中农民阶级虽然获得了一定的自由，但在等级森严的社会里注定无法实现体面劳动，劳动者更不可能有尊严；在资本主义社会，工人阶级得到了自由，但只是作为生产要素而流动自由，其满足的不是劳动者作为人的需要，而是资本增殖的需要，为了生存，劳动者不得不接受劳动，劳动者受剥削的命运没有改变；在共产主义和社会主义社会，消灭了阶级和阶级差别，实现了人的全面和自由的发展，劳动者当家作主的原则才能得到根本落实，劳动光荣、劳工神圣的目标才能真正实现。

注重劳动的创新是劳动文化的时代特征。中华民族历来尊崇劳动创新。传说中的华夏祖先都曾参与劳动，并有所发现、有所创造、有所成就。传说轩辕黄帝堪称通才之祖，发明机械、车船、种植、弓箭、号角等，几乎无所不包；其妻子嫘祖最早驯化蚕蛾，发明丝绸；神农炎帝以身试药"尝百草"，医治天下生灵，厥功至伟，与黄帝并列华夏共祖；还有创造文字以致"天雨粟，鬼夜哭"的仓颉，他们无一不是以自己的双手和智慧，在创造性劳动中造福民族、泽被后人。这些虽然只是传说，但却能反映出一个民族的态度和理念。中华民族坚信只有用自己的双手和智慧，才能在劳动中创造美好生活。

而今，"创新"作为五大发展理念之首，更是当代社会发展的重要推动力量。正如习近平总书记所说："创新是一个民族进步的灵魂，是一个国家兴旺发达的不竭动力，也是中华民族最深沉的民族禀赋。"我们必须把创新摆在国家发展全局的核心位置，"惟创新者进，惟创新者强，惟创新者胜"。自改革开放以来，生产模式经过了从劳动力密集型到资本密集型再到知识、技术主导型的转变，即从"劳动力驱动"到"资本驱动"再到"创新驱动"的过程。劳动密集型产业在将来会慢慢淡出历史舞台，而劳动作为一种文化则与时俱进。例如，华为的技术创新能力是中国企业的骄傲，其技术创新为通信行业带来的进步具有历史突破性，受到国家的充分认可，这实质上就是创新文化的引领。

注重创造性劳动对新时代的劳动提出了新的更高要求，劳动者要不断提升素质，培养创新意识。因为"劳动者素质对一个国家、一个民族发展至关重要。劳动者的知识和才能积累越多，创造能力就越大……面对日趋激烈的国际竞争，一个国家发展能否抢占先机、赢得主动，越来越取决于国民素质特别是广大劳动者素质"。

身处创新的浪潮，当代大学生在工作中不能故步自封，而要勇于面对风险，勇于创新，使自己拥有在竞争中立于不败之地的本领。

追求劳动的和谐是劳动文化的人文特征。马克思指出，人类的生产不仅包括物质资料的生产和再生产，还包括人类自身的生产、关系的生产和意识的生产等多种类型。在马克思看来，资本主义社会生产资料私有制使整个生产过程成为追求剩余价值的过程，导致人的片面发展和社会关系处于敌对状态。只有消灭私有制，才能建立起一个自由人的联合体，即建构一个关系和谐的共产主义社会。从人与人的关系上看，劳动文化体现了新时代中国特色社会主义核心价值观和发展目标指向，即劳动的自由自觉性，劳动的和谐，人的解放。

中国共产党领导全国人民建立社会主义"劳动大军"，秉持新时代的劳动文化理念，明确了社会主义建设要依靠人民，最终发展也是为了人民，广大人民群众要共享劳动成果，实现共同富裕。这些探索和实践为构建和谐劳动关系打下了坚实基础。

但是，随着改革的深入，劳动关系矛盾随之突出，如拖欠工资、不兑现用工合同等损害劳动者利益的现象时有发生，构建和谐劳动关系的任务艰巨繁重。要解决劳资矛盾，保障劳动者基本权益，需要践行和谐的劳动文化，构建和谐的劳动关系（图4-2-2）。习近平总书记多次指出，要"努力让劳动者实现体面劳动、全面发展""劳动关系

图4-2-2
工人们在工地休息时愉快地交谈

是最基本的社会关系之一，要最大限度增加和谐因素、最大限度减少不和谐因素，构建和发展和谐劳动关系，促进社会和谐"。

（3）尊重劳动人民体现文化自信

基于资本主义社会和社会主义社会不同的社会性质，劳动文化表现出明显的差异。

在资本主义社会，资产阶级在劳动过程中实施的各种体现高效劳动、科学劳动、奖励创新的举措，虽然在一定程度上给予劳动和劳动者肯定与尊重，但本质上还是为了提高劳动生产率，剥削阶级更关心劳动者创造的剩余价值，而非劳动者的尊严与需要。

中华人民共和国成立以来，党和国家非常重视劳动人民的社会地位，提出了"劳动不分贵贱，职位不在高低"的口号。明确指出不管是从事脑力劳动的，还是从事体力劳动的，只是社会分工不同，没有高低贵贱之分；所从事的工作职务上有高低，有上下级关系，但大家只有一个目标，那就是全心全意为人民服务。针对当时社会上有轻视服务行业的现象，国家又提出"三百六十行，行行出状元"的口号，各行各业掀起了"比、学、赶、帮、超"、争当劳模和"劳动最光荣"的劳

动竞赛热潮，孕育了劳动光荣的劳动文化，在全社会逐渐形成了人人学先进、个个争上游的良好氛围，各行各业的生产捷报频传，为新中国的发展奠定了坚实的经济基础。

随着21世纪世界分工与经济全球化的深入，我国制造业迅速崛起，并成为世界工厂。然而，作为一个人口大国，我国却严重缺乏高级技术人才。对此，国家掀起了一场轰轰烈烈的发展职业教育的浪潮，劳动光荣、技能宝贵的思想深入民心。党的十八大以来，党中央审时度势，在全社会吹响了"劳动光荣、技能宝贵、创造伟大"的号角，在全社会弘扬劳动精神、奋斗精神、奉献精神、创造精神、勤俭节约精神，使"劳动最光荣、劳动最崇高、劳动最伟大、劳动最美丽"逐渐成为时代风尚。

3. 几种典型的劳动文化

良好的行业与企业劳动文化，必然体现对行业与企业员工及其劳动价值的肯定，能凝聚员工的归属感，激发员工的使命感，增强员工的责任感，实现员工的成就感，赋予员工以荣誉感。企业和员工要共同努力，打造好自己行业与企业的劳动文化。

（1）善待自然、和谐共处的农业劳动文化

"你耕田来我织布，我挑水来你浇园。"黄梅戏《天仙配》中这段令人耳熟能详的唱词，描绘了劳动的合理分工使得"夫妻双双把家还"的场景，这也在一定程度上体现了农业劳动文化侧重于强调人与人、人与自然和谐共生。和谐强调的是不同事物在一定条件下具体的、动态的、辩证的统一，它表现为相辅相成、互利互惠、共同发展的关系。

千百年来，先祖历经日出而作、日落而息的长期农耕，探索积累出农时节气、耕作经验，这对农业现代化的飞速发展具有重要的历史意义。鉴古知今，在农业发生伟大变革的当今时代，农业劳动者依然需要拓荒垦殖、艰苦奋斗的韧劲，因地制宜、科学发展的恒心，深钻细研、精耕细作的定力，崇农尚德、惠民济困的情怀，开创未来、厚积薄发的勇气。

当然，现代农业劳动已经不再局限于"面朝黄土背朝天"的田间耕种，而是向农林牧副渔多元化发展，通过产业链的延伸，农业开始承担起生活休闲、生态保护、旅游度假、文化传承、教育等功能，由此也形成了生态保护农业、休闲观光农业、循环农业、服务型农业等多种新型农业形态。长期以来，农业劳动整体形成了以"奉献，自强，勤劳，协作"为核心的精神追求，注重培养劳动者自力更生、艰苦奋斗的劳动品质，增强劳动者的幸福感和获得感。

现代种植业生产，包括农作物、林木、果树、药用和观赏等植物的栽培，如粮食作物、经济作物、蔬菜作物、绿肥作物、饲料作物、园艺作物等。种植业虽然依然遵循春种、夏长、秋收、冬藏的自然法则，但随着生产技术的发展，种植业开始向规模化、机械化、智能化转变，生产者不仅要了解传统的种植业技术，还需要学习大棚种植、机械化种植、智能化种植等多项技术，关注种植技术的创新发展。现代种植业注重强调劳动者的主观能动性，以"艰苦奋斗""无私奉献""敢打敢拼"作为精神追求，提倡"竞争""效率""质量"的价值追求。

养殖业，是利用畜禽等已经被人类驯化的动物，通过人工饲养、繁殖，使其将牧草和饲料等植物能转变为动物能，以取得肉、蛋、奶、羊毛、山羊绒、皮张、蚕丝和药材等畜产品的生产劳动。由于养饲、繁殖等技术的发展，现代化、大型化、专业化养殖成为发展方向，要求生产者不仅要具有养殖技术和现代化养殖管理能力，还要善于把握市场消费者的需求要求，如现在健康、营养、绿色成为大众对肉、蛋、奶等养殖产品的要求，需要劳动者在生产过程中特别注意。现代养殖业提倡争创第一、学习进取、爱岗敬业的劳动精神和科技创新的劳动意识。

造林业，包括林木种苗生产、森林培育、森林保护、森林调查、森林资源监测、森林资产评估、林业调查规划设计、森林经营作业设计以及林业行政管理等工作。其劳动文化主要是：坚持以人为本，培育劳动者"为国效力，为民造福"的价值观，以"和谐创业、奉献绿色、造福人类"为核心缔造劳动者的内心世界，提倡"勤劳朴实、爱岗敬业、自立自强、开拓进取"的林业人员形象，促进劳动者形成"爱己、爱家、爱党、爱国"的基本道德规范。

农业中的副业是指种植业、林业、畜牧业、渔业等大田生产以外的其他附带经营的生产事业，如养猪、养鸡、编席、采集药材等。在长期的生产劳动过程中，形成了勤劳致富、买卖公平、优质服务、自然环保等劳动文化。

渔业包括海洋渔业和淡水渔业。海洋渔业主要有海洋捕捞、海水养殖、远洋渔业等，淡水渔业主要是淡水鱼的养殖、渔业饲料的研究开发、鱼病的防治等。渔业的生产经营方式决定了其强调互相协作的劳动价值观，注重凝聚员工力量，培养凝聚力和竞争力，在相互认同的工作方式和工作氛围里，为共同价值目标而努力。在长期的劳动中，形成了不怕艰苦、勇于拼搏、大胆创新、质效兼顾、绿色健康等劳动文化。

现代农业的副业还可以包括休闲农业、观光农业等。休闲农业和观光农业是以农业生产、农业自然环境与景观、农业人文资源、农村风貌、农家生活、乡村文化等为基础，经过规划设计，开发农业与农村的多种功能，提供休闲旅游观光、农事参与和农家体验等服务的新型农业产业形态，主要包括农家乐、休闲农园、休闲农庄和休闲乡村等基本形态。如今，休闲农业正吸引越来越多的人到田间体验农家生活（图4-2-3）。

图4-2-3 人们在田间体验农家生活

从今后农业的发展趋势看，农业必须走可持续发展的道路。这种生态文化观，工农业相互融合的新型文化观，制度创新、技术创新、劳动创新的劳动文化观正逐步形成，成为劳动者们的共识。作为新时代的大学生，我们要继续发扬"精耕细作、技术创新、勤朴、和谐、担当、奉献"等农业精神，奉献农业、服务农业，为实现中国梦、实现"农业强、农民富、农村美"的农业梦贡献力量！

（2）竞争奋斗、精益求精的制造业劳动文化

制造业是指大工业时代利用某种资源（如物料、能源、设备、工具、资金、技术、信息和人力等），按照市场要求，通过制造过程，转化为可供人们使用和利用的大型工具、工业品与生活消费产品的行业。制造业劳动即以生产大型工具、工业品和生活消费品为目的的人类活动。

我国的制造业大体上可分为三类，一是机械电子制造业，包括数控机床、柔性制造单元、柔性制造系统、计算机集成制造系统、工业机器人、大规模集成电路、仪器仪表、电子制造设备、交通运输工具、机械设备、环保设备、工程机械成套设备、军工生产设备、专用设备等；二是资源加工工业，包括石油化工、化学纤维、医药制造业、橡胶、塑料、黑色金属等；三是轻纺工业，包括食品、饮料、烟草加工、服装、纺织、皮革、木材加工、家具、印刷等（现在制造业按照国民经济行业分类，又可以分为31大类，179中类和609个小类）。

由于我国传统上以农业为主，工业、制造业比较落后，新中国成立以来，党和国家特别重视工业的发展，"一五"计划的实施初步奠定了我国的工业化基础。在社会主义建设事业蓬勃发展的同时，社会涌现出一大批劳动模范。在1950年评选出的全国劳动模范中，钢铁工人孟泰、纺织工人赵梦桃等制造业工人的优秀代表赫然在列。不仅如此，在20世纪60年代发行的第三套人民币中，也出现了炼钢工人的形象，制造业的地位由此可见一斑。改革开放后，随着社会主义工业的迅速发展，共和国又涌现出一批诸如码头工人许振超、"当代雷锋"郭明义、航空"手艺人"胡双钱等制造业的优秀人物。

在中国制造业的发展历程中，逐渐形成了"敬业""精益""专注""创新"等工匠精神。

具体来看，汽车制造业的劳动者更加注重协作能力的培养，在劳动过程中，要求劳动者具备整体意识和全局意识，因为汽车制造业多以流水线制造为主，每个部分的制作都对产品有重要影响。所以这类企业的劳动文化中，尤其提倡团队意识，要求劳动者具备积极主动与他人配合、齐心协力为实现目标而努力的劳动品质。

医药制造业关乎人民群众的身体健康，要求企业守正创新、传承发展、知难而上、顽强拼搏、攻坚克难、诚信守约、质量为本、品质卓越，全力以赴建设现代化医药工业经济体系，守护每一个生命，传递每一份健康。

食品、饮料、烟草、家具等制造业市场较大，同类型企业竞争较为激烈，轻纺工业与人们的生活息息相关，所以"安全、健康、精致、创新"成为这类企业追求的价值观，这类产业注重对员工管理，注重激发员工的成就动机，使劳动者充满信心，积极面临市场挑战，把企业的生存与员工紧密联合起来，"爱岗敬业、精益求精"成为劳动者实现自我价值的重要品质。服装制造业是比较热潮的门类之一，主要以服装设计和服装加工为主，这就塑造了其以"时尚、诚信、审美、创新、协作"为核心的企业文化。

此外，这些行业还有共同的特点，就是重视创新，注重对市场的敏锐洞察力，激励员工不断学习新知识，并及时将新知识、新技术、新思维、新理念应用于产品设计和加工过程中。

（3）服务社会、以人为本的服务业劳动文化

服务业劳动是通过提供劳动或劳动产品以满足他人生产和生活方面的某种需要并获取相应报酬的一种独立的生产劳动。服务业生产总值占GDP的比重是经济社会现代化的指标之一，它能够反映社会的经济发展水平，也体现了中国经济转型升级的进程。在现代化的进程中，产生了工农业生产服务、商业服务、通信服务、销售服务、教育服务、金融服务、健康与社会服务、旅游相关服务、文化与体育服务等服务类劳动。

服务类劳动应市场需要而兴起，劳动者凭借一定的业务技能，面向特定的服务对象提供服务，服务类劳动贯穿在生产、消费、交换、分配和各个环节之中，已经成为当今生活不可或缺的一种劳动形式。服务类劳动的服务对象不外乎人、自然、社会，服务类劳动实质上是人与人、人与自然、人与社会的互动，基于服务类劳动的面向对象，这种劳动更加强调劳动人员的服务意愿、责任心和奉献精神，这对服务业劳动者的从业素质有了较高的要求。

服务类劳动坚持把服务对象的需要作为服务的第一要义，"哪里有需要，哪里就有服务""我为人人、人人为我"是对服务业劳动的生动诠释，它强调"质量第一、服务至上、以人为本"的服务宗旨，要求服务工作人员把握行情、与时俱进，能够具体问题具体分析，实现服务与社会需求紧密结合。

具体来看，旅游、商业、销售、金融等服务经营型行业的基本特点是注重服务意识，强调"宾客至上""顾客是上帝"，为宾客提供优质服务是这些行业的生命，这类企业要充分调动员工的积极性，把员工放在主人翁位置上，激发他们的劳动创造性和主观能动性，从而提高服务质量，提升劳动生产率。

健康与社会服务类行业注重"以人为本、和谐、仁爱"的服务理念。例如，医药行业关注人类的生命健康，把"救死扶伤"、减轻病人痛苦作为服务文化，在预防、保健、医疗、康复、健康教育等方面为服务对象提供优质的服务。

教育服务行业对劳动者素质要求较高，注重激励劳动者"追求卓越，挑战极限"，阐发弘扬朝气蓬勃、奋发向上的精神，强调"有教无类""因材施教""给学生一滴水，教师先要有一桶水"等理念，强调不因客观条件的不足而放弃一切可教之人，在强调自身教育教学技能的同时，充分调动学生的学习积极性。

通信服务行业秉持"沟通从心开始"的理念，"创无线通信世界，做信息社会栋梁"，以心灵之间的沟通为根本，敬业诚信，为客户提供满意服务，以客户评价激发员工的积极性，提倡"爱岗敬业、开拓进取"的劳动精神。这一行业通常通过企业管理结构和奖励制度，调动劳动人员的积极性和主动性，以确保服务质量，塑造良好服务形象，从而实现更好的服务。

现如今，服务类劳动正在以崭新的存在方式走进我们的生活，在互联网时代，它能突破时间、空间的局限为需求方提供服务，例如网上就医问诊、网络学习教育等服务类劳动正在以活跃的姿态融入我们的社会生活。

（4）不断创新、自由发展的信息技术产业劳动文化

信息技术劳动是指依靠科学技术从事信息的收集、整理、加工、传递及反馈等工作，为社会经济的发展提供服务的社会实践活动。信息技术产业主要分为三大类：信息传输服务业，IT服务业（信息技术服务业），信息资源产业（主要指信息内容产业）。

信息技术产业劳动的特征包括：劳动对象不再是有形的产品和服务，数据信息成为信息技术劳动加工的对象；信息技术劳动者主要是运用手机终端、平板电脑、计算机等移动终端平台在互联网上进行劳动；在信息技术产业，劳动者劳动时间和劳动空间有扩大化和灵活化的倾向；劳动产品个性化和多样化并存。

在信息技术产业的长期实践中，除了习近平总书记提出的劳模精神和工匠精神外，还有其独特的劳动精神。信息技术产业强调勇于创新、争创一流、热爱劳动、诚实劳动、一丝不苟、精益求精的劳动精神。劳模精神、劳动精神、工匠精神在信息技术产业依然需要大力弘扬，三种精神是鼓舞人们在信息技术产业风雨无阻、勇敢前进的强大精神动力。

信息资源产业是指以信息资源为生产劳动对象，提供信息形态的产品或服务的行业，具有无限开发性、资源时效性、信息存贮共享性等特征。

信息传输业包括计算机行业和通信设备行业，信息传输指的是从一端将命令或状态信息经信道传送到另一端，并被对方所接收的过程。信息传输过程中不能改变信息，需要劳动者尤其关注传输过程的高效、快速、安全等特征。

IT服务业（信息技术服务业）是运用信息手段和技术，收集、整理、储存、传递信息，提供信息服务，并提供相应的信息手段、信息技术等服务的行业。这一行业需要从业者具有主观能动性、技术专业性，能够主动迎接挑战。

这几种不同行业的劳动文化告诉我们，一个行业、一个企业的发展离不开优秀的劳动文化，离不开劳动者优秀的劳动素养。艰苦奋斗、团队精神、敢于面对挑战、勇于创新自觉承担社会责任、努力构建和谐社会等劳动文化是所有行业、企业和劳动者共同的追求。

案例品鉴

中兴 VS 华为——"温和文化" VS "狼性文化"

中兴通讯股份有限公司是中国高科技通信设备主导供应商之一。经过三十余年的发展历程，中兴通讯在经营规模不断壮大的同时，积极履行企业社会责任，自觉把社会责任融入公司战略、企业文化和生产经营活动中，努力构建和谐企业，形成了一种"温和文化"。

中兴通讯强调以道德的和可持续的方式开展业务，保护和提升所有直接和间接为其工作的员工的人权、健康、安全、福利，关注员工的个人发展，其以对环境负责任的方式运作，致力于解决世界当前和未来的挑战，帮助所有的客户利用各种机会改变世界，在世界各地积极地影响社会。

而华为非常崇尚"狼性文化"，华为企业文化的核心就是以客户为中心，以奋斗者为本。华为重视提高科学管理能力，提高运行效率，合理降低内部成本，适度改善报酬与考核机制，以促进新生的优秀干部快速成长，其"狼性"的企业文化为其在全球化竞争中奠定了基础。

华为集团创始人任正非认为，发展中的企业犹如一只饥饿的野狼。狼有最显著的三大特性，一是敏锐的嗅觉，二是不屈不挠、奋不顾身、永不疲倦的进攻精神，

◎案例分析：中兴和华为作为国内通信设备商的"双子星"，一个主攻核心通信技术，一个大力发展终端影响力。作为业内同行，两家企业有着各自的企业文化，中兴通讯的"温和文化"与华为的"狼性文化"成对立之势，同时，二者又在竞争中共同成长，为中国通信企业的标杆。

三是群体奋斗的意识。同样，一个企业要想扩张，也必须具备狼的这三个特性。

作为最重要的企业文化之一，华为的"狼性文化"可以用这样的几个词语来概括：学习、创新、获益、团结。

思辨探究：一个企业之所以成功，一定是有原因的。一个优秀的企业，必定有着优秀的企业文化。企业文化是企业的灵魂，是推动企业发展的不竭动力。那么，你认为什么样的企业文化才是优秀的企业文化呢？

话题互动

企业文化对于员工，就如家庭氛围对于家人。好的企业文化能使员工更有归属感与使命感，更加认识到自己是企业的一部分，而不是仅仅是为了工资而劳动。一个公司的企业文化会对员工有怎样的影响？作为新时代青年，你希望未来你所在的企业构建什么样的企业文化？

4.3

数字时代劳动的特征与功能

习近平总书记指出："当今世界，科技革命和产业变革日新月异，数字经济蓬勃发展，深刻改变着人类生产生活方式，对各国经济社会发展、全球治理体系、人类文明进程影响深远。"人类从农业经济时代、工业经济时代过渡到如今的数字经济时代，互联网、手机等逐渐成为当今数字劳动的生产工具，人可以通过数字工具随时随地参与社会生产劳动，人对劳动产品的需求也变得更加多样化，数字时代的劳动也蕴含了更多的功能。

劳动认知

1. 数字时代的劳动

数字时代的劳动是以数据作为生产要素，运用数字新闻媒体技术在互联网范畴内完成的生产经营性和非生产性劳动，是数字经济发展时期人们劳动方式的新型表现形式，是数字信息媒体技术和内容的生产加工处理中资本积累所涉及的所有劳动。数字劳动不仅包括互联网世界中数字信息内容的生产、加工、再创造与流通，还应包括社会中所涉及的数字型劳动与工作的所有形式。

（1）数字时代的劳动源于数字信息技术快速发展

当今社会正处在数字文明和工业文明紧密结合的前期。这个时期，人们通过手机、计算机等通信工具与全球互相联系，每个人都是数字劳动的参与者，是数据信息的经营者、宣传者和接受者（图4-3-1）。互联网的出现改变了整个社会，数字

技术渗透到社会劳动的各个方面。以数字化、网络化为特征的数字信息技术飞速发展，推动了数字劳动的蓬勃发展。数字信息技术不但极大地扩大了劳动的范畴，而且推动了劳动的进步。通过数字信息技术可以实现万物互联，大数据、云计算、物联网、区块链、人工智能等新兴技术正在变革劳动，不断增强数字劳动在现代经济中的竞争力。

（2）数字时代的劳动以数字化的方式呈现

当今时代，科技更加发达，信息快速流通，人们通过互联网沟通和交流，生活也越来越方便，数字化正是这个高科技时代的产物。有人把数据比喻为蕴藏能量的资源，如何利用这些资源是未来劳动的关键。个人、企业和国家都在以数字化的方式展现劳动的价值。例如，个人可以通过手机预订火车票、公园门票、餐厅等，公司企业可以通过办公软件制作自己的公司财务报表等。数字经济发展、数字社会、数字政府是数字化发展的关键构成部分，当今数字时代，劳动正以崭新的数字化方式呈现出来。

（3）数字时代的劳动呈现出多种新颖的劳动形态

数字时代，劳动正经历一场巨大的变革，呈现出多种崭新的劳动形态。数字经济加速发展，数字经济和实体经济深度融合。劳动正以大数据、云计算、人工智能等数字技术为媒介，渗透到农业、工业、交通运输、城市建设、金融、教育、文化等不同领域。数字劳动对传统农业进行了改造和升级，将数字化运用到农业的生产和销售中，能大大提高农业的可持续性，产生更多的经济价值。数字劳动贯通了工业产业的生产、流通、分配、消费各环节，云计算、大数据、物联网、人工智能、机器人等大大提高了工业生产效率。数字化技术也可运用在教师的工作中，推动教学技术的创新和发展，打破教学活动的时空限制。综上所述，数字时代的劳动呈现了多种崭新的劳动形态。

2. 数字时代劳动的特征

（1）劳动形态的"非物质化"

进入数字时代，劳动形式开始多样化，部分劳动仅通过一台计算机或者一部手机就能参与。劳动对象和劳动产品通过数字媒介呈现价值、情感、关系等非物质形态，这种劳动只能通过数据来体现。大量的劳动对象和劳动工具都依托于虚拟的互联网中非物质的形式存在。互联网使劳动的痕迹被充分地隐蔽起来，而劳动工具不再仅仅是我们看得见的镰刀、铲子等物质劳动工具，还包括互联网自动化、智能化的移动通信工具等。

（2）劳动过程的社会协作

数字化技术推动社会协同迅猛发展。马克思认为劳动资料本身的性质决定了劳动过程的协作性质，他指出："劳动过程的协作性质，现在成了由劳动资料本身的性质所决定的技术上的必要了。"与以前的社会集中生产不同，在数字经济时代，劳动者不需要集中在一起进行大规模的生产。计算机和互联网可以将在世界不同地方的劳动者组织起来，通过网络实现劳动协作。每个劳动者都可以通过互联网完成不同的任务，从而实现在任何时间、任何地点的劳动协作，极大地提高了劳动生产力。

（3）劳动产品的多样化和特殊化

数字化劳动催生了众多数字劳动产品（图4-3-2）。这些数字劳动产品一方面呈现出多样性，如电子书、电影、在线音乐等；另一方面，由于数字劳动的特殊性导致了劳动产品的特殊化，数字劳动者可以根据消费者的需求整合数字资源以满足消费者多元化的特殊需求。

图4-3-2 数字化劳动催生数字劳动产品

（4）劳动对象的数字化和抽象化

当今社会数据信息正成为劳动者加工的对象，这些加工对象具有非物质性和抽象性。进入5G时代，互联网平台上的文字、图片、视频，甚至是人类的思想、情感、经验以及行为等，都可以作为数字劳动的劳动对象，其背后其实是一串串虚拟的数据。例如，数字劳动者可以在社交媒体平台分享、回复、点赞、转发数字网络信息，这些信息都是数字劳动者劳动的对象。

（5）劳动工具的科技化与现代化

人类社会进入到如今的数字经济时代，社会生产力进一步提高，使得数字技术及互联网等逐渐成为数字劳动者的生产工具。从劳动资料和劳动工具来看，数字劳动者主要是运用手机、平板电脑、计算机等移动终端，在互联网平台进行劳动。劳动工具的数据化和技术化，使得劳动者运用新兴的数字信息技术就可以对平台上产生的数据信息进行分析整合、加工创造，并最终输出。

（6）劳动时空的自由化和多元化

数字经济时代的到来打破了劳动时空的限制。从劳动时间和劳动空间来看，数字劳动者们的劳动时间和空间越来越扩大和灵活。劳动时间突破了传统的工作日上班时间，其他任何时间也都可以进行网上活动。劳动地点也可以是除了固定上班地点以外的其他任何地方，比如餐厅、咖啡馆和其他休闲场所。只要有互联网和移动设备，人们可以随时随地进行办公、社交和消费等。

3. 数字时代劳动蕴含的功能

（1）劳动的自由性推动了人的全面发展

互联网时代，数字劳动者可以自由地安排自己的劳动时间和空间，不必奔波于公司或者工厂，劳动者在一定程度上获得了时间及空间上的解放，身体得到更好的放松，有更多的时间和空间促进自身的自由全面发展。数字时代带来劳动的多样化，使得劳动越来越向自主性、创造性和智慧型迈进，从而推动了人的全面发展。

（2）劳动的开放性促进了经济的全球化

数字时代的到来使得世界成为一个地球村。以数字化服务为依托的国际贸易，针对跨境寄递物流、跨境支付和供应链管理等典型场景，构建了安全便利的国际互联网数据专用通道和国际化数据信息专用通道，跨境电商、国际贸易的快速发展，进一步促进了经济全球化。数字化劳动推动了"数字丝绸之路"的深入发展，减少了劳动对地理位置的依赖，劳动者可以远离生产所在地进行远程办公，这极大地促进了劳动的全球化。数字化劳动也不断地给原有的生产、流通、分配和消费环节带来根本性的变革。数字化劳动的开放性促进了网络空间的有序构建，也促进了经济全球化。

（3）劳动的数字化推动了知识文化的创新

当今时代，新一轮科技革命和产业变革迅猛发展，以互联网、大数据、人工智能为代表的新一代信息技术被越来越多地应用，创新成为引领发展的第一动力。劳动的数字化推动了文化产业的创新与发展。劳动的数字化提高了人们创造性劳动的能力，对加强新工科、新农科、新医科、新文科建设，加强创新型实验建设有很大的作用，强化了对"敢闯会创"能力的培养，注重新知识、新技术、新工艺、新方法在数字劳动时代的应用，这些都进一步推动了知识文化的创新。产业链数字化发展战略加速新式公司、交易方式的发展，扩张出数字技术创意、互联网视觉、数字出版行业、数字游戏娱乐、网络广播等产业链，也打造了一批有知名度、有象征性的品牌，如"樊登读书"（现更名为"帆书"）"罗辑思维"等。

（4）劳动的数字化推动了和谐社会的构建

随着人口越来越密集，为保持更高的生活质量，人们正在利用数字技术、人工智能来使自己生活的城市变得更加安全和智能。劳动数字化推动了智能城市的创新和发展，智能城市的核心是维护公共资源网，保障人民的利益不受侵害。信息技术的发展同时也推动了购物消费、居家生活、旅游休闲、交通出行等各类场景的数字化，逐步打造智慧共享、和睦共治的新型数字生活。如推动智能社区建设，可以借助数字化服务平台建设社区便民利民智能服务圈，提供线下线上推广结合的社区生活服务、社区治理和公共文化服务等。

劳动的数字化大大提高了人民生活的便捷性、安全性，使人民获得更高的幸福感和安全感，为构建社会主义和谐社会，推动美好数字生活的发展提供了必要条件。

上好数字化劳动这门"新课"

人类正在迈向数字化时代，数字经济风生水起。作为高校教育工作者，我们越来越意识到，培养新一代大学生数字化劳动素养和技能很重要。高校应该积极加强数字化劳动教育，学生则须主动丰富数字化劳动积累和磨炼，社会亦应加大力度更新新型职业群体的数字化就业技能。

数字化劳动与传统劳动存在不少差别。数字化时代的劳动正越来越多地从工厂走向网络，从机器走向智能，从"地面"走向"云端"。从劳动方式来说，数字化劳动以科技化、智能化、便捷化的互联网劳动为主要方式，传统劳动以机械化、工厂化、规模化的体力劳动为主要方式。从劳动资料来说，数字化劳动主要依靠大数据、云信息，传统劳动则主要依靠工业原材料等自然物。从劳动工具来说，数字化劳动主要使用计算机、手机及其他智能机器，传统劳动主要依靠人工操作和传统机器设备。从劳动者素养要求来说，数字化劳动对智力、创造力要求更高，传统劳动对体力、专注力要求更高。

不要小看这些差异。劳动者如果不能顺应这些差异，提升相应素质，就很可能错失一些自我发展的机遇。反之，积极主动提升数字化劳动能力，则能把握很多机遇。比如，年轻人网上创业，如今已成为数字化劳动的一种"常态景观"。数字化劳动让残疾人、弱势群体也有机会成为创业典范。智能制造对数字化劳动的使用，则让传统产业获得新生。"厂库直播""订单销售"等类型劳动，让个体户和小工厂节省了成本、增加了销量。总之，数字化劳动正在不断拓宽实现共同富裕的路，彰显浙江推动共同富裕的数字化优势。

"道在日新，艺亦须日新，新者生机也；不新则死。"数字化劳动就是"新技""新艺""新道"。当今中国正在纵深推进数字化改革，产业数字化和数字产业化为广大劳动者提供了通过数字化劳动分享发展成果的契机和支撑。普通劳动者要有意识地提升数字化劳动素养和能力，以此更好地实现自身价值，走向共同富裕。

◎案例分析：在数字化时代，数字化劳动具有其特殊性，大学生需要主动提升数字化劳动能力，在数字化劳动的过程中积累和磨炼，以更好地适应社会新型职业和数字化岗位的需要。

思辨探究：数字时代，劳动者的数字化劳动需要突出"新技""新艺""新道"，那么我们高职院校的大学生应该怎样适应和培养"新技""新艺""新道"？

话题互动

数字时代的劳动和传统劳动的差异表现在哪些方面？是什么原因造成了这些差异？我们大学生应该如何解决这些差异问题，以便更好地适应数字时代的劳动需求？

4.4

劳动与社会风尚

劳动创造了社会财富，也创造了人和人类社会。在社会主义国家，一切劳动，无论是体力劳动还是脑力劳动、个人创造还是集体创造，都值得尊重和鼓励。全社会都要贯彻尊重劳动、尊重知识、尊重人才、尊重创造的重大方针，以辛勤劳动为荣、以好逸恶劳为耻，任何时候任何人都不能看不起普通劳动者，都不能贪图不劳而获的生活，要在全社会营造崇尚劳动、尊重劳动、热爱劳动的社会风尚。

劳动认知

1. 坚守初心，奏响新时代劳动号角

劳动是人类文明的基石，中华民族自古以来就是崇尚劳动、善于创造的民族，因而创造出了灿烂的古代文明和当今的中国奇迹！正如习近平总书记所说："正是因为劳动创造，我们拥有了历史的辉煌；也正是因为劳动创造，我们拥有了今天的成就。"中国城市建设呈现出现代化的新面貌，就是中国人民劳动创造奇迹的真实写照（图4-4-1）。

劳动创造了中华民族，创造了中华民族的辉煌历史，也必将创造出中华民族的光明未来。在奋力起航的新时代，中华民族更应该"同心同德，开拓进取，用辛勤劳动创造中国人民的美好生活、创造中华民族的美好未来，继续同世界各国人民一道构建人类命运共同体"。

图4-4-1
新时代中
国城市的
新面貌

（1）劳动创造中华民族的伟大成就

劳动是人维持自我生存和自我发展的唯一手段。马克思主义认为整个所谓世界历史不外是人通过人的劳动而诞生的过程，这说明劳动是人类社会生存和发展的最基本、最重要的实践。

在中国社会主义革命、建设与改革开放的伟大实践中，中国从一个积贫积弱、落后挨打的国家变成一个全面建成了小康社会、巍然立于世界东方的发展中国家，正是靠着中国人民坚韧不屈的精神和辛勤劳动获得的。正如习近平总书记在庆祝改革开放40周年大会上的讲话中所说的："40年来取得的成就不是天上掉下来的，更不是别人恩赐施舍的，而是全党全国各族人民用勤劳、智慧、勇气干出来的！"

党的十八大以后，中国特色社会主义进入新时代，在新时代实现社会主义现代化和中华民族伟大复兴，要在全面建成小康社会的基础上，通过"两步走"战略，从2035年到本世纪中叶把中国建成富强民主文明和谐美丽的社会主义现代化强国。"全面建成社会主义现代化强国、实现中华民族伟大复兴"不是一句宣传口号，而是需要亿万中国人民在自己的岗位上，通过勤劳的双手，付出更为艰巨、更为艰苦的努力来达成的宏伟目标。

（2）最美奋斗者汇聚新时代精彩

社会发展永无止境，人民对美好生活的需要也永无止境。习近平总书记多次在不同场合赞美、肯定每一位劳动者的艰辛付出，向新时代各行各业的劳动者发出奋斗宣言。中国特色社会主义进入新时代，我国社会主要矛盾已经转化为人民日益增长的美好生活需要和不平衡不充分的发展之间的矛盾。如何解决这一现实矛盾，满足人民对美好生活的向往，核心关键仍在劳动。

习近平总书记指出，"引导和支持所有有劳动能力的人依靠自己的双手开创美好的明天""好日子是通过辛勤劳动得到的""人世间的美好梦想，只有通过诚实劳动才能实现"。只有依靠劳动，才能实现美好生活；只有依靠劳动，生活才有期盼，未来才有盼头；只有依靠劳动，人民把握的才不仅仅是当下的幸福，更是未来的幸福。新时代青年要脚踏实地、心怀未来，通过努力劳动让一个个期望之花盛开，继而奋进向前，向未来更加美好的生活出发，创造下一个未来奇迹，共同汇聚新时代精彩。

2. 拼搏奋斗，诠释新时代社会风尚

国家富强、民族复兴离不开劳动者的参与和奋斗，个人的幸福生活也要依靠个人不断奋斗和努力才能实现。劳动在成就个人发展、推动社会进步、创造幸福生活的过程中，满足了人们对美好生活的需要，同时对人的自由全面发展和中华民族伟大复兴都有着重大意义。

（1）劳动成就个人，尊重劳动蔚然成风

劳动对个人而言既是一种谋生的手段，又是一和使人之为人的体现，即劳动本身也是人的存在方式。习近平总书记曾多次肯定劳动、赞美劳动，鼓励全社会劳动者在本职岗位上练就本领、成长成才，在辛勤劳动中展示风采、体现价值、感受快乐。只有懂得物质财富需要付出辛勤劳动才能换来的道理，才能了解劳动的深刻意义，从而尊重劳动。新时代，广大青年学子更要尊重劳动、尊重劳动者、尊重劳动成果，反对贪图享乐、不劳而获。劳动无贵贱之分，蔑视劳动、看不起劳动者、不爱惜劳动成果的行为都应该被严厉制止。

党的十八大报告强调，"要尊重劳动、尊重知识、尊重人才、尊重创造"，要"营造劳动光荣、创造伟大的社会氛围，培育知荣辱、讲正气、作奉献、促和谐的良好风尚"。因此，我们要认清劳动的意义与本质，把个人对幸福生活的追求建立在辛勤劳动的基础之上，把劳动看作生活中的乐趣，把个人理想融入社会发展中，把劳动与社会主义现代化建设结合起来，把劳动与实现中华民族伟大复兴结合起来，营造劳动光荣的社会风尚，使尊重劳动在全社会蔚然成风，让劳动创造更大的

价值。

（2）劳动推动发展，凝聚社会奋进力量

中国梦是共富共享之梦，是自信强大之梦，更是实现中华民族伟大复兴之梦。进入新时代，中华民族伟大复兴的中国梦仍在前方，其强大支撑始终是经济基础。在这个千帆竞发、百舸争流的时代，我们绝不能有半点骄傲自满、故步自封，也绝不能有丝毫犹豫不决、徘徊彷徨，习近平总书记强调，必须推动经济发展质量变革、效率变革、动力变革。因为全部社会生活在本质上都是实践的，而物质生产劳动作为实践的基本形式，推动生产力和生产关系的矛盾运动发展，是社会发展的决定力量。

中华人民共和国成立以来，发展难题一个又一个地出现，这些难题又在劳动中一次又一次地被解决。2020年，全国人民通过劳动打赢脱贫攻坚战，历史性地消除绝对贫困，这不仅为世界范围内消除贫困做出了历史性贡献，更凸显出劳动破解社会发展难题的作用。从目前来看，社会发展依然存在不平衡不充分的问题，如国内社会各领域还未实现高质量发展、国际社会面临前所未有的机遇和挑战等。因此，面对实现中华民族伟大复兴的重任，全国上下要齐心合力、一起拼搏、一起奋斗，通过实干为发展打下坚实的基础，通过劳动助力中国跃身世界前列，让世界看到一个强大而智慧的中国。

（3）劳动创造幸福，共建共享美好生活

幸福是奋斗出来的，是以自觉自为的、有尊严的劳动为基础的。社会生活在劳动中有条不紊地进行，人们在劳动的过程中明确幸福的目标且努力走向幸福，通过劳动体验到物质和精神层面的美好，逐步感受到美好生活的真谛。

劳动不仅是为了人类生存，满足日常基本生活需要，更是为了生活，使生活越来越美好，使人生越来越幸福。正如习近平总书记所说，"我们的人民热爱生活，期盼有更好的教育、更稳定的工作、更满意的收入、更可靠的社会保障、更高水平的医疗卫生服务、更舒适的居住条件、更优美的环境"，可见，如今的人们既需要物质层面的满足，即经济和科技发展带来的生活品质的提高和物质产品的极大丰富，使人们的生活水平和生活质量也得以显著提高；也需要精神层面的满足，即可以享受形式多样的文化生活（图4-4-2），可以满足民主法治、公平正义等价值

图4-4-2
人们享受形式多样的文化生活

诉求。

美好生活既是一种向往，又是人们对现实生活的切身感受。美好生活不是通过想象就能得到的，而是通过劳动来创造的。勤劳是中华民族的传统美德，也是实现美好生活的路径。只有选择用辛勤劳动去奋斗，美好生活之花才会尽情绽放。

3. 砥砺前行，唱响新时代劳动之歌

在新时代，实现中华民族伟大复兴的目标，必须高度重视每一位劳动者的力量，提升劳动者的社会地位，为他们提供好的劳动环境，让每个人都享受到公平正义，努力让劳动群众实现体面劳动，让每一个中华儿女能够实现全面发展。

（1）养成热爱劳动的习惯

古人云："日出而作，日入而息。凿井而饮，耕田而食。"简短的诗词表达了百姓对劳动的热爱与赞美，正是热爱劳动的中国人民创造了五千多年的华夏文明。正是热爱劳动的精神，激发了无数仁人志士为实现远大抱负而不断奋斗，创造了一个又一个辉煌成就。现阶段，我国社会的主要矛盾发生了变化，这个历史性的转变，更要求每一位劳动者持有热爱劳动的态度，焕发对劳动的热情，积极投入社会主义现代化建设之中。热爱劳动，不能停留在口头上，必须落实在行动中，在实践中培养热爱劳动的思想，确立劳动光荣的观念，养成热爱劳动的习惯。

同时，必须以正确的态度对待劳动、劳动人民和劳动成果。真心热爱劳动，自觉积极参加各种劳动，通过自己的劳动，为社会增加财富；真诚热爱劳动人民，特别是广大体力劳动者，是他们用自己的勤劳和汗水，为社会发展创造精神和物质财富；珍惜劳动成果，牢记劳动成果来之不易，养成勤俭节约、绿色环保的生活习惯。

（2）弘扬劳模与工匠精神

实现中华民族伟大复兴的中国梦，离不开各行各业劳动模范的带头作用。劳动

模范从社会生产实践活动中产生，从广大劳动群众中产生，是时代的领跑者，是社会的楷模，是千千万万劳动群众的榜样。习近平总书记指出："在长期的发展实践中，广大劳模以平凡的劳动创造了不平凡的业绩，铸就了'爱岗敬业、争创一流、艰苦奋斗、勇于创新、淡泊名利、甘于奉献'的劳模精神。"各行各业的劳模以劳动最光荣为劳动信念，在自己所处的行业中兢兢业业、恪守职责、拼搏奉献。这些劳模和先进劳动者来自各行各业，有教师、医生、科技人员、艺术家（图4-4-3）、工程师，也有普通职工、环卫工人……他们凭借肯学肯干肯钻研的务实劳动，从数以亿计的劳动人民中脱颖而出。

图4-4-3
泥塑艺术
家在精心
打磨陶罐

习近平总书记指出，在长期实践中，我们培育形成了"执着专注、精益求精、一丝不苟、追求卓越的工匠精神"。这要求劳动者对工作始终保持认真负责和热爱的态度，在原有的技术上精益求精，在传统技艺的基础上持续钻研，在传承的基础上不断革新，争取在一点一滴的劳动积累中将自己工作中的每个细节做到极致。广大青年要坚定不移听党话、跟党走，怀抱梦想又脚踏实地，敢想敢为又善作善成，立志做有理想、敢担当、能吃苦、肯奋斗的新时代好青年，让青春在全面建设社会主义现代化国家的火热实践中绽放绚丽之花。

（3）营造和谐的劳动环境

没有人是一座孤岛，任何人都不能脱离社会而存在，任何一项伟大的事业也都离不开劳动者的付出。在全面建设社会主义化国家新征程上，要实现第二个百年奋斗目标，就要充分发挥所有劳动者的智慧，营造和谐的劳动环境。

因此，要充分发挥环境塑造人、涵养人、教育人的作用，培育各行各业的劳动人才。作为新时代大学生，更要树立正确的劳动价值观，摆正劳动主体的定位，积极践行和弘扬劳动精神，努力构建和谐的劳动关系。全社会要充分发挥环境潜移默化、陶冶熏染、润物无声的力量，帮助劳动者更好地获取劳动知识、提升劳动能力、积累劳动经验。全体劳动者要共同努力营造劳动至上的优良社会环境，让人在无形的浸染中树立正确的劳动观念，保持向上的劳动追求，在全社会营造一种劳动光荣、创造伟大的氛围，提倡自食其力，充分挖掘和释放劳动潜力，最大限度地激发社会活力。

（4）维护好劳动者权益

为了让劳动者在自己的岗位上拥有持久的工作热情和积极性，创造更多的劳动财富，就需要全面维护和保障劳动者权益，让劳动者没有后顾之忧、安心地工作，从而激发他们提升劳动质量的热情。党的十八大以来，以习近平同志为核心的党中央不断推动法治建设，不断完善法律制度，通过法律保障劳动者的权益。

在新时代，劳动者要具备理想信念，脚踏实地、不畏困难，充分发挥实干精神，将自身价值与社会价值相关联。同时，还要尊法、知法、守法、用法，当自己劳动权益受到侵犯时，要学会拿起法律的武器来保护自己。国家要通过法治的方式为劳动者带来公平的就业创业机会，为劳动者提供法律保障，创设良好的劳动环境，使人人都有通过勤奋劳动实现自身发展的机会，从而促进劳动关系更加和谐，助力提升中华民族伟大复兴。

案例品鉴

"95后"快递小哥成高层次人才

2020年5月，一位名叫李庆恒的杭州"95后"快递小哥获评杭州市高层次人才。根据相关政策，他除了在杭州购买首套房可获100万元补贴外，还能在医疗保健、子女就学、车辆上牌等方面享受照顾。

李庆恒2015年开始在杭州从事快递业工作，如今是浙江申通快递有限公司质控部组长，曾获浙江省第三届快递职业技能大赛快递员项目的第一名。

李庆恒高中辍学，此前在一家咖啡店工作，因为喜欢"快递小哥"风风火火的工作状态而进入快递业。从入职第一天起，他就兢兢业业，刻苦钻研，不断提升自己的业务技能。2019年8月，李庆恒被选派参加浙江省第三届快递职业技能大赛暨第二届全国邮政行业职业技能竞赛浙江省初赛。竞赛项目包括理论知识和实际操作两部分，要求参赛者既要熟悉诸如全国各地邮编、城市号码、航空代码等信息，还要从数百件物品里，一眼就把固体胶、打火机、人民币、乒乓球等航空禁寄物品挑出来。

此次大赛最难的部分之一是"画地图"，要求参赛者在12分钟内在计算机上完成19票件的派送路线设计。既要保证每一个快件的时效，又要考虑路线优化的合理性，即用最少的时间、最短的路线，确保快件准时、准确送达。凭借过硬的业务能力，李庆恒获得该赛事快递员项目的第一名。他还被浙江省人力资源和社会保障厅授予"浙江省技术能手"称号。2020年5月，经中共杭州市委人才办、杭州市人力资源和社会保障局认定，李庆恒获评杭州市高层次人才，认定类别为D类。可享受国内外顶尖人才、国家级领军人才、省级领军人才、市级领军人才、高级人才政策。

（资料来源：《中国青年报》，有删改）

◎案例分析：快递小哥获评高层次人才，打破了唯学历的人才观，也释放出这样一种积极信号——每个人都能通过自己的努力，获得进步空间。我们要对未来充满信心，坚信幸福靠奋斗、劳动最光荣，立足本职，找准方向，脚踏实地，拼搏进取。

思辨探究：你如何看待95后小哥靠送快递成"高层次人才"，获杭州百万房补这个社会新现象？案例中的快递小哥李庆恒是怎样和高层次人才画等号的？他是如何做到的？

话题互动

俗话说，"三百六十行，行行出状元"，就是说不论从事什么工作，在什么岗位，只要你热爱你的工作，就能够做出优秀的成绩，成为对社会有用的人才。在当今社会，知识经济、数字时代，请结合你的专业，谈谈你想如何成为自己所在行业的"状元"？

专题四
交互测试

拓展实践

行业（企业、乡村）劳动文化案例调研活动

1. 实践主题

"行业劳动文化推动行业发展"——企业、乡村劳动文化案例调研

2. 实践目的

引导学生开展企业、乡村劳动文化案例调研，认识企业、乡村劳动文化对企业、乡村发展所起的积极作用，增强学生注重劳动文化建设理念，引导学生热爱劳动、崇尚劳动，积极投身于行业劳动文化建设，推动行业劳动文化发展。

3. 实践内容

(1)选取企业、乡村劳动文化案例调研对象。

(2)设计企业、乡村劳动文化案例调研方案。

(3)开展企业、乡村劳动文化案例实地调研。

4. 实践要求

(1)重点围绕某企业、乡村在劳动文化建设方面采取的措施和成效进行调研。

(2)分析总结劳动文化在企业、乡村发展中所起的作用。

(3)结合自身专业，思考今后从事某行业的文化建设内容与路径。

5. 实践评价

保证实地调研；突出行业文化建设特点；注重结合自身专业进行总结。

专题四
拓展阅读

参考文献

［1］习近平.在全国劳动模范和先进工作者表彰大会上的讲话［M］.北京：人民出版社，2020.

［2］夏一璞.劳动开创美好未来　树立正确的劳动观［M］.北京：红旗出版社，2015.

［3］石林林.深耕"垦"文化　培养中学生劳动素养［J］.教书育人，2022（04）：14-15.

［4］王鹏举.耕读文化对当下劳动教育的价值启发［J］.新课程，2021（31）：11.

［5］庞元正.创新实践与马克思主义哲学当代化［J］.哲学研究，2009（7）：22.

［6］王克群.试论让劳动者实现体面劳动——学习胡锦涛在2010年全国劳模大会上的讲话［J］.北京市工会干部学院学报，2010，25（03）：3-6.

［7］习近平.在庆祝"五一"国际劳动节暨表彰全国劳动模范和先进工作者大会上的讲话［N］.人民日报，2015-04-29（2）.

［8］习近平.向2019中国国际数字经济博览会致贺信［N］.人民日报，2019-10-12（1）.

［9］麻雪.劳动创造灿烂文化［N］.宝鸡日报，2022-05-06（004）.

［10］王江松.劳动文化的复兴和劳动教育的回归［N］.中国教育报，2018-11-22（8）.

专题五
劳动与组织管理

　　分工与协作带来了生产技术的革新与劳动工具的改进等，这使得生产规模日益扩大，劳动形态也随之发生变化，劳动组织管理在提高生产效率、实现组织目标方面的重要性越发显著，进而促使劳动组织形态不断改进，管理水平日益提升。本专题围绕劳动组织管理方式演变、劳动的工作效率及其影响因素、劳动的内外部激励机制和组织文化的相关要素展开，阐释劳动为何需要统一组织、科学管理。引导学生思考提升劳动效率的方法，培育学生的集体意识和团队协作精神，使学生更好地融入组织，提升职业归属感与成就感。

5.1

劳动中的组织管理

列宁指出，技术进步必然引起生产的各部分的专业化、社会化。分工协作是社会生产发展的客观必然。随着劳动社会化、专业化、精细化程度越来越高，对劳动者、不同工种、各个环节、生产部门等的劳动要素进行合理组织以完成生产过程，并为提高效率进行科学管理自然而然就显得十分必要。

劳动认知

1. 工业时代前逐渐萌芽的劳动组织管理

（1）单一、单纯状态的原始劳动

　　劳动在从猿到人的转变过程中起着决定性作用。正是通过劳动，人才从动物中分离出来。然而原始社会生产力水平低下，生产与生活从未分离，劳动总的来说是人们在不知不觉的状态下自发进行的，劳动的目的是获取保障生存的衣、食、住、行等基本物质资料。对于原始人类来说，劳动是生活不可缺少的重要组成部分。劳动过程中，虽然也存在因性别、体力等导致的自然分工与群体内部的简单协作（如采集、狩猎等），但深入而具体的分工协作并不存在，这使得原始劳动呈现出单一性，也意味着建立在社会分工与协作基础上的真正意义上的劳动组织与管理远未成为原始社会的必然需要（图5-1-1）。

　　值得一提的是，生产发展、分工扩大的脚步从不停歇。恩格斯在《家庭、私有制和国家的起源》中提出了原始社会末期的三次社会大分工。第一次是畜牧业和农业的分离，发生于原始社会后期。这次社会大分工促进了劳动生产率的提高，

引起了部落之间的商品交换，为私有
制的产生创造了物质前提。第二次是
手工业和农业的分离，发生于原始社
会末期。这次社会大分工促进了劳动
生产率的进一步提高，促使了私有制
的形成。第三次社会大分工出现了不
从事生产、专门从事商品交换的商人

图5-1-1
原始人的
劳动场景

阶级，它发生于原始社会瓦解、奴隶社会形成的时期。正是这些随生产发展而来的
社会分工和交换的发展，为后来人类劳动形态转变、劳动组织管理演变奠定了重要
基础。

（2）自然经济中的商品经济火种：封建手工业行会制度

随着农耕时代到来，劳动从自发转向自觉，逐渐从人们自然状态的生活中独立
出来，成为人类的一种特殊活动。农业社会自给自足的自然经济使得劳动大多以
家庭为单位分散进行且规模较小，因此劳动组织仍处于较低水平。随着阶级产生、
国家制度建立，脑力劳动和体力劳动出现分化，劳动者与组织管理者的分工便产
生了。

在漫长的封建社会，生产组织的基本形态是单个家庭式生产作坊，主体包括行
东（匠师）、帮工和学徒，彼此之间等级森严。为了抵御内外部的竞争，手工业劳
动者结成封建手工业行会。行会是依照职业类型而专业化的手艺工人结成的一种组
织，它是通过对内实行劳动章程、对外实行垄断而发挥作用的，从事某一手艺的手
工业者都要加入当地的行会。行会的职责是协调本行业成员间的关系，并在涉及日
常生活的琐碎争执中，保护本行业成员的利益免受其他人的侵犯。

虽然在封建行会手工业制度下，自由竞争被限制，单个生产作坊经营缺乏自主
性，但是它是在自然经济基础上为适应简单商品生产的需要而产生的，在自给自足
的自然经济夹缝中保留了商品经济的火种。

（3）促使小生产者独立性逐渐丧失的包买商制度

欧洲封建社会晚期，地理大发现和新航道开辟造就的世界市场促使封建手工业
行会制度开始瓦解。独立的自由手工业者不断增加，生产和市场日益发展，商人的

资本也逐步积累增加。为不断获得货币财富，商人资本开始直接控制小生产者。随着商人资本介入生产，销售业务从行会中分离出来，并统一由商人资本承担，这就是包买商制度。随着包买商的职能由单纯包销手工业者生产的商品过渡到为其提供原材料和工具，小生产者的独立性日渐丧失、依附性不断增加。

包买商打破了生产者专门出售自己产品的传统限制，使小生产者变成实际上出卖劳动力的雇佣工人。然而，由于生产方式依然是分散的家庭式作坊，商人资本还没有直接控制生产过程。一方面，它借助货币运动不断摧毁着旧的生产方式；另一方面，它又寄居于封建作坊生产，一定程度上阻碍着新生产方式的产生。

（4）分工协作催生的工场制生产组织模式

资本原始积累过程提供了生产组织由孤立分散转变为社会化的必要前提条件：一是大量失去生产资料的自由无产者出现，二是少数掌握巨额货币财富的新兴贵族的存在。新兴贵族积极介入生产领域，加入到包买商及大作坊主队伍，共同扩张作坊生产规模，推动生产组织方式由孤立分散的封建式作坊逐渐转为简单协作的早期资本主义作坊。然而内部分工的缺位导致它难以适应资本主义经济的进一步发展，从而不得不让位于符合新形势需要的生产组织形式——工场手工业。

将手工业者集聚在一个开放而狭小的场地里进行生产，这种生产组织形式被称为工场手工业。空间分散、规模小的作坊生产方式难以满足世界市场不断扩大的商品需求和不断革新的生产技术工具的需要，于是导致进一步强化劳动过程内在联系和生产过程连贯性的工场手工业时代逐渐来临。

工场手工业仍以手工劳动为基础，但又不同于家庭手工业。它已经是大生产了，并逐渐实行了生产过程的分工，主要包括手工技术的分工和雇佣工人的分工。分工使工人经常从事某一生产环节的操作，技巧更加熟练，不仅提高了劳动生产率，也增加了改进技术的机会，为以后发明和使用机器创造了条件。

2. 工业时代不断完善的劳动组织管理

（1）企业组织模式由工厂制到公司制演变

工业社会与农业社会最大的不同，就是由以农业生产为主导变为以工业生产为主导。劳动由以家庭为单位的分散型、个体型的劳作，转变为一种有组织的作业。这就意味着劳动成为一种被严格组织起来的、有纪律约束的活动。

① 资本主义生产方式的空间整理衍生了工厂制生产模式

随着资本主义生产方式的演进以及海外市场的拓展，工业品的市场需求不断扩大，以工场手工业这种组织形式组织生产难以满足日益增长的市场需要。为了提高生产效率，解决工场开放无序的空间结构造成的劳动纪律混乱、消极怠工等问题，出现了以空间分割为主要手段，协调不同种类的工人进行生产劳动的工厂制组织形式。与此同时，第一次工业革命带来的技术设备革新引发了生产方式的大变革，机器大工业的生产效率冲击了手工作坊，尤其是蒸汽动力代替了水力、风力等自然资源，使得工厂选址的自由度大大提升。工厂制快速普及开来，以机器为核心的工厂制度代替了以往的手工业工场制度。

工厂内空间结构相对封闭，劳动操作简单划一，生产工艺流程秩序井然；工厂下设车间、工段、班组等建制，劳动者都具有完全固定的岗位；生产者不断地重复单一的工序操作，熟能生巧使生产效率大为提高。随着产品的复合程度越来越高，工厂组织架构日益复杂，部门林立且条块分割，资本按照工艺流程的具体要求，完善工厂制度，形成劳动纪律，将责任落实到个人，形成对劳动的全方位监控，防范劳动者消极怠工。

但是当时工厂内部管理分工很不完善，工厂规模难以扩大。为了解决这个问题，一些资本家尝试合伙办厂。合伙制一定程度上解决了工厂规模难以扩大的问题，但内部管理分工问题仍然存在且日益突出。随着工业化的发展，公司这种大企业形式代替小规模的业主式或者合伙制的工厂来组织生产就成为必然。

② 人类最伟大的发明之一：公司制

公司制是适应经济、社会和技术发展的需要，先在商业流通领域出现，并逐渐扩大到生产制造领域，经过不断地完善、发展和规范，最终成为现代社会中主要的经济活动组织形式。需要指出的是，公司制并不是资本主义生产关系的产物，它只是随着资本主义制度的成熟而得到广泛的发展和应用，最终发展为现代公司制度。

第二次工业革命期间，资本主义工业生产效率迅速提高、生产规模迅速扩张。新兴工业部门，如电力、石油、汽车、铁路、化工等开始崛起，传统的重工业部门，如矿业、钢铁在国民经济中日益居于统治地位，这些部门的发展需要越来越多的资本。同时，市场竞争异常激烈，达到了空前的程度。在这种情况下，个别资本的规模一般已经难以胜任新的资本规模扩张的需求。所以，包含多个工厂的多形态的公司制企业才逐渐取代了仅仅具有单一生产性质的工厂，成为主要的微观经济主体之一。

现代公司制是一种便利的筹资方式，同时也是一种有效的组织制度，特别是在进行大规模生产的制造业中，公司制显现出其他企业形式难以比拟的优势：企业法人制度、有限责任制度、所有权与经营权分离以及科学的组织管理制度等。

（2）生产过程控制的组织管理模式演变

① 工厂制下生产科层初现的技工承包制

工厂规模扩大带来的组织制度成本上升促使工厂内部兴起了技工承包制（内包制），即将生产责任发包下放至技术工人或领班处，由他们具体组织工人生产。技工承包制增加了生产的科层，形成工厂内部多层委托代理关系，通过指令管理，大大降低了监管和交易成本。技工承包制持续了约一个世纪，为产业工人积累专业技能、提升责任感，强化产业合作精神以及培育精益求精的工匠精神作出了重要贡献。

② 标准化作业与科学化管理并重的泰勒制

工厂制的普及意味着资本主义生产方式的空间整理基本完成。为夯实资本主义工厂制的物质基础，对资本主义生产过程的控制提上议事日程。

针对旧式生产过程中普遍存在的经验主义问题，美国工程师泰勒在1881年揭开了对生产过程进行科学分析和控制的帷幕。他改革了工人一身二任的现象，将劳动和管理分开。"泰勒制"强调必须把科学知识和科学研究系统运用于管理实践，科学地挑选和培训工人，科学地研究工人的生产过程和工作环境，分析劳动中的机械动作，省去多余的笨拙动作，确定最适当的工作方法，并据此制定出严格的规章制度和合理的日工作量，采用差别计件工资调动工人的积极性，实行管理的例外原则，从而提高劳动生产率。"泰勒制"推动了生产管理方式的科层化、科学化发展。

③ 大规模标准化的福特制

美国的福特汽车厂在生产管理过程中采用"泰勒制"大幅度提高了生产率，进

一步发展出一套"福特主义"的生产
方式，成为资本主义生产与再生产新
的组织方式（图5-1-2）。福特主义通
过生产过程与消费模式的结合建构了
大批量生产的模式，其主要内容包括
生产自动化和生产标准化两个方面。

图5-1-2
福特流水线
生产场景

生产自动化是利用先进的生产设备和生产工艺流程设计来促进生产过程的流水线作
业。生产标准化包括产品、零件和作业的标准化以及机器、工具和车间的专门化，
半自动化流水线的生产模式大大提高了劳动生产率，使得社会再生产成本大幅度
降低。

从20世纪70年代中期开始，福特主义逐渐被后福特主义所取代。后福特主义
是以客户需求即以市场为导向来调整生产方式，以多品种、灵敏、精益、快速、定
制为特征生产客户所需产品的一种生产方式。对比福特主义时代，后福特主义在生
产组织管理方面的突出特点主要体现在：大规模定制生产、水平型组织管理、创新
生产、弹性生产、全球化生产、群体生产。

④ 及时控制、精益生产的丰田制

日本所面临的国内外市场环境的特殊性，使其不宜完全照搬福特制生产组织模
式。日本必须按照需求导向对福特制进行改造，将大规模标准化生产转换为大规模
多品种小批量生产，从而创造出一种高效率、低消耗的生产方式，这就是丰田制生
产组织模式创新的前因。

丰田制生产组织模式的创新主要体现在生产过程的创新上，其内涵主要包括两方
面：即时生产和看板管理。即时生产是以无库存或库存最小化为目标，通过大力发展
柔性技术与流程式生产，将生产体系分成不同的功能模块，而产品零部件尽可能采用
标准件或通用件；看板管理是为实现即时生产服务的生产流程现场控制方式，是以需
求为引擎的"拉式"现场控制，即"后道工序按照看板拉着前道工序走"。

（3）具有中国特色的单位制组织模式

单位是改革开放前城镇地区基于中国社会主义政治制度和计划经济体制所形成
的一种特殊组织，是国家进行社会控制、资源分配和社会整合的组织化形式，承担着包括政治控制、专业分工和生活保障等多种功能，其典型形态是城市社会中的行政单位、事业单位和国有企业单位。

① 单位制的形成

单位组织是国家基于社会主义基本制度建立或改造形成，并由国家直接控制的组织形式，其建立的制度背景是社会主义公有制、中央计划经济体制和党的领导。

中华人民共和国成立初期，为恢复被战争破坏的国民经济，维护社会稳定，保证和促进百业运营和发展，尤其是重工业发展，党和政府在总结根据地实践经验的基础上，逐渐修正并完善组织体制"单位"，使其成为重建中国社会的组织形式。单位既作为重要经济组织保障和推动国家经济建设和发展，又是国家政治权力延伸的渠道，同时也是重新组织中国社会的最基本、最重要的模式，成为生产性、政治性和社会性的复合体。单位制由工资制度、奖罚制度、住房制度、教育制度、就业制度、医疗制度、养老制度、婚姻生育制度等一系列具体制度构成。这些制度通过"国家—单位—个人"的纵向联结控制机制，实行着对城市公共性构造的转换。

② 单位制的特征

单位组织以国家行政制为基础，普遍实行行政等级制度。每一个单位、组织都被组织到国家的行政等级制度中，获得一个相应的行政等级位置，承担相应的责任，享有相应的权利和义务；单位普遍设立党组织，其在组织生产、生活方面发挥重要作用；个人、单位、国家之间存在着强制性的依附关系，即单位依附国家、个人依附单位，在这种依附关系之下，几乎一切城镇地区的就业人员都是由国家按照计划分配至单位组织成为其成员的。

③ 单位制的变迁

改革开放以来，随着社会主义市场经济体制的建立，单位制不断变迁，其社会职能被各类社会组织承担，生活保障职能则大多被社区组织替代。虽然行政单位和事业单位仍保留了很多"计划经济"的特点，但大部分工业企业尤其是非国有企业已不再是单位组织。即使在国有企业中，单位职工身份也发生了转化，原本的依赖关系被打破；分房制度取消、单位医疗走向社会医保等变化不断发生。

单位制度的变迁带来了巨大的社会变迁。这种社会关系的变革不仅表现为作为企业的单位与其职工之间经济关系的变化，单位社会职能的剥离更意味着传统单位社会走向终结，后单位制特征逐渐显现。党的二十大强调，要坚持中国特色社会主义道路，以中国式现代化全面推进中华民族伟大复兴。随着时代变迁，符合国情、效率更高的中国特色组织形式正在全面深化改革的实践中不断探索。

3. 数字时代的生产方式变革趋势

当前新一轮科技革命席卷全球，以云计算、移动互联网、物联网、人工智能为代表的新一代信息技术已经嵌入人类社会各层面，移动支付、共享经济、网络购物等数字经济新业态、新模式正在蓬勃发展，人类社会的经济活动开始形成数字产业化、产业数字化的格局。

（1）智能化、服务化、网络化的组织形态重构趋势

在科技变革的驱动下，现代生产组织正在进行重构，形成智能化、服务化、网络化的组织形态特征。首先，生产组织方式发生了智能化变革，借助人工智能技术与信息通信技术，生产组织逐步从半自动化、自动化生产组织转型为数字化和智能化的组织。数字化、智能化工厂利用数字化技术组成"信息物理系统"（CPS，Cyber-Physical Systems），在各种设备、原材料中嵌入条码、二维码、射频识别等感应识别标志，使其具有唯一的身份标识，在原材料、半成品和产品的生产线传送、储存、运输等过程中，通过身份识别与匹配使得各个机器设备甚至零件都具备通信功能，随时可以与系统中其他设备或操作者进行数据交换，实现工厂内各个设备的网络互联和信息实时交换。其次，随着新科技革命不断推动智能化生产走向纵深，将会有越来越多的厂商从制造生产设备延伸到生产性服务，为用户提供全生命周期的服务，向产业链的高端位移，从而获得更高的利润，推动制造厂商从生产型制造向服务型制造转型，聚焦于利用信息通信技术、人工智能技术等前沿技术来进行创新设计和服务，从而提升企业竞争力。

（2）数字化、智能化的生产过程转型

新科技革命使得生产过程从半自动化、自动化生产向数字化、智能化生产转型。在智能化生产中，工业互联网、人工智能等系统会首先对生产和流通过程进行仿真、评估和优化，将现代数字制造技术与计算机仿真技术相结合，利用工业软件建模并在计算机虚拟环境中对数据进行采集、分析、判断、规划，通过整体可视技术进行推理预测，利用仿真及多媒体技术展示设计与制造过程的真实情境，分析和改进演示中所出现的问题和缺陷。这一仿真优化过程涵盖从虚拟产品设计、工程设计、现实的制造流程直至产品上市流通的产品全生命周期。在生产过程中，通过物联网快速掌握和分析市场需求，将其数据变化迅速地同产品设计和产量计划结合在一起，实现敏捷和柔性生产，减少繁杂、滞后的生产计划及工序调配等任务，形成实时随需、灵活生产、智能化调适的生产工序控制系统。生产过程中采取无人化自组织生产模式，机器人协同配合完成生产各环节流程，减少生产线人工干预，后台系统实时数据传递保证生产过程的可控性。在仓储和物流环节，通过全自动运输系统实现自动运输带、无人操作行车、无人驾驶叉车等无人驾驶工具在工厂中智能运行，通过无人操作促使物流系统变革。

（3）定制化、低成本、高质量化的产品变革特征

新科技革命的技术进步改变了传统产品生产的流程、方式和特征，使得产品呈现出定制化、低成本、高质量化等特征。智能化生产实现了对产品从设计、生产、配送、服务直到回收环节的生命周期的全面覆盖，随着生产线模块化、集成化水平的提高和新材料的运用，工厂可以根据用户个性化需求来灵活组装生产线模块。生产定制化产品的成本逐步下降，在虚拟现实、计算机网络、数据库等技术支持下，产品可在虚拟的数字环境里进行全数字化设计，数字化智能化设计系统具有丰富的设计知识库和模拟仿真技术，能对产品结构、性能、功能等进行模拟仿真与优化，实现产品的无图纸化设计、制造和虚拟装配，有利于降低产品设计研发成本，提高产品设计质量和一次开发成功率，还有利于促进加工技术创新，加速生产工艺数据积累，提高制造的精度和效率，大幅度提升制造工艺水平。此外，随着3D打印技术的发展和新材料的研发应用，产品的工艺和质量将进一步提升。

<hr>

案例品鉴

从组织结构看"海航帝国"的兴衰

在中国企业界，曾经的海航集团就是神话一般的存在。1 000万元起家，20多年时间，从一架飞机也买不起的小公司，借助着十多年的海内外并购扩张，产业一度覆盖航空、实业、金融、旅游、物流和其他相关产业，成为一个多元化发展的"海航帝国"。自2015年起，海航集团连续3年荣登世界500强榜单，火箭式的发展速度让世人震惊。

> ◎案例分析：企业集团要想实现多元化的发展，应该在确认自身战略目标的基础上，对组织结构模式、人力资源、企业文化三个要素进行整合，才能全面提升管理水平。

"海航帝国"属于典型的混合型控股公司，其组织结构主要以业务板块划分，根据业务相关性分成了七大产业板块：航空产业、物流产业、金融板块、实业板块、基础产业、旅游业、重工，各板块业务分布在全国各地，一个区域内往往有多个业务板块共同落户。

按照企业管理理论和以往大公司经营实践，企业只有获得足够强烈的来自市场、品牌、技术等方面的协调效应，才可以开展多元化业务；更重要的是，多元化过程中要把业务类型和空间跨度约束在一定范围内，保证企业基础设施、人力资源、市场渠道、品牌影响力等可以充分共享。从这个角度判断，海航集团涉足七大行业的多元化版图，也就不可避免地产生了这种组织结构的企业通常存在的严重问题：子公司各自为政，运营单位部分或少数股权造成的中央控制不力，部门设置分散、职能交叉、组织管理效率低。

2010年开始，海航集团已经开始通过内部组织结构调整，建立跨产业板块的区域管理总部，加强对同一区域的不同板块业务的监督、协调和管理。组织管理结构调整的关键在于区域化管理能否解决产业多元化带来的专业化管理问题，区域化负责人能否实现独自掌控多个产业、能否横跨多个专业的管理领域、能否做到协调区域内多个产业的整合和协同。

然而，海航集团设置的区域管理总部负责人，是由这个区域重要板块的负责人兼任的。由于海航集团各个业务单元之间的联系并不是很紧密，故区域化管理很难实现销售和供应网络的共享；管理者不能做到精通多个产业管理和运作；各产业间难以实现资源共享和战略协同，只是有益于区域公关关系和文化的共享。这也意味着，海航集团的区域化管理组织调整，并不能实现其整合内部资源并获得各种外部资源的目标。

自2017年以来，海航集团逐步爆发流动性风险，虽积极开展"自救"，但始终未能完全化解风险。叠加2020年新冠疫情对航空业的冲击，公司不堪重负，最终走向需要政府介入化解风险的局面。

思辨探究：将海航的企业组织改革与劳动组织管理演变的历史对照，结合数字时代劳动形态新特征以及劳动组织管理中呈现出的新趋势，谈谈你对未来劳动组织管理演变的看法。

话题互动

数字经济时代，为适应网络化协同生产要求，企业积极搭建互联网平台，形成了"平台+个人"的产业分工协作新架构。人员素养和观念转变要求企业组织模式向以小微创业为基本单元的"创客公地"转变，员工不再是被动接受指令的执行者，而是主动为用户创造价值的创客或动态合伙人。青年大学生应如何适应这种变化？

5.2

劳动中的工作效率

萧伯纳曾说："世界上只有两种特质：高效率和低效率；世界上只有两种人：高效率的人和低效率的人。"工作中最重要的往往不是你多么废寝忘食、加班加点，而是你的效率有多高。劳动组织管理的主要任务就是创造一种环境，使在这一环境中劳动的人们能够用尽可能少的支出实现既定目标，或者以现有的资源实现最大的目标。因此，提高劳动效率是组织管理的基本目的。

劳动认知

1. 认知工作效率

组织的基本原则是"用力少，见功多"，以最少的资源投入和耗费，取得最大的功业和效果。管理的意义，正在于更有效地开展活动、改善工作、满足客户需要、提高工作效率。

（1）工作效率的含义：工作的产出与投入比

工作效率，一般指工作产出与投入之比。通俗地讲，就是在进行某任务时，取得的成绩与所用时间、精力、金钱等的比值。产出大于投入，就是正效率；产出小于投入，就是负效率。提高工作效率就是要求正效率值不断增大。

组织管理的任务是创造一种环境，使在这一环境中工作的人们能够用尽可能少的支出实现既定的目标，或者以现有的资源实现最大的目标。细分为四种情况：产出不变，支出减少；支出不变，产出增多；支出减少，产出增多；支出增多，产出增加更多。这里的支出包括资金、人力、时间、物料、能源等的消耗。

（2）工作效率的意义：涉及从宏观到微观多层面

劳动的组织管理涉及从宏观到微观多个层面，自国家、社会、组织、团队直至具体的个人。按照这个逻辑，工作效率也必然涉及这些层面。国家提升治理效能的举措、促进效率提升的制度安排等，促进社会各行各业形成崇尚效率的风尚和采取提质增效的行动，进而转化为各类组织实施的重视效率水平的措施，激励内部团队关注工作效率，最终落实到每一个劳动者的增效行动；对劳动者个人来说，努力提升工作效率，不仅能增强个人成就感，保证个人职业发展和价值实现，而且能使团队效率得到保证，促进所在企业甚至行业效率提升，进而提高国家综合实力和竞争力。因此，工作效率关乎各层面发展，提升工作效率需要各个层面紧密联系、彼此促进，形成良性循环。

（3）工作效率的实现：多重因素影响

工作效率的高低受到国家、社会、组织、团队和个人各层面因素的广泛影响。特定历史条件下，组织管理因素和个人主观因素成为提升工作效率的关键。

组织管理因素包括管理模式、制度、技术、流程，以及组织结构、决策行为、领导风格、沟通方式、组织文化等，其对工作效率的影响主要体现在两方面：首先，要看组织是否引入竞争机制并充分运用。凡是引入竞争机制并充分运用的，工作效率将得到快速提升，反之则不然，中国改革开放几十年来的实践充分证明了这一点。其次，具体的管理方式对工作效率也有极大的影响。比如行政命令、直接指挥、身份管理、人海战术，或者以文件对文件、会议对会议的文山会海式方法进行管理等，都会对工作效率产生负面影响。

劳动者整体素质也会影响工作效率。这些素质主要包括敬业、忠诚、认真、进取、努力、刻苦、奉献等精神品格，也包括知识、技能、经验等胜任能力，还包括团队合作、沟通、学习、习惯等相关特性。一个具备相关胜任能力和良好合作特性的团队，其工作效率往往事半功倍。

当前，我国深化人才发展体制机制改革，真心爱才、悉心育才、倾心引才、精心用才，求贤若渴，不拘一格，把各方面优秀人才集聚到党和人民事业中来。这正是充分发挥组织管理因素和劳动者整体素质在工作效率提升中的重要作用采取的科学举措。

2. 效率评价的科学方法

工作效率关注投入与产出的比值，提升工作效率就是不断扩大正效率、避免负效率。然而，我们经常发现有些岗位工作尤其是事务性工作，很难准确核定投入与产出的数值，因而无法量化工作效率；与此同时，当工作效率已被量化，往往意味着阶段性工作已结束，对于工作效率提升来说具有滞后性。因此组织管理过程中，为了激励劳动者完成工作任务、提高工作效率，通常采用既关注工作过程又强调工作结果、既体现上下级管理又考量同级评价的绩效考核对劳动者工作行为和结果进行效率评价。

（1）借助绩效考核，量化评价工作效率

绩效是职业活动中最常见的概念之一。它是人们所做的同组织目标相关的、可观测的、具有可评价要素的行为及结果，这些行为及结果对个人或组织效率具有积极或消极的作用。

绩效考核就是收集、分析、评价和传递有关某一个人在其工作岗位上的工作行为表现和工作结果方面的信息的过程。它根据事实和职务要求，对员工的实际贡献进行评价。从执行结果看，绩效考核包含了对人的管理、监督、教育、指导、激励和帮助等功能，对于促进劳动者个人和组织工作效率提升具有重要积极作用。

（2）合理选择方法，抓住考核的核心

选择合理的考核方法是进行绩效考核、评价工作效率的核心。进行绩效考核有很多方法，民意测验法、配对比较法、要素评定法、等差图表法、共同确定法、关键事件法等。从理论上可以将这些考核方法分为三类：基于员工特征的方法、基于员工行为的方法和基于员工工作结果的方法。

基于员工特征的考核方法衡量的是员工特性，如决策能力、对公司的忠诚度、人际沟通技巧和工作主动性等方面。这种考核方法主要考察员工"人怎么样"而不重视"事做得怎么样"。如果工作完成方式对于组织目标实现非常重要，通常使用基于劳动者行为的考核方法。例如，一名售货员在顾客进入商店时应该向顾客问好，帮助顾客挑选满意的商品，在顾客离开时礼貌道谢和告别等。基于行为的考核方法就是关注员工是否按要求完成了这些行为。当员工具体完成工作任务的方法不重要，而且存在着多种完成任务的方法时，基于工作结果的考核方法就非常适用。其关键是先为员工设定一个最低的工作成绩标准，然后将员工的工作成果与这一明确的标准比较。工作标准越明确，业绩评价就越准确。工作标准应该包括两种信息：一是应该做什么，二是做到什么程度。

必须要说明的是，任何一种考核方法都有其优点和缺点，也有其特定的适用范围。完美无缺、能解决组织绩效系统所有问题的绩效评估方法是不存在的。在现实管理活动中，为了能更全面、更公平地进行绩效考核，促进组织效率提升，管理者往往综合采用多种评价方法。

（3）人人参与的360°考核

在绩效考核的各种方法中，除了以工作结果为考察依据的方法外，其余方法都需要有人为员工的工作表现打分。那么这就涉及由谁进行打分的问题，即绩效考核的执行者是谁。从全球范围看，《财富》杂志评出的前1000家大企业中，绝大多数企业采用了360°考核的部分或全部内容。

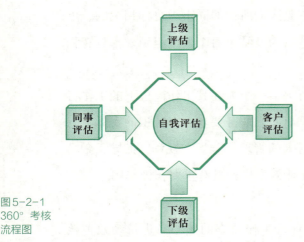

图5-2-1
360°考核
流程图

所谓360°考核就是在组织结构图上，让位于每一个员工上下左右的公司内部其他员工（上级、下级及同事）、被考核者本人和顾客，一起来考核这个员工的绩效（图5-2-1）。每个人的工作都具有多个表现方面，因此将各个方面的人对员工绩效的意见结合起来，能够比较准确地形成对一个员工绩效的综合判断。

3. 掌握诀窍，提升工作效率

（1）正确理解上级指令

很多员工在开始工作的时候，不能真正理解上级领导意图，有时搞错了努力的方向，甚至与目标背道而驰，严重降低了工作效率。所以，在工作开始之前，一定要问自己，是否完全正确理解了此次任务的目标方向。切不可想当然。很多人不好意思问领导，低头蛮干，这其实是最笨的方法。在接受一份工作安排之初，有不清楚的地方一定要问，这是给自己和领导节省时间。

（2）合理制订工作计划

一定要制订一个可行的工作计划，其应该包含完成工作的确切时间、地点、人物、费用、方法、手段等条件；计划形成后，一定要与上级以及其他相关方沟通工作计划，得到确认后再坚决执行。帮助我们制订清晰可行的工作计划的方法有很多，例如GTD（Getting Things Done）工作法、PDCA循环（Plan. Do. Check. Act）等。

（3）科学安排工作时间

每一项工作都有时间限制，在有限时间里我们很难同时完成多项任务。因此，学会管理时间能帮助我们在一段时间内专注于一件事，提高工作效率。我们可以把要做的事情按照轻重缓急划分为重要紧急、重要不紧急、紧急不重要、不重要也不紧急四类，然后再合理分配时间逐个完成。

（4）有效进行协调沟通

沟通包括你与上级、下级、同事、其他部门及外部客户的沟通等。如工作思路、计划安排等，一定要提前和以上相关方说明并及时跟进。另外，沟通技巧也很重要。恰当的说话方式会使对方更容易接受并配合。切记，职场中你不是孤立一人，只有进行协调沟通，才能提高整个团队的工作效率。

4. 打造高效团队

（1）营造和谐氛围，提高团队凝聚力

团队凝聚力是指团队对成员的吸引力、成员对团队的向心力以及团队成员之间的相互吸引力。团队凝聚力不仅是维持团队存在的必要条件，而且对团队潜能的发挥有很重要的作用。企业凝聚力包括以下几个因素：职工对经营者的满意程度，全体员工的积极性、主动性及创造性发挥程度，职工公平感及工作满意度，企业内部和谐程度等。企业凝聚力属于企业文化范畴，它的大小决定着企业员工的士气，影响着员工工作的精神状态。企业凝聚力的高低，决定着员工是否能主动、积极、有效地进行创造性的工作，相互间是否能很好地配合以提高工作效率，以及企业目标

图5-2-2
增强团队
互信

是否能够实现。

（2）增强成员互信，提升团队执行力

互相信任是一切的基石。如果不能信任彼此，团队就会惧怕冲突，无法产生积极的争论，缺乏思想上的交锋，只能达成表面的共识。因此，必须要加强团队内部的沟通。通过内部沟通，促进彼此间的交流，实现技能和能力的互补，增进协作和配合，有效地发挥团队的作用，提升团队执行力（图5-2-2）。

团队的执行力不仅取决于团队员工的执行力，还取决于团队所营造的执行氛围和环境。拥有良好的执行环境，才能充分发挥个人的执行力。作为团队的领导者，应该带头啃硬骨头，团队的领袖不是说出来的，而是干出来的。只有带领大家一起拼搏，善于打硬仗，才能凝聚全体成员的力量。

（3）实施精细管理，理顺工作流程

精细管理是对战略和目标进行分解、细化和落实，让企业的战略规划能有效贯彻到每个环节并发挥作用的过程，同时也是提升企业整体执行能力的一个重要途径。它要求结合企业的现状，找准关键问题、薄弱环节，分阶段修改、完善，最终整合全部体系，实现精细化管理在企业发展中的功能、效果和作用。我们也要清醒地认识到，在实施精细化管理的过程中，最为重要的是要有规范性与创新性相结合的意识，将管理的规范性与创新性完美地结合起来，从这个角度来讲，精细化管理具有把企业引向成功的功能。

（4）及时发现短板，解决团队瓶颈

要把整个团队看成一个整体，团队的分工协作就好比是生产的流水线，流水线的整体生产效率不取决于流水线上效率最高的环节，而取决于效率最低的环节。当流水线上某一环节出现故障而停滞时，整个流水线也就停滞了。所以我们必须及时发现团队中的短板，并尽一切力量加以弥补。这样做也许在短时间内会牺牲局部或个人的效率，但经过一段时间以后，整个团队的效率便会得到提升。

美的集团：以管理创新提升服务品质

美的集团成立于1968年，是一家全球领先的消费电器、暖通空调、机器人及工业自动化系统的科技集团。集团提供多元化的产品种类，包括空调、冰箱、洗衣机、厨房家电及各类小型家电。美的在全球运营29个生产基地、约260个物流仓库，拥有约200家子公司及10个战略业务单位。

在企业规模迅速扩大和多元化发展的背景下，组织管理创新滞后导致管理效率低下，严重制约了企业发展。美的的流程管理主要依据分权手册，以各部门管理为主，以职能为中心进行设置，存在交集、重复或缺失现象；集团、事业部无端到端的流程管理部门，没有建立集团级管控流程。由于流程框架和定义标准不一致，很多流程在集团、事业部上下无法贯通，造成管控与运营、各运营流程之间存在割裂、脱节。此外，各单位流程标准不统一、差异大，整体运营效率难以评价、优化。

为推动"一个美的、一个体系、一个标准"战略的落地，美的集团进行了统一的系统架构设计，整体框架设计横向打通研发、品质、财务、制造、供应链体系，纵向贯通客户、计划、采购、生产、物流、品质，形成六大核心运营系统，主要包括产品生命周期管理、高级计划排程、供应商关系管理、企业资源计划、制造执行系统、客户关系管理，支持集团端到端的核心价值链高效运作；三大管理支持平台，包括财务管理、人力资源管理和决策支持，提高集团管控能力，确保集团分权模式下的高效运作；两大技术平台，包括企业门户及集成开发平台，减少开发复杂度，提升IT信息系统开发效率。

这些管理创新为企业带来了效益。管理效率提升，车间管理人员和集团的管理人员数量逐年降低；实际车间生产效率提升，单车间连续每年效率提升30%左右；节能降耗方面，目前单工厂较改善前同期节能20%以上；各工厂环保措施升级，对外无污染物排放；产品利润水平上升，在市场总销售量减少的情况下，利润还在不断提升，提升约5%；智能产品布局初步

◎案例分析：企业多元化发展使各部门间的协作困难增加。通过创新实现组织管理流程的科学顺畅是决定企业效率的关键因素。

完成，使家电及家居产品能够形成以用户为中心的智慧家居链；涉足机器人领域，为未来的产品多样化、智能化提供更多选择。

思辨探究：多元化发展背景下，企业组织管理流程中经常出现因制度不完善导致的各部门沟通不畅的状况，这使得员工经常无所适从、效率低下。请结合美的集团的管理案例，讨论出合理的解决方法，并从中体会创新的重要性。

话题互动 ———

团队合作的重要性毋庸置疑。当团队作为一个整体，为实现团队目标共同努力或者与其他团队竞争时，团队成员互相合作、彼此支持，能够产生协同效应，实现"1+1>2"的效率提升目标。但同时，团队内部也经常存在竞争，职场也鼓励员工之间的竞争。作为团队成员，应如何看待与处理竞争与协作之间的关系以提高团队效率呢？

5.3

劳动的内外部激励

企业活力的源泉，在于脑力劳动者和体力劳动者的积极性、智慧和创造力。实践证明，要使一个组织有活力有生气，适时、有效的激励是关键。促进劳动报酬提高与劳动生产率提高基本同步，对于劳动组织发展具有重大意义。缺乏合理有效的劳动激励，组织管理的效率便无从谈起。

劳动认知

1. 追寻劳动动机，认识劳动激励

在企业管理实践中，激励是组织中个体行为的驱动力，而个体行为是实现个体需要与组织目标相一致的过程。无激励的个体行为可能是盲目且无意义的；有激励却无效果的个体行为则说明组织激励出现了问题，更为精确地说，是组织激励与个体需求不匹配导致了个体没有产生组织预期的行为。

（1）需要产生动机，动机决定行为

激励的过程是需要产生动机，动机决定行为的过程。在任何一个组织里，管理者所需要的是人的行为，但每个人行为的产生都不是无缘无故的，必然经历一个复杂的过程。

首先，任何行为的产生都由动机驱使。动机是指由特定需要引起的，想要满足各种需要的特殊心理状态和意愿。简单地说，动机是人们为达到任何目标而付出努力的内在动力。其次，动机是以需要为基础的。不论你是否意识到需要的存在，动机的最终来源是人的需要。人的需要很复杂，有水、空气、食物、睡眠等生存需要，也有自尊心、地位、归属、成就等发展需要。这些需要会因人、因时而异，受

到环境的影响，例如闻到食物香味会产生饥饿感从而产生获得食物的动机等。

激励过程中，我们很容易发现，有些需要的满足是通过行为获得外部回报，而有些需要的满足则是通过行为保障个体成长。基于上述不同，我们将激励分为外部激励和内部激励。

（2）基于外界回报的外部激励

外部激励是指让个体获得独立于行为之外的满足，它更多关注物质层面。外部激励的具体表现方式是多样化的，有些表现为物质形式，如薪酬、奖金、福利、分红等；有些则表现为非物质形式，如组织地位、组织权威、他人认同、人际关系等。无论组织采取何种具体的外部激励措施，其作用机制的原理是一致的，即个体的行为绩效会得到组织或外界的回报，而这种组织或外界的回报是个体所期待的、且会满足个体某些特定的需要。具体而言，个体从事组织为其设定的工作行为，为组织创造绩效，满足组织的期望；组织对个体的工作行为表现予以评估，给予个体期待的奖励，满足个体的需要。

（3）基于个体成长的内部激励

内部激励则指个体在行为过程中获得的满足，这种满足感来自个体对工作本身的兴趣、价值、成就感等，主要关注的是精神层面。在组织管理实践中，个体工作行为的发生会受到行为本身的激励，如个体的工作愉悦感、成就感等一系列内在收益，均与外界回报无关。

在内部激励的作用下，个体会积极主动设置有挑战性的行为目标，当这些目标完成时，个体会体验到自我胜任的满足感。一系列的实证研究也表明：相比那些受到外部激励而产生的个体行为，受到内部激励而产生的个体行为会使得个体具备更多的兴趣、热情和信心，进而给组织带来高绩效和高创意产出，同时使得个体也拥有更多的自尊、成就感、幸福感和自我效能。

（4）促成内外部激励互补效应

从内部激励和外部激励的内涵与作用原理出发，很容易看出二者之间存在明显差异，这些差异主要表现在个体的动机、行为归因、激励时效、激励功效和适用范围五个方面（表5-3-1）。

无论是外部激励还是内部激励，二者在一定程度上各有优势与劣势。因此，将二者相结合运用于组织实践似乎是管理者倾向的"最佳路径"。然而在理论研究和现实实践中，人们经常发现内外部激励并不总是和谐互补。当组织的物质激励反映个体的工作能力时，物质激励会促进个体内部激励的产生，二者产生互补效应；但当组织的物质激励并不映射个体的工作能力时，物质激励则会削减个体的内部激励。这就意味着，对于组织管理者来说，激励的关键在于将两种类型的手段兼而用之的过程中如何进行权衡与取舍。

表 5-3-1　内部激励与外部激励的区别

对比项	内部激励	外部激励
个体动机	胜任感和自我控制	外部压力
行为归因	自我选择	外部奖励
激励时效	行为的过程之中	行为完成之后
激励功效	有利于实现组织绩效，能使个体获得幸福感，但可能使个体目标偏离组织目标	可能促进组织绩效，也可能阻碍组织绩效，个体不会从中获得幸福感
适用范围	创新型、内容丰富、有挑战性或有趣的工作	单调重复性工作

2. 探究历史演变，了解激励理论

（1）物质因素和社会因素：蕴含在管理理论中的激励

早期社会劳动者被视为"会说话的工具"，所谓的劳动"积极性"是通过"皮鞭""棍棒"等惩罚手段强制实现的。

古典经济管理理论普遍认为，调动劳动者积极性以提高组织生产效率，需要"物质奖惩"。这种朴素的激励思想的前提是"经济人"假设，即认为经济效益是驱动人劳动行为积极性的根本原因。这一激励模式对企业效率的提高发挥了重要作用，时至今日，各种激励方式都或多或少包含这样的因素。

以哈佛大学梅奥教授为代表的学者通过实验发现了人际关系对劳动效率的重要影响。与奖励性工资相比，为团体所接受的融洽性和安全感更为重要。在劳动激励过程中不仅要考虑物质奖励因素，还要考虑职工作为社会人更深层次的社会需求，创设良好的关系环境，关注职工情感，引导企业中非正式社会关系对组织的正影响。

（2）深入系统研究激励理论的开始：劳动激励理论产生的根源探究

真正深入系统的激励理论研究开始于20世纪40年代对激励产生根源的探究。在研究激发了人动机的需要因素的过程中，形成了需求层次理论、双因素理论、ERG理论等著名激励理论。

马斯洛提出的需求层次理论把人的需求由低层次到高层次分成生理需求、安全需求、社交需求、尊重需求和自我实现需求五类。它们可以分为两个层级：其中生理、安全、社交的需要都属于低级的需要，这些需要通过外部条件就可以满足；而尊重和自我实现的需要是高级需要，他们是通过内部因素才能满足的，而且一个人对尊重和自我实现的需要是无止境的（图5-3-1）。同一时期，一个人可能有几种需要，但总有一种需要占支配地位，对行为起决定作用。各层次的需要相互依赖和重叠，任何一种需要都不会因为更高层次需要的发展而消失，只是对行为影响的程度会相应减小。

图5-3-1
尊重与自我
实现的需要

双因素理论也称激励—保健理论，由美国心理学家赫茨伯格提出。赫茨伯格与马斯洛不同，他将工作本身对人的吸引力称为激励因素，如工作带来的成就感、赏识、挑战性和进步等；而外在的与工作周围的事物相联系的，如政策制度、工资、职务、与上下级及同级的人事关系等，他称之为保健因素。激励因素和保健因素相互独立，对人的作用方式完全不同。当人们缺乏保健因素时，会产生极大的不满意感，但具备了它也不会产生很大的激励作用。相反，当具备激励因素时，人们能产生极大的激励作用，缺乏它时也不会感到非常不满意。双因素理论对薪酬管理实践有重要的借鉴意义，管理者要想有效地激励下属，首先应明确哪些属于保健因素，哪些属于激励因素，以此为基础来制定激励措施和薪酬制度。

奥尔德弗的ERG理论把人的需求分为三个等级，即生存的需要、相互关系的需要和成长发展的需要。这种分类与马斯洛的需求层次理论非常接近（表5-3-2）。几种需要的顺序并不严格，即使在低层次需要得不到满足时，运用高级需要同样可以起到激励作用，寻求高级需求受挫可能又会转而寻求较低的需要层次，同一时间内几种需要可能同时发挥作用。也就是说，即便物质不能得到满足，如果能很好地关注到相互关系的需要、成长发展的需要，同样可以产生激励作用。

表 5-3-2　奥尔德弗 ERG 需求等级与马斯洛需求层次比较

奥尔德弗ERG需求等级	马斯洛需求层次
成长发展的需要	自我实现需求
	尊重需求
相互关系的需要	社交需求
生存的需要	安全需求
	生理需求

（3）从动机到行为：劳动激励形成过程的思考

需要使人们产生行为动机，但是否会真的转化为行为，这取决于更多的社会复杂因素。原来具有很高激励作用的因素可能会淡薄甚至消失，可见劳动激励实践起来比理论更复杂。这使得学者们不得不将目光聚焦到对劳动激励形成过程的研究上。期望理论、目标设置理论、公平理论等都是这一研究成果的典型代表。

美国心理学家弗鲁姆的期望理论可以用公式表达为：激发力 = 效价 × 期望值。激发力是指一个人受到的激励的强度，效价是指个人对某种成果的偏好程度，期望值则是个人根据经验判断通过特定的努力达到预期成果的可能性和概率。弗鲁姆认为，如果行为结果对个体很有价值，个体就会产生行动动机，但是否真的会行动要看通过努力能够实现目标的概率。若能实现，就会产生巨大的激励作用。其中包括三种联系，即努力—绩效的联系、绩效—奖赏的联系和奖励—个人需要的联系。

美国心理学教授洛克和修斯认为，目标设置越明确、越是及时反馈、越是难度适中、越是吸收职工参与，激励效果越容易趋向好的方面，这就是目标设置理论。职工知道目标并了解用什么行动去达到目标，而且愿意用必要的行动去完成目标，目标设置才能发挥作用。要想保证职工的积极性，组织还要为个体追求目标创造情境。当职工完成目标时会产生自我效能感，这种效能感必须通过内酬和外酬才能得到满足。

美国心理学家亚当斯提出了公平理论。一般认为，职工得到奖酬后行为会变得更加积极和持续，但事实却不尽然。亚当斯认为，人们对所获报酬不仅看绝对值，还要看横向的社会比较或纵向的历史比较的相对值。如果自己的投入回报与他人相比获得了同等对待，则认为相对公平而继续努力工作，否则会感到不公平而采取行动表达不满，如降低工作质量、破坏生产、离职等。

3. 聚焦激励实践，了解激励方法

在激励理论的指导下更好地进行激励实践，这是调动员工积极性的重点。激励理论多种多样，组织的实际情况也十分复杂，通常管理者会综合运用多种内外部激励方式进行激励。

（1）目标激励

目标激励是指给员工确立一定的目标，以目标为诱因，驱使员工去努力工作，以实现自己的目标。任何企业的发展都需要有自己的经营目标，目标激励必须以组织的发展目标为基础，同时，个人在自己需要的驱使下也会具有个人目标。目标激励要求将组织的经营目标与员工的个人目标结合起来，使组织目标与员工目标相一致。

制定目标应当注意以下几点：第一，目标应明确、具体且合理。明确、具体的目标表述有助于员工确立清晰的努力路径和奋斗方向；难度太大而不可能实现的目标或难度太小而完全没有挑战性的目标都无法对员工形成激励。第二，应使员工了解完整的目标层次体系。既要有近期目标，也要有远期目标；不仅要明确个人的工作目标，而且要明确整个单位和各个部门的目标。第三，积极为员工目标的实现创造条件。应当注意的是，给予每个工作对象的条件应当是公平的，因为只有平等的机会才能促成每个工作对象为实现目标而努力。

（2）参与激励

参与激励是指让员工参与组织管理，使员工产生主人翁的责任感，从而激励员工发挥自身的积极性。让员工参与组织重大问题的决策，多提合理化建议，对组织的各项活动进行监督和管理，能激发员工的主人翁精神，认同组织的前途和命运就是自己的前途和命运，认识到个人只有依附或归属于组织才能发展自我，从而激励员工全身心投入到集体的事业中来。常用的员工参与形式有以下四种：参与式管

理、代表参与、质量圈和员工股份所有制等。

参与式管理强调共同决策，即下级在很大程度上分享其直接监管者的决策权。这种形式有时被推崇为治疗士气低落和生产力低下的万灵药，但参与式管理并不适用于所有组织或工作单位。其适用条件是：员工必须有充足的时间参与，员工参与的问题必须与其利益有关，员工必须具有参与的能力，以及组织文化必须支持员工参与。

代表参与指的是，工人不直接参与决策，而是由一小群工人代表参与，最常采用的两种形式是工作委员会和董事会代表。

质量圈是由8~10个员工和监管者组成的共同承担责任的一个工作群体，他们定期会面讨论质量问题，找出问题的成因，提出解决建议并实施纠正措施。他们承担着解决质量问题的责任，对工作进行反馈，并对反馈进行评价，但管理层一般保留建议方案实施与否的最终决定权（图5-3-2）。

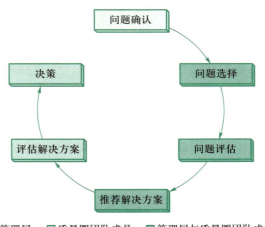

图5-3-2
典型的质量圈运作模式

员工股份所有制是指企业内部员工出资认购本公司部分股权，委托专门机构集中管理运作，并参与持股分红的一种新型企业内部股权形式。自美国律师路易斯·凯尔萨提出员工持股计划理念并实施第一个员工持股计划以来，员工持股计划获得了引人注目的发展，被称为是"静悄悄的革命"，对企业特别是高科技企业产生了革命性的影响。

（3）薪酬激励

薪酬激励是企业激励中最常用的激励手段。薪酬激励的目的是有效地提高员工工作的积极性，在此基础上促进效率的提高，最终促进企业的发展。在企业盈利的同时，员工的能力也能得到很好地提升，实现自我价值。浮动工资方案、技能工资方案以及灵活福利政策都是常用的薪酬激励方案。

与传统的基础工资方案不同，浮动工资不是年金，它是没有保障的，报酬会随着绩效水平上下浮动。它一方面把组织的一部分固定劳动成本转变为可变成本，另一方面把员工工资与绩效联系起来，使得收入依赖于贡献。广泛使用的浮动工资方案有四种形式：计件工资、奖金、利润分成和收入分成。

技能工资不是根据一个人的职称确定他的工资级别，而是根据员工掌握了多少种技能和能做多少工作来确定的。它鼓励员工掌握更多的技能，使得人们能更好地理解其他人的工作，因此有利于组织内的沟通，从而减少了破坏性的"工作区保护"行为。技能工资还有助于那些机会少却有抱负的员工增加收入和丰富知识。

灵活福利允许员工从众多福利项目中选择，允许每个员工选择一组适合自身需要和情况的福利。它改变了传统的"一种福利计划，适用于所有人"的现象，组织为每个员工建立一个灵活的、通常以其工资的一定百分比为基础的消费项目，并为每一种福利标明价格，然后由员工选择福利项目，直到他们账户中的钱用完为止。

（4）其他激励方法

公平激励，是指组织在各种待遇上对每一员工公平对待所产生的激励作用。只有依据员工等量劳动成果给予等量待遇，多劳多得、少劳少得，组织才会形成一个公平合理的环境。员工要享受更多的待遇，不能通过讲人情、走后门等不正当的手段，只有靠踏踏实实地努力工作。组织通过激发员工追求高待遇的心理，激励员工更有效地工作。如果企业环境不公平，少劳者可以多得，则员工不会通过正当手段去获得高待遇，也就不会激励员工积极投入以实现最大的劳动成果。

除此之外，还有通过领导者的品行给企业员工带来激励效应的领导者激励；企业领导者通过对员工的关心而对员工产生激励作用的关心激励；企业领导者对员工的劳动成果或工作成绩表示认同对员工产生的认同激励；等等。总之，激励员工的方式多种多样，每一种方式都是从各个不同的侧面对员工进行激励。管理人员要善于分析具体情况，灵活运用各种激励方式，有效激励员工。

4. 立足人员分类，优化激励机制

在前述内容中我们了解了许多激励理论和方法，但在实践中，我们常常发现没有办法用统一的方式去激励所有员工。因为不同类型的员工需求及动机等差异是如此之大，以至于一种激励方法有时效果明显，有时甚至适得其反。这就要求组织立

足实际，确定有效的激励机制。我国实施的人才强国战略，强调尊重劳动、尊重知识、尊重人才、尊重创造，实施更加积极、更加开放、更加有效的人才政策，很重要的一方面就是强调根据人才类型确定人才政策，以实现有效激励。

（1）了解需要，确定类型

了解员工的需要是一切激励措施的前提。不同类型的员工，其主导性的需要是不同的。管理者在实践中应该根据不同层次的需要，采取相应的激励措施，以引导和控制员工的行为，使之与企业的或社会的需要相一致。企业应该把了解员工需要作为一项重要的工作来进行，并且采取一些科学的调查手段，不能仅仅限于谈心、观察等经验性手段。越来越多公司开始重视也更相信科学，把员工需要调查作为一项重要议题来进行。

（2）因人激励，保证实效

分析组织人员构成时，很容易发现大多数组织人员构成都不单一，越是大型组织，人员构成越是复杂，知识型与非知识型员工、管理层与非管理层、长期工与临时工等，几乎都同时存在于一个组织中。只有具体分析不同类型员工的特点，设计侧重点不同的激励机制，才能发挥激励作用。例如，专业性的知识型员工一般报酬较高并喜欢自己的工作，他们喜欢处理问题并找到解决办法，也看重支持，想让其他人认为他们正在从事的工作是重要的。因此对这类人来说，金钱和晋升这类外部激励措施就不是最佳选择。他们工作中的主要奖励是工作本身，即给他们提供不断发展的、有挑战性的工作，给他们一定的自主权去满足他们的兴趣，允许他们以自己认为有效的方式工作，提供给他们更多受教育的机会，如专题讨论会、参加会议，使他们了解其专业领域的发展。

（3）创设环境，激发热情

给员工创造一个良好的工作环境，提高员工满意度，无疑会激发员工的工作热情，促使其充分发挥自身才能，从而给公司带来效益。良好的环境既包括物质环境，也包括精神环境。针对上述需求，有关专家认为可以通过加强员工规范化管理及人性化管理来实现，如明确岗位职责和岗位目标；做好设备和办公用品的管理；加强管理沟通，建立反馈机制；进行书面工作评议；完善职务升迁体系等。

华为的员工股权激励

自1987年创办以来，华为技术有限公司（以下简称华为）已从30年前初始资本只有2.1万元人民币的民营企业，发展成为世界通信设备产业的领军者，并跻身世界500强，其5G技术的崛起改变了全球电信行业的"生存规则"。数据显示，2018年华为提交了5 405份专利申请，超过了高通和英特尔，首次位居全球第一。华为为什么会取得这样的成就？许多学者都聚焦在由原始股到虚拟受限股再到虚拟股逐步升级趋向劳动激励的股权激励制度。

早期，华为出于融资和激励目的，允许员工以极低的价格（每股1元）认购股票，并按照计划将税后利润的15%作为红利，激励对象涉及公司满一年的所有员工。中期，华为开始实施虚拟受限股和饱和股（即虚拟股）的股权激励模式，从"普惠制激励"转向"重点激励"，持股员工按照公司净资产的增值部分获得与期权相对应的红利。后期，为稀释老员工所持股份和资本分红，华为激励员工成为长期"奋斗者"，推出长期激励计划，即"时间单位计划"或"基于员工绩效的利润分享和奖金计划"（简称TUP）。在TUP计划下，员工无须出资购股，以5年为一个周期，凭借劳动贡献自授予之日起5年可享有收益权。TUP虚拟股分红来自企业营业利润，在分配顺序上，TUP分配优先于虚拟受限股分红。

伴随华为的持续发展，全体员工通过员工持股制度获得了相应的物质激励。从2016年至2018年，华为的股东权益回报率分别达到26%、27%和25%，员工的分红也相当丰厚。通过实施员工持股制度，企业利益与员工利益形成命运共同体，这也进一步夯实了华为集体奋斗、集体创新精神的物质土壤。面对企业发展过程中的困难，华为员工在高层的积极倡导下通过提升集体创新力进而化危机为机遇。全员持股的制度创新使华为形成了非凡的企业凝聚力。

◎案例分析：华为推行的全员持有虚拟股权的集体劳动激励制度及共同分享企业剩余利润的分配方式，体现了社会主义经济实践过程中的中国特色，促进了企业创新力的提升，推动了华为企业的不断创新与发展。

思辨探究：结合华为的员工持股制度，查阅资料并分析我国企业，特别是公司制企业股权激励制度方面的创新。

话题互动

组织关心激励的重要原因在于他们关心如何从员工那里得到最大的回报，于是管理者总是把报酬和生产效率联系在一起。有人认为这是在利用管理权使别人以自己希望的方式行动，是对员工的操纵、诱导；另一些人却认为这只是组织运行中各司其职的分工合作。请结合相关知识辩证思考。

5.4

劳动与组织文化

资源是有限的，唯有文化才能生生不息。组织文化是劳动组织的团队文化，体现着组织整体的目标追求、精神面貌、价值取向等。劳动者融入组织文化，了解组织理想、培养组织凝聚力、提升组织道德、净化组织风气、推动组织劳动条件改善，不仅有利于劳动者实现劳动价值，也有利于加强组织团队共同体建设，形成团队合力。

劳动认知

1. 组织文化：劳动组织的团体文化

（1）组织是劳动者的集合体

组织是指完成特定任务的劳动者为了实现共同的目标而组合成的有机整体。它至少包含三方面信息：首先，组织是人的集合体，单个人不可能构成一个组织，只有两人及以上才有可能构成组织；其次，参加组织的人具有共同的目标；最后，组织有一定的结构，参加组织的人必须按一定的方式相互合作，共同努力，形成一个有机的整体。

随着时代的发展，组织的存在形态及运作方式都不断发生着变化，正式组织与非正式组织、实体组织与虚拟组织、机械组织与有机式组织共同存在。无论何种形式的组织，作为一个群体，其发展都要经过四个阶段的标准程序，组织才会越来越有效。这四个阶段分别是形成阶段、震荡阶段、规范化阶段和执行任务阶段（图5-4-1）。

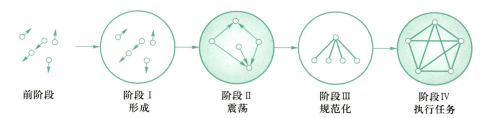

前阶段　　　阶段 I　　　　阶段 II　　　　阶段 III　　　　阶段 IV
　　　　　　 形成　　　　　 震荡　　　　　 规范化　　　　 执行任务

图 5-4-1
组织形成阶
段示意图

① 形成阶段

这一阶段组织的目的、结构、领导都尚未确定，组织成员各自摸索可以接受的行为规范，当群体成员开始把自己看作是组织的一员时，这个阶段就结束了。

② 震荡阶段

这是群体内部冲突阶段，群体成员接受了群体的存在，但对群体施加给他们的约束仍然予以抵制。

③ 规范化阶段

群体内部成员之间开始形成亲密的关系，表现出一定的凝聚力，产生强烈的群体身份感和友谊关系，群体结构稳定下来，群体对什么是正确的成员行为达成共识。

④ 执行任务阶段

群体结构已经开始充分发挥作用，并已被群体成员完全接受，群体成员的注意力已经从试图相互认识和理解转移到完成手头的任务。

群体发展阶段中所展示出来的由冲突、磨合到达成一致、形成共识的过程，也正反映了组织文化形成的过程。

（2）组织文化是组织成员的共识

组织文化是劳动组织在长期的生存和发展中形成的为组织多数成员所共同遵循的最高目标、基本信念、价值体系和行为规范，是理念形态文化、物质形态文化和制度形态文化的复合体。组织文化使组织独具特色，区别于其他组织。仔细观察的话，组织文化的内核实际上包含着组织重视的一系列关键特征，有七个方面的特征可以反映组织文化的本质：创新与冒险、注意细节、结果定向、人际导向、团队定向、进取心和稳定性（表 5-4-1）。每一个特点都表现为一个从低到高的连续带，从这些特征来评价组织就能得到组织文化的有机构成图。

表 5-4-1　认识组织文化本质的关键特征

组织文化的本质	关键特征
创新与冒险	组织在多大程度上鼓励员工创新和冒险
注意细节	组织在多大程度上期望员工做事缜密，善于分析，注意细节
结果定向	组织管理人员在多大程度上集中注意力于结果，而不是强调实现这些结果的手段与过程
人际导向	管理决策在多大程度上考虑到决策结果对组织成员的影响
团队定向	组织在多大程度上以团队而不是个人工作来组织活动
进取心	员工的进取心和竞争性如何
稳定性	组织活动中是维持现状而不是重视成长的程度

资料来源：罗宾斯.组织行为学　7版.2002.6

（3）组织文化是层次分明的有机体

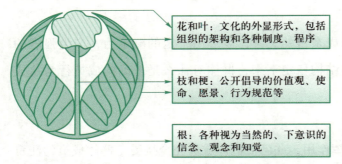

图5-4-2
组织文化的
睡莲模型

花和叶：文化的外显形式，包括组织的架构和各种制度、程序

枝和梗：公开倡导的价值观、使命、愿景、行为规范等

根：各种视为当然的、下意识的信念、观念和知觉

美国麻省理工学院的企业文化专家沙因提出描述组织文化的睡莲模型（图5-4-2）。

花和叶是文化的外显形式，是所能接触到的和感知到的企业文化，并在人们的心目中形成对企业最直接的认识，包括视觉识别、行为方式、组织的架构和各种制度、程序等；中间是睡莲的枝和梗，是各种公开倡导的价值观、使命、愿景、行为规范等，是维系企业价值观和员工价值观之间的桥梁；最下面是睡莲的根，是各种视为当然的、下意识的信念、观念和知觉。

这里员工的个人行为已经和企业价值观达成了统一，企业行为已经融入员工的潜意识中，员工的行为已经是自觉或无意识的，企业文化有效融合了员工价值观和企业价值观，使员工做到"知行合一"。

通过这个模型可以很清楚地看出，企业文化是有生命的有机体，而不是刻板的制度和空洞的说教。企业文化的培育、成长、成熟有其自身的生命轨迹，无论规模大小、行业类型、历史长短、盈利模式，任何企业建立企业文化都应当把它看成生命培育的过程，而不能借学习之名照搬其他企业的文化建设模式，就像你无法从别人的身体上复制供你成长的生命基因一样。

（4）组织文化助力形成劳动者质的规定性

文化环境是组织人力资源开发和成长的重要外部条件，它在一定程度上决定了劳动者在质上的规定性。具体而言，组织文化为解决组织目标与个人目标的矛盾、领导者与被领导者之间的矛盾开辟了一条现实可行的道路。

首先，组织文化具有导向作用，把组织成员的行为动机引导到组织目标上来；其次，组织文化具有规范作用，规章制度构成组织成员的硬约束，而组织道德、组织风气则构成组织成员的软约束，无论硬或软的规范，都以群体价值观作为基础；再次，组织文化是组织成员的粘合剂，把各个方面、各个层次的人都团结在组织目标的旗帜下，并使个人的思想感情和命运与组织的命运紧密联系起来，产生深刻的认同感；最后，组织群体价值观会带来组织利益和个人行为的一致、组织目标与个人目标的结合，因此在满足物质需要的同时，能够使成员收获满足感、成就感和荣誉感等精神需要，从而产生深刻而持久的激励作用。

2. 创造组织文化

（1）宏微观影响因素：创造组织文化的线索

了解组织文化的影响因素对于我们追根溯源，了解组织文化形成、发展与演变的过程提供线索，并帮助我们改造旧的组织文化，塑造新的文化。组织文化的影响因素有以下五点：

第一，民族文化因素。处于亚文化地位的组织文化植根于民族文化的土壤，这使得组织的价值观念、行为准则、道德规范等无不打上了民族文化的深深烙印。民族文化对组织的经营管理思想、经营方针、经营战略及策略等也会产生深刻的影响。

第二，制度文化因素，包括宏观政治制度和经济制度。组织文化的核心是要形成具有强大内聚力的群体意识和群体行为规范。由于社会制度不同，不同国家的组织所形成的组织文化也有所不同。

第三，外来文化因素。严格地说，从其他国家、其他民族、其他地区、其他行业、其他组织引进的文化，对于特定组织而言都是外来文化，这些外来文化都会对该组织文化产生一定的影响。

第四，组织传统因素。组织文化的形成过程，也就是组织传统的发育过程。组织文化的发展过程，在很大程度上就是组织传统去粗取精、扬善抑恶的过程。

第五，个人文化因素，是指组织领导者和员工的思想素质、文化素质和技术素质对组织文化的影响。尤其是组织的最高目标和宗旨、价值观、组织作风和传统习惯、行为规范和规章制度，在某种意义上，都是组织领导者价值观的反映。

（2）员工需求层次变化：组织文化关注的重点

随着生产力水平的提高和经济的发展，人们的收入水平和生活质量逐步提高，温饱问题基本解决，获得收入已不再是人们劳动的唯一目的，人们开始追求更高水平的精神生活。与此同时，随着教育的发展和普及，职工队伍的文化层次迅速提高，知识型员工的比例逐步增加，人们除了希望满足物质的需求之外，更追求在社会群体中的归属感、认同感、自尊感和成就感，希望实现自我价值（图5-4-3）。

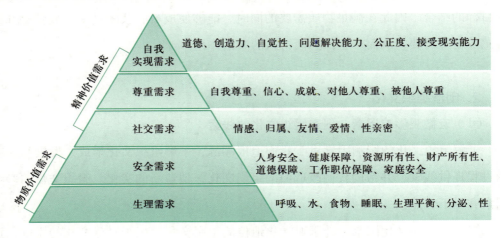

图5-4-3
员工需求层次变化

对于解决了温饱问题、需求层次提高的员工，满足其生理需求和安全需求的物质激励杠杆也越来越乏力。根据按需激励的原则，设法满足职工的社交、尊重和自我实现的高层次精神需求，才是有效激励员工、提高其工作积极性和主动性的主要手段。因此，加强企业文化建设至关重要。

（3）制度化：组织文化形成的关键

制度化是指组织的社会生活从特殊的、不固定的方式向被普遍认可的固定化模式转化的过程，它是组织发展和成熟的过程，也是整个社会生活规范化、有序化的变迁过程。制度化的具体过程可概括为：

第一，确立共同的价值观念。通过宣传教育，树立一致的价值取向，加强个人对组织的认同，并将其人格融入组织之中，以增强群体的凝聚力。

第二，制定规范。根据共同价值需要而制定的规范，把人们的行为纳入相同的固定模式之中，它注重的是标准的普遍性。

第三，建立机构。规范的实施要由组织机构保证，制度化过程也是组织机构建立和健全的过程。

组织的制度化运作使组织成员对恰当的、有意义的行为有了共同的理解，因此一个组织的制度具有了持久性之后，可接受的行为模式对组织成员来说就不言而喻了，事实上这正是组织文化发挥的作用。

（4）新员工社会化：组织文化保持活力的源泉

组织文化一旦形成，就应渗透到员工甄选方案、绩效评估标准、奖惩措施、培训以及晋升过程当中，通过给员工提供一系列相似的经历，维系组织文化的存在，保持组织文化的活力。然而无论组织的人员甄选和录用工作做得有多好，总是存在新员工对组织文化不太熟悉的状况，容易干扰组织已有的观念和习惯，因此组织要帮助新员工适应组织文化，这个适应过程就是新员工社会化的过程。

社会化的过程可概括成三个阶段：原有状态阶段、碰撞阶段、调整阶段（图5-4-4）。第一阶段包括新成员进入组织之前的所有学习活动；第二阶段，中心成员看到了组织的真实面目，并可能面对着个人期望与现实相脱离的问题；第三阶段，相对长期的变化发生了，新员工掌握了工作所需技能，成功地扮演了自己的新角色，并且调整自己，适应了工作群体的价值观和规范。这三个过程会影响新员工的生产效率及对组织目标的承诺，最终会影响员工是否留在组织内的决定。

3. 实践中的组织文化

（1）了解组织文化的类型

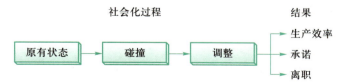

社会化过程　　　　　　　　　　　　　结果

原有状态　→　碰撞　→　调整　→　生产效率
　　　　　　　　　　　　　　　承诺
　　　　　　　　　　　　　　　离职

图5-4-4
新员工社会化过程示意图

美国学者杰弗里·桑南菲尔德通过对组织的研究，确认了四种组织文化类型：

学院型、俱乐部型、棒球队型和堡垒型。

① 学院型

学院型组织是为那些想全面掌握每一项新工作的人准备的，在这里他们能不断地成长进步。这种组织喜欢雇用年轻的大学毕业生，为他们提供大量的专业培训，然后指导他们在特定的职能领域内从事各种专业化工作。

② 俱乐部型

俱乐部型组织非常重视忠诚感和承诺。在这类组织里，资历是关键因素，年龄和经验都至关重要。与学院型组织相反，这种组织把管理人员培养成通才。

③ 棒球队型

这种组织是冒险家和革新家的天堂，它们喜欢从不同年龄和经验的人中寻找有才能的人，根据员工产出状况付给他们报酬。由于它们对工作出色的员工给予巨额奖酬和较大的自由度，员工一般都拼命工作。

④ 堡垒型

堡垒型组织着眼于组织的生存，许多这类组织以前是学院型、俱乐部型或棒球队型的，但在困难时期衰落，现在尽力来保存自己尚未被销蚀的财产。这类组织工作安全保障不足，但对于喜欢流动性和挑战的人来说是很好的选择。

桑南菲尔德认为，许多组织不能纯粹明晰地归类于以上四种文化类型中的某一种，因为它们拥有混合型的组织文化，或者它们正处于转型之中。同时，这四种不同的文化类型能够吸引不同个性的人，员工个性与组织文化的匹配程度，影响着一个人在管理层级上升迁的高度和难易程度。

（2）我国的几种典型企业文化

企业文化理念于20世纪80年代引入中国，后逐渐受到企业的广泛关注。植根中华优秀传统文化的沃土，在弘扬社会主义先进文化的基础上借鉴外部理论经验，我国企业逐渐探索出了适合中国国情、符合自身发展需要的企业文化，形成了特色鲜明的几种典型企业文化。

① 狼性文化

狼性文化是指将狼野性的特质变通为一种拼搏的精神运用到事业之中。狼性文化重视团队协作，推崇不抛弃、不放弃的执着精神，以及克服困难的勇气等。对于崇尚狼性文化的企业来说，企业发展就是要发展一批具备狼之特性的员工，使其具备敏锐的嗅觉，不屈不挠、奋不顾身的进攻精神，群体奋斗的意识。

华为是崇尚狼性文化的企业之一，华为的"狼性文化"可以用这样的几个词语来概括：学习、创新、获益、团结。学习和创新代表敏锐的嗅觉，获益代表进攻精神，而团结则代表群体奋斗精神。

② 人本型文化

人本型文化是企业在生产经营过程中，以人为承载体而形成的文化观念。它要求以企业的管理哲学和企业精神为核心，为员工创造可持续发展的成长环境，凝聚员工归属感、积极性和创造性，而员工的全面成长，也将为企业发展蓄备强大后续动力。

人本型文化是我国很多企业尤其是国有企业文化建设的共同目标。广大员工是企业利益的创造者，同时也是企业发展的最终受益者。企业发展的根本目的就是维护广大员工的根本利益。企业文化坚持以人为本，不仅要满足员工生存的需要，还要满足其安全、享受和发展的需要；不仅要满足其物质生活需要，还要满足其精神文化需要。企业要保障员工的各方面权益，不断提高广大员工的思想道德素质和科学文化素质。

③ 应变型文化

应变型组织文化认为，只有那些能够使组织适应市场经营环境变化，并在这一适应过程中领先于其他组织的文化，才会较长时间与组织经营业绩相互联系。

张瑞敏曾说过，没有成功的企业，只有时代的企业。海尔的应变文化是一整套随着时代发展并与企业自身发展相适应的观念体系。比如海尔的创新文化在不同时期会不断调整：海尔早期的创新是克服困难、解决问题，后来海尔又提出开放式创新。当其他家电企业注重生产销售时，海尔提出质量口号；当其他家电企业发展批发网络时，海尔建立了全国服务体系；当其他家电企业试图进行行业垄断时，海尔走了多元化的路子。应变型文化推动了海尔在业务上的不断优化。

4. 融入组织文化，实现劳动价值

（1）对接组织理想，激活劳动动力系统

组织理想是组织文化的重要内容，深刻影响着组织中每一位劳动者个人理想目标的确定。根据行为科学原理，劳动者高效率工作的强烈欲望来自本身的动力系统

（图5-4-5）。人的劳动大体上由物质需要和精神需要驱动，由此人的动力系统大体上可以划分为物质动力和精神动力两部分。个人需要是动力的本源，而动机是动力

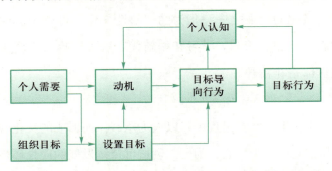

图5-4-5
劳动动力
系统

的主流，需要产生动机，动机导致行为，组织目标对动力系统起着重要的作用。

（2）借助组织凝聚力，提升劳动归属感

建立在劳动者群体价值判断共识基础上的群体价值观，不仅能有效制约个体的价值取向，促进个人目标自觉趋向组织目标，也能形成职工之间的吸引力，实现职工之间个人目标的整合，最终使得组织内部"志同道合"的程度越来越高，行为一致性越来越强，形成强大的组织凝聚力。

国内外大量优秀企业的实践证明，在强大的组织凝聚力下，广大劳动者"爱厂如家""厂荣我荣，厂衰我耻"的主人翁意识明显迸发，形成强烈的组织认同感和归属感。

（3）优化道德风尚，打造和谐劳动关系

作为组织文化的重要组成部分，组织道德对于调整组织内部和外部劳动关系都发挥着不可替代的显著作用，主要表现在三个方面：

一是调节员工与员工之间的关系，也包括管理人员与员工的关系，其在一定程度上决定着组织的内部人际关系；二是调节员工与组织之间的关系，其影响员工对组织的向心力和组织对员工的吸引力；三是调节组织与社会之间的关系，包括组织与不同层次公众的关系、与传播媒介的关系、与社区的关系等，其塑造组织的公众形象，影响着组织的公共关系。

（4）改善物质环境，促进劳动者成长

组织的物质环境包括组织建筑，自然环境，生产、科研、教学、文体设施，组织标识、旗帜、服装，以及组织纪念画册和纪念品等。这些物质环境是人为选择和营造的，久而久之便成为组织观念的载体。在人与环境的交互作用中，发挥着环境

对人的感染和教化功能。

当大学生在校园漫步，总会被周围琅琅的读书声所感染，被图书馆深夜通明的灯光所吸引，继而产生奋发图强的豪情；当我们走在一尘不染的街道，不仅会对清洁人员的勤劳感到感谢，同时也会谨慎地约束自己的行为，督促自己养成良好的卫生习惯。这就是环境的教化功能。

当组织用心为员工设计、营造良好的物质环境时，劳动者身处其中，潜移默化间就会养成良好的行为习惯，接受先进的劳动方法。

案例品鉴

鞍钢精神铸就冶金人的强国梦

七十多年前，鞍钢在一片废墟上起步。当时，国内年产钢不足 10 万吨，还不够每家每户打一把菜刀。从厂房内设备残缺到炼出第一炉"争气铁"，鞍钢最先挺起了国家建设的钢铁脊梁，掀开了新中国钢铁工业发展的崭新一页；从中国首颗原子弹、中国首艘航空母舰辽宁舰所用的特种钢，到神州十一号载人飞船的航空材料，鞍钢展现着大国钢铁的雄厚实力。在几代冶金人矢志不渝追求钢铁强国梦的过程中，鞍钢精神始终发挥着重要作用。

鞍钢精神是鞍钢始终要发扬光大的最宝贵精神财富。中华人民共和国成立初期，鞍钢模仿苏联实行"马钢宪法"，实行集权化管理，搞物质刺激，依靠少数专家和烦琐的规章制度，不依靠群众进行技术革命。但是，随着中国社会主义建设的快速发展，这一管理模式与中国国情渐行渐远。

"一五"计划期间，鞍钢矿山生产告急，年轻的高级技工、革新能手王崇伦刻苦攻关，用一年时间完成了 4 年 1 个月零 17 天的工作量，他发明的"万能工具胎"使工作效率提高了 6 倍以上。

具有强烈创新精神的鞍钢人，在实践中逐渐突破"马钢宪法"的束缚，形成了"两参一改三结合"的生产管理模式，即干部参加劳动，工人参加管理，改革不合理的规章制度，在技术革新与改造中注意领导干部、工程技术人员与工人三者的结

◎案例分析：每一种组织文化的形成都有其独特的历史经纬。不同社会制度、时代特色下，组织文化各具特色。我国企业在发展历程中形成的独特的优秀企业文化，为世界其他国家企业发展提供了重要借鉴。

合。毛泽东同志将其称为"鞍钢宪法"，作为管理社会主义企业的原则在全国范围内推广。多年来，鞍钢人始终坚持传承和弘扬"鞍钢宪法"，不断赋予其新的时代内涵。

在这个过程中，"爱厂如家、艰苦奋斗的主人翁觉悟，舍己利人、甘于付出的奉献精神"逐渐成为企业的光荣传统，鞍钢精神也逐渐形成。

七十多年来，鞍钢先后涌现出各级劳动模范、道德模范、精神文明标兵10 400多人，典型遍地开花，就在每个工友身边，成为大家时时争先、处处争优的最有效带动因素。

思辨探究：改革开放以来，我国企业在探索发展之路、完善组织管理的过程中，有时会存在"外来和尚会念经"的误区，生搬硬套外国模式。结合案例思考，我国企业如何创建真正属于自己的优秀组织文化？

话题互动

当今社会，"90后"、"00后"劳动者逐渐成为劳动大军的重要组成部分。这些新生代身上有着不同以往的突出特质：自我认知高、崇尚平等和自由、渴望得到关注、排斥压力等。这些特质与当前组织文化形态的冲突导致新生代对组织认同感不强、离职率高等问题出现。请从组织文化建设角度分析，企业应如何应对这些新变化？

专题五
交互测试

拓展实践

"金钱能不能激励人"辩论赛

1. 实践主题

认识新时代金钱发挥激励作用程度的辩论和自我认识。

2. 实践目的

通过"金钱能不能激励人"的辩论，厘清在大众普遍追求更美好生活的新时代，金钱对当今劳动者发挥激励作用的程度，更好地理解劳动组织管理过程中对应劳动者需要规划管理机制的重要性；并通过自我反思，内省对自己激励最大的因素，明确自身努力劳动的初衷。

3. 实践内容

（1）辩论环节

辩题：金钱能不能激励人。（正方：金钱足够激励大多数人；反方：金钱不能激励今天的大多数员工）

步骤：

① 布置辩题：将班级同学分两组并选取小组长负责组织本组辩论准备工作（确定组员分工、选取上场辩手等），抽签确定正反方，确定辩论程序规则、辩论时间等；

② 辩论准备：两组各自了解辩论知识、查阅资料、确定辩手，教师给予辩论指导；

③ 正式辩论。

（2）自我认识环节。结合辩论过程讨论问题："什么能激励你自己？"并撰写心得体会。

4. 实践要求

广泛动员、严密组织、全员参与。

5. 实践评价

保证辩论参与度，注重辩论总结，结合所学深入思考。

参考文献

［1］斯蒂芬·P. 罗宾斯.组织行为学［M］.7版.北京：中国人民大学出版社，2002.

专题五
拓展阅读

［2］吴照云.管理学［M］.3版.北京：经济管理出版社，2000.

［3］吴春波.回到原点［M］.北京：现代出版社，2004.

［4］张德.人力资源开发与管理［M］.2版.北京：清华大学出版社，2002.

［5］刘梦岳.人类劳动形态与功能的三次大变迁——关于劳动演化史的研究［J］.山西大学学报（哲学社会科学版），2009，32（06）：29-34.

［6］刘爱文，王碧英.资本主义生产组织模式的演进与创新［J］.当代经济研究，2015（07）：27-35.

［7］沙健孙.马克思恩格斯关于原始社会历史的理论及其启示［J］.思想理论教育导刊，2016（07）：4-16.

［8］高屹.如何提高虚拟团队的工作效率［J］.项目管理评论，2022，（01）：88-89.

［9］邵德春.如何利用沟通提高工作效率［J］.人力资源，2021，（24）：136-137.

［10］刘晓倩，吴圣奎.股权激励收益是否具有劳动报酬属性之法律认定：基于149个劳动关系相关股权激励判例的类案分析［J］.中国人力资源开发，2020，37（09）：87-100.

［11］张继平.跨越组织管理的文化鸿沟——评席敬《劳动关系和人力资源管理——跨国公司在华企业的跨文化障碍对比研究》［J］.三峡大学学报（人文社会科学版），2022，44（01）：117.

专题六
劳动与劳动精神

　　劳动是人类的本质特征之一，是人类社会生存和发展的基础。劳动精神是广大劳动人民在劳动过程中秉持的劳动观念、价值理念以及展现出来的劳动态度、精神风貌。本专题围绕崇尚劳动、辛勤劳动、诚实劳动以及创造性劳动四个方面展开，弘扬新时代劳动精神，阐述劳动和劳动精神的内涵和现实意义。一方面引导大学生养成踏实、勤奋、严谨的劳动品质，使其在劳动过程中成长、成才，从而实现人生价值；另一方面使学生深刻认识到唯有弘扬劳动精神，才能让劳动的涓涓细流汇聚成奋斗强国的磅礴力量，全面建成富强民主文明和谐美丽的社会主义现代化强国。

6.1

崇尚劳动

热爱劳动是中华民族的传统美德，更是新时代追求卓越、奋勇前进的精神力量。一粥一饭由劳动创造，诗和远方也由劳动实现，每个劳动者都是这个社会向前发展的推动者。习近平总书记指出，我们须牢固树立劳动最光荣、劳动最崇高、劳动最伟大、劳动最美丽的观念，让全体人民进一步焕发劳动热情、释放创造潜能，通过劳动创造更加美好的生活。

劳动认知

1. 尊重劳动

当今时代是竞争的时代、发展的时代，需要劳动、知识、人才和创造，需要切实尊重和保护一切有益于人民和社会的劳动，崇尚和学习一切有利于促进生产力发展的知识，爱护和培养一切为社会主义事业竭诚奉献的人才，鼓励和倡导一切有利于推动经济发展和社会进步的创造。同时，尊重劳动与尊重知识、尊重人才、尊重创造并列，是党和国家在全社会认真贯彻的一项重大方针。尊重劳动、尊重知识、尊重人才、尊重创造的核心是尊重劳动。尊重知识、尊重人才、尊重创造，与尊重劳动具有内在的、本质上的一致性，是尊重劳动的必然要求，尤其是现代社会劳动的必然要求。

（1）树立正确的劳动价值观

牢固树立尊重劳动的思想观念。对一切创造物质财富和精神财富的劳动、一切有益于人民和社会的劳动，都应该承认、尊重和保护，其中包括尊重其合法权利、实现其合理报酬以及给予应有的褒奖等。要尊重和保护一切有益于人民和社会的劳动，不论是体力劳动、脑力劳动还是简单劳动、复杂劳动，一切为我国社会主义现代化建设作出贡献的劳动都是光荣的，都应该得到承认和尊重。要在全社会大力倡导勤奋劳动、诚实劳动、创新劳动的良好风尚，继承中华民族崇尚劳动的传统美德，推动形成尊重劳动、鼓励劳动、保护劳动的浓厚氛围，让劳动绽放出更加璀璨的时代光芒。

尊重劳动者。尊重劳动必须落实到尊重劳动者这一命题上，因为劳动的主体是劳动者，知识的载体是劳动者，创造的主体是劳动者，人才也皆来自于劳动者。劳动没有贵贱之分，每一位劳动者都应该得到承认、受到尊重。只有尊重劳动者，才能把尊重劳动具体化，才能充分调动一切积极因素，激活各种劳动资源，为中国特色社会主义事业的发展提供不竭的力量源泉。因此，我们要牢固树立热爱劳动、尊重劳动者的思想，抵制不劳而获、歧视劳动者的行为，尤其是抵制歧视体力劳动者的错误思想。与此同时，要尊重劳动者，特别是基层一线劳动者，切实保障劳动者的经济、政治、文化、社会、生态文明权益，使劳动者实现体面劳动，促进劳动者的全面发展。

尊重劳动价值。尊重劳动就要尊重劳动的价值，因为劳动能够创造经济效益，推动社会发展。尊重劳动要通过提高劳动者的待遇来实现。财富的形成是多种要素共同作用的结果，但劳动是其中最为重要、最为活跃、最有创造力的要素，是最主要的源泉。要在收入分配中高度重视劳动要素，加快形成合理有序的收入分配格局，提高居民收入在国民收入分配中的比重，提高劳动报酬在初次分配中的比重，实现劳动报酬增长与劳动生产率提高同步，使劳动力价值得到公平合理的确认。

（2）形成"劳动光荣、技能宝贵、创造伟大"的时代风尚

劳动光荣。新时代大学生应当把肯定劳动主体地位与作用作为基本要义，理解"劳动最光荣"的要义。劳动者是人民群众的主体部分，承担着创造社会物质财富和精神财富的历史责任，新时代大学生应当重视和尊重、肯定和崇尚劳动，其内在必然要求就是肯定劳动者的主体地位与作用。"劳动最光荣"是一种积极的劳动伦理价值观，它的价值向度就是对劳动者主人翁地位的肯定。我们应当平等看待劳动者，劳动不分贵贱，任何职业都很光荣。

我们提倡"以辛勤劳动为荣，以好逸恶劳为耻"的劳动荣辱观，尊重真抓实干的诚实劳动者、埋头苦干的辛勤劳动者、改革鼎新的创造性劳动者，任何劳动者的劳动都是有尊严的劳动、幸福的劳动，都值得我们敬佩和尊重。

技能宝贵。信息化、数字化、智能化正在改变着制造业的格局，机器代替手工成为趋势，人工技能面临巨大挑战。但这并不表明人工的技能没有了存在价值。面对社会上对技术工人的各种质疑，大国工匠高凤林坚定地提出，任何先进技术都是手臂的延伸，科技如何发展都不能替代人们劳动的双手。如果说，科学家是"做梦"的人，那么技术工人的职责就是把梦想变为现实。

我们不否认机器尤其是智能机械在很多领域对劳动力的替代价值以及对劳动的解放作用。但人是活的，机器是受人控制的。面对复杂多变的作业，人可以根据变化的环境灵活处理各种问题，机器的各类关键程序调整也需要人来完成。尤其对于小批量产品以及一些高精尖的仪器、设备的生产，高技能的工匠是机器无法替代的。所以，技术工人的卓越技能不会过时无用，只要与时俱进，它便有着独特的宝贵价值。

创造伟大。全面建设社会主义现代化必须坚持创新是第一动力。创造性劳动是加快实施创新驱动发展战略的重要路径，它是现代企业重要的竞争力，更是我国制造业转型升级的必要元素。创造性劳动体现在革新工具、创造新的工作法、改变流程、达到更高水平的操作技能等多个方面。创造性劳动可以带来工作效率的提升，降低运营成本，也可以解决新出现的问题，更多地体现工人阶级的价值。所有的技术进步都是创造性劳动的成果，所有的新产品也均来自创造性劳动。

创造性劳动值得提倡，更值得赞扬。人的创造力会随着经验与学识的积累而不断增强。每年各企业、事业单位都会涌现出大量的创新发明成果，为企业、行业乃至全社会带来巨大的经济效益和社会效益。这些成果的背后是那些善于创新的优秀工匠，他们以自己的勤劳和智慧创造着新的财富，也带领着更多的劳动者走上创造之路。

（3）感恩所有劳动者

我们享受着清洁的环境时，要感谢保洁工作者；我们迁入新居时，要感谢建筑工人；我们体验着便捷的出行时，要感谢司机……懂得感恩，就能以平等的眼光看待每一个生命，重新看待我们身边的每个人，尊重每一份平凡普通的劳动，也更加尊重自己的劳动。凡劳动者，都在靠自己的本领"吃饭"，他们付出了或体力、或脑力、或脑体结合，都耗费了一定的精力，而且都对社会的发展进步起到了积极的推动作用。我国每一次重大任务的完成和重大斗争的胜利，无一不凝聚着千万劳动者的心血与汗水。举世瞩目的红旗渠工程，是当年30万名林县（今林州市）人民在极其险恶的环境下，通过10年苦战，在悬崖峭壁上用双手一锤一铲开凿出来的；在抗击新型冠状病毒感染的斗争中，是无数医务工作者、疫情防控人员用一往无前、舍生忘死的拼搏遏制了蔓延的疫情，挽救了成千上万人的生命（图6-1-1）。

图6-1-1
劳动后小憩的抗疫工作人员

感恩是尊重劳动的情感体现，是人们获得幸福感的基本精神动力。正是每一个劳动者在各行各业的岗位上尽心尽责、辛勤劳动，才让整个社会物质充裕、运转有序、共享幸福。因此，我们应常怀感恩之心，尊重我们身边的每一个劳动者，尊重每一份平凡普通的劳动。

2. 弘扬劳动精神

（1）劳动精神的内涵

劳动精神是每一位劳动者在劳动过程中秉持的劳动态度、劳动理念及其展现出的劳动精神风貌。劳动精神是全体劳动者共同的精神财富。劳动精神是对广大劳动者劳动实践的高度肯定与科学总结，也是人类为了自身的幸福而不懈努力奋斗的实践结晶。人民创造历史，劳动开创未来，劳动是推动人类社会进步的根本力量。"劳动创造了人本身""劳动是唯一价值源泉""劳动创造财富、劳动使人幸福"等价值观念，积淀成为劳动者的精神力量。正是一代代劳动者的共同努力，创造了辉煌的人类历史，书写了人类家园的绚烂篇章。劳动精神在理念认知上表现为全社会尊重劳动、崇尚劳动、热爱劳动，在行为实践上表现为劳动者辛勤劳动、诚实劳动、创造性劳动，两者共同构成劳动精神的内涵。

在不同的社会形态下，由于对劳动的理解不同，劳动精神也有差异。在社会主义社会中，劳动者的劳动精神表现为"劳动光荣，劳动伟大"的劳动理念，"爱岗敬业，争创一流"的劳动态度，"淡泊名利，甘于奉献"的劳动品德，"艰苦奋斗，勇于创新"的劳动习惯。

（2）弘扬劳动精神的现实意义

劳动精神是对广大劳动者劳动实践的高度肯定。在革命、建设和改革中，广大劳动者展示了奋勇拼搏、艰苦创业的风采，成为激励一代又一代劳动者的强大精神力量。随着社会发展和科技进步，资本、知识、技术的力量凸显，人们对劳动的理解发生了很大变化，但劳动是唯一的价值源泉这一点始终都没有改变。从"乡村四月闲人少，才了蚕桑又插田"的农民，到"赧郎明月夜，歌曲动寒川"的工人；从彰显中华灿烂文明的四大发明，到凝聚中华民族智慧的四大名著；从模范的359旅把"烂泥湾"改造成"陕北好江南"，到英雄的农垦部队把戈壁滩打造成"塞北明珠"；从杂交水稻"禾下乘凉梦""覆盖全球梦"逐步推进，到航天工程"可上九天揽月"、航空母舰"可下五洋捉鳖"成为现实……因为劳动，我们拥有了历史的辉煌和如今瞩目的成就。提出和弘扬劳动精神，对进一步焕发广大劳动者的劳动热情、释放创造潜能，实现中华民族伟大复兴的中国梦，将产生重要的推动作用。

劳动精神是社会主义核心价值观的题中应有之义。践行社会主义核心价值观，要将爱国、敬业、诚信、友善作为个人行为准则，敬业就是对劳动的尊重、崇尚和热爱，就要做到辛勤劳动、诚实劳动、创造性劳动。从"要我劳动"转变为"我要劳动"，不仅是对马克思"劳动已经不仅仅是谋生的手段，而且本身成了生活的第一需要"理论的实践升华，更体现了劳动本身与人们幸福追求的一致性和耦合度。培养热爱劳动、辛勤劳动的社会风尚，需要加强对劳动者的帮扶和支持，提高劳动要素在初次分配中的占比，提高劳动者收入，让热爱劳动、辛勤劳动的人获得更多回报，让每一位劳动者都能用劳动开创美好未来，让每个人都能在劳动中体会快乐和成就感，从而提升劳动者幸福感。唯有如此，才能在全面建设社会主义现代化国家新征程中创造新的时代辉煌、铸就新的历史伟业。

（3）用劳动精神引导劳动实践

"纸上得来终觉浅，绝知此事要躬行。"除了树立正确的劳动观，懂得崇尚劳动、热爱劳动的道理之外，弘扬和发展劳动精神更重在实践、知行合一。大学生投身劳动实践，需要向身边的普通劳动者学习，通过日常生活劳动、生产劳动、服务性劳动等劳动实践，培养自己的劳动精神，大力弘扬时代新风，强化劳动者社会责任意识，做合格的劳动者和富有劳动精神的社会主义建设者与接班人。

劳动精神可以激励大学生立足实践、认识世界、探索真理，不断完善自我。因此，大学生除了要学习专业知识，还需要参与社会实践。青年大学生理解劳动精神，才能更好地了解世界，认识世界，在劳动的过程中才能探索真理，发现自身的不足和成长的空间，从而不断地去完善自我。通过劳动精神教育，可以让大学生养成踏实、勤奋、严谨的劳动品质，使其在劳动中成长、成才。

劳动精神可以引导当代青年艰苦奋斗，深刻理解"空谈误国、实干兴邦"的道理。当代青年要肯学肯干肯钻研，要立足岗位成长成才，在劳动中发现广阔的天地，在劳动中体现价值，并树立正确的择业观。劳动精神还能够提升劳动者服务社会、服务他人的奉献情怀和服务意识。青年一代是中华民族伟大复兴中国梦实现的主力军，我们需要从劳动精神中感知生活的本质，了解社会，明确未来奋斗的目标。在劳动精神的指引下，我们才能积极学习和提升技能，才能勇于创新，才能更好地去为社会服务。

3. 培育工匠精神

（1）新时代工匠精神的科学内涵

爱岗敬业的职业精神。爱岗敬业是爱岗和敬业的合称，二者互为表里，相辅相成。爱岗是敬业的基础，而敬业是爱岗的升华。爱岗，就是要干一行、爱一行，热爱本职工作，不能见异思迁，站在这山望那山高；敬业，就是要钻一行，精一行，要勤勤恳恳、兢兢业业、一丝不苟、认真负责地对待自己的工作。

精益求精的品质精神。精益求精是指一件产品或一种工作，在已经达到基本要求时还要做得更好，追求极致。精益求精的品质精神是工匠精神的核心，一个人之所以能够成为工匠，就在于他对自己产品品质的追求只有进行时，没有完成时，永远在路上。

协作共进的团队精神。当今时代的大多数技术都是一个复杂的技术系统，任何一个工艺都只是复杂技术链条上的一个环节，一个环节出现问题就会影响其他环节。因此，技术及产品开发需要各部门、各生产环节工人的相互协作、密切配合，发挥团队合作的力量，充分利用各方优势，以集体的力量来攻坚克难。

追求卓越的创新精神。当今时代，制造业发展一日千里，技术型人才需要传承传统技术和工艺，但又不能因循守旧、墨守成规，而是需要不断进行改进和创新，才能解决技术及产业发展中的新难题，以服务社会发展，满足人民日益增长的美好生活需要。

（2）培育工匠精神的现实意义

培育工匠精神是践行新发展理念的需要。新发展理念集中体现了我国的发展思路、方向和着力点，深刻揭示了实现更高质量、更有效率、更加公平、更可持续发展的必由之路。当前部分行业低端产能严重过剩，但中高端产能严重不足，生产与供给无法满足社会日益增长的中高端需求，导致出现大量购买力外流的现象。弘扬工匠精神，精心打磨产品质量，成为企业品牌锻造的必由之路。

培育工匠精神是加快转型升级的需要。制造业是国民经济的主体，是立国之本、兴国之器、强国之基。当前，我国制造业结构调整和转型升级的任务越来越紧迫，弘扬工匠精神，通过科技创新与技术创新推进制造业的质量升级、技术升级、产业升级，真正实现从量到质、从速度到效益、从旧动力到新动力的更迭转换，成为推动我国社会现代化进程的关键因素。

工匠精神指引着每一个劳动者的成长，践行工匠精神有助于当代大学生更好地实现自身的价值，培养自身的道德素质，践行社会主义核心价值观，从而助力企业的发展及我国制造业和服务业的前行。

（3）在实践中传承工匠精神

我们身边总有一些人，他们执着、坚守，对自己的工作和产品精雕细琢，拥有精益求精的匠心（图6-1-2）。例如，见证高铁技术从"追赶者"变为"领跑者"的李万君；一生只守一架琴，甘守清贫的巫漪丽；潜心21年苦

图6-1-2
精益求精的
匠心

206

心钻研成"土专家"的铁轨工匠信恒均；在故宫里思考10年，修复2年，让古钟出尘现光华的王津……他们都是工匠精神的传人。

今天，我们要向他们看齐，学习他们追求卓越的精神，学习他们执着细节的态度，学习他们坚持不懈的毅力……高校大学生要通过岗位实习、毕业设计、社会兼职、社会服务等，深入实地接触一线劳动者，在劳动过程中不断探索、创新，践行工匠精神，练就一身真本领，掌握一手好技术，将来逐渐成长为高技能人才、大国工匠、能工巧匠，为全面建设社会主义现代化国家提供有力保障。

案例品鉴

砌墙砌成人大代表的农民工邹斌

邹彬，1995年出生在湖南省娄底市新化县一个普通农民家庭。他是一个地道的农家子弟，甚至在大人眼中还是个"不着调"的捣蛋鬼，初中没毕业就辍学在家。刚满18岁时，父亲交给他一把砌刀，将他带到工地上，教他吃饭的"家伙事"。从此，砌墙就成了父子俩"吃饭"的手艺。跟着父亲在建筑工地上打工，干的是最苦最累的泥瓦匠，每天和灰浆、担泥沙、挑砖头……工地上的活又脏又累，有那么一段时间，邹彬不大愿意提起自己的工作，怕别人说他没出息。

然而，同样是砌墙，别人偷懒他钻研努力，他砌出的墙体砂浆饱满度、灰缝垂直度高于普遍水准。邹斌丝毫不放松对自己的要求，每次都认认真真完成，发扬"匠人精神"，追求艺术高度，争取把每一堵墙都砌得横平竖直、美观好看、漂亮大方。工友们常开玩笑，说他不是在搞砌筑，而是在搞艺术。

正是因为本身技术过硬，有精湛的砌墙技术，机遇终于光顾了有准备的人，2014年，邹彬在中建五局工会组织的"超英杯"劳动技能竞赛中脱颖而出。同年7月，邹彬代表中建集团参加第43届世界

◎案例分析：邹斌用一把小泥刀开辟出了人生发展的新境界，走出了个人成功的奋斗史，他用自己的平凡谱写了一曲"劳动最光荣"的赞歌。在他身上我们看到了爱岗敬业、争创一流的劳动态度，精益求精、追求卓越的匠人品质。三百六十行，行行出状元。作为新时代的大学生，不管学什么专业，只要心中有梦想，秉持踏实努力的劳动价值观，不断发扬追求进步的劳动精神，就能在劳动中实现自己的人生价值。

技能大赛中国选拔赛，以第一名的成绩进入国家集训队。过五关斩六将的邹斌凭着不服输、不放弃的"拼劲"，最终获得了第43届世界技能大赛唯一一个中国参赛名额并获得优胜奖，实现了中国在砌筑组"零"的突破。

载誉归来，邹彬成为项目质量管理员，还获得湖南"十行状元、百优工匠"的称号。2018年1月，23岁的邹斌当选第十三届全国人大代表。2018年6月9日，邹斌当选湖南省直工会兼职副主席，成为省直工会最年轻的领导班子成员。

（资料来源：新浪看点，有删改）

思辨探究：有人说劳动就是为了挣钱，养家糊口；有人认为劳动的意义在于为社会的进步作贡献；还有人说劳动是人自身发展的需要。那么，劳动的价值和意义究竟是什么呢？请结合邹斌的案例谈谈你的理解。

话题互动

即便从事同样的工作，有的人不思进取，有的人精益求精。当今社会节奏更快，更易使人心浮气躁，追求"短、平、快"，从而忽略了产品的品质灵魂。然而，只有践行工匠精神，才能在长期的竞争中获得成功。你如何看待当今社会追求"短、平、快"与践行工匠精神之间的矛盾？

6.2

辛勤劳动

人生在勤，勤则不匮。辛勤劳动是诚实劳动、创造性劳动的基本前提。随着经济社会的不断发展，劳动方式也许会发生变化，但劳动的意义和价值绝不会变，"以辛勤劳动为荣、以好逸恶劳为耻"的社会风尚永不过时。辛勤劳动是中国人的鲜明内在品质，更是新时代中国人民创造更加幸福美好生活的基础。作为21世纪的大学生，我们应传承弘扬中华民族热爱劳动、辛勤劳动的传统美德，用自己勤劳的双手创造幸福美好的生活。

劳动认知

1. 辛勤劳动的内涵

辛勤劳动，既有"辛"也有"勤"。在新时代，辛勤劳动的内涵有勤学、勤劳和务实三个方面的内容。

（1）勤学

勤学强调的是锐意进取、勤勉为人。"欲得真学问，须下苦工夫。"一名劳动者要想有所作为，就应当树立终身学习的理念，立足岗位，向师傅、向同事、向书本、向实践学文化、学科学、学技能、学知识，增强自身综合素质，增长新本领，不断提升自我，积极应变，主动求变，与时俱进。

（2）勤劳

勤劳强调的是脚踏实地、奋发干事。"艰难困苦，玉汝于成"，习近平用这句古语形容了改革开放40年来中国的风雨历程和辉煌成就，我们40年来取得的成就不是天上掉下来的，而是全党全国各族人民用勤劳、智慧、勇气干出来的。回溯历史，任何一点进步、任何一次成功都是由人民的艰苦奋斗、辛勤劳动创造出来的。越是美好的未来，越需要我们不畏艰辛、不辞辛苦。新时代面对各种新挑战，我们需要苦干笃行，愈挫愈奋。

（3）务实

务实劳动是人类社会实现发展的根本途径，人类在遵循客观规律的基础上能够充分发挥主观能动性，将自身劳动能力和任何生产资料相结合，生产出满足社会需要的劳动产品，创造出巨大的物质财富和精神财富，这些都为人类社会发展奠定了坚实基础。人们只有以务实遏制虚浮，勇于直面矛盾，善于解决实际问题，才能收获美好生活，推动社会进步。

2. 辛勤劳动的必要性

中华民族自古以来在中华大地上辛勤耕耘，靠自己的辛勤劳动摆脱了愚昧，创造了辉煌的五千年中华文明，形成了博大精深的中华劳动文化。习近平总书记指出，我们决不可抛弃中华民族的优秀文化传统，恰恰相反，我们要很好传承和弘扬，因为这是我们民族的"根"和"魂"，丢了这个"根"和"魂"，就没有根基了。

（1）辛勤劳动是我国宪法和道德的要求

我国《宪法》第二十四条规定："国家倡导社会主义核心价值观，提倡爱祖国、爱人民、爱劳动、爱科学、爱社会主义的公德。"第四十二条规定："中华人民共和国公民有劳动的权利和义务。……劳动是一切有劳动能力的公民的光荣职责。"辛勤劳动作为整个国家和民族都必须始终坚持的传统美德，任何时代都不会过时。全面建设社会主义现代化国家，需要的不是空想，而是务实；不是口号，而是行动。如果不辛勤劳动，而是想要不劳而获，不仅违背法律原则，也不适应社会道德要求。

（2）辛勤劳动是实现个人价值的需要

劳动创造是人生价值的源泉，劳动使人生不断完善，造就"全面发展的人"。马克思认为，教育与生产劳动相结合是改造资本主义社会的强有力的手段，是造就全面发展的人的唯一方法。由此可见，教育与生产劳动相结合不仅指向社会的解放，也指向人的解放，是个人价值与社会价值的统一。青年通过辛勤劳动，既可以加强自我教育、实现个人价值，又可以创造财富、实现社会价值（图6-2-1）。辛勤劳动是一个人在身体、智识和道德上臻于完善的动力源泉及实现个人价值的重要路径。人生的价值有两个方面：个人对社会的责任与贡献以及社会对个人的尊重和满足。没有个人的创造和奉献，哪来个人的尊严和满足？而个人对社会的责任和贡献，是通过人的辛勤劳动来实现的。一个人为社会创造的物质精神财富越多，人生价值就越丰富。劳动的过程，就是实现人生价值、创造社会价值的过程。"撸起袖子加油干"的"因劳获义"精神是中国特色社会主义新时代为人们实现美好生活提供的最根本价值依据和价值导向，是新时代青年追求美好生活与获得劳动幸福的价值统一。

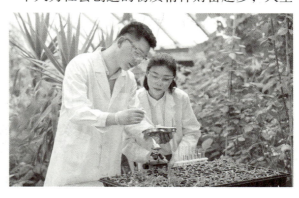

图6-2-1
辛勤劳动实现个人价值与社会价值

（3）辛勤劳动是实现中华民族伟大复兴的需要

劳动是推动人类社会进步的根本力量，全党全军全国各族人民同心同德，开拓进取，用辛勤劳动创造中国人民的美好生活、创造中华民族的美好未来，继续同世界各国人民一道构建人类命运共同体。在全球化时代，中国要和世界各国和各地区的人民共同劳动、合作共赢，以辛勤劳动创造更加美好的世界。毛泽东同志在我国社会主义制度建立之初曾呼吁人民要"用自己的双手创造出一个富强的国家"。勤劳的中国人民正是通过自力更生，艰苦奋斗，才建成了繁荣富强的中华人民共和国。我们实现个人理想需要辛勤劳动，构建人类命运共同体、谋求世界和平和共同发展需要辛勤劳动，实现第二个百年奋斗目标和实现中华民族伟大复兴的中国梦更需要所有劳动者的辛勤劳动。

3. 践行辛勤劳动

（1）以辛勤劳动为荣，以好逸恶劳为耻

体力劳动和脑力劳动都是光荣的。衡量劳动力的价值，是看个人为社会所做贡献的大小。劳动没有高低贵贱之分，不管从事何种类型的劳动，都要脚踏实地和真抓实干。辛勤劳动的人，不管从事的是何种职业，也不论其社会地位如何，都是光荣的，因为他们在尽其所能地为社会创造着财富。当代青年要大力倡导辛勤劳动，将其发扬光大，要明荣辱、正是非，与一切贪图安逸、轻视劳动的观念和行为决裂。坚持以辛勤劳动为荣，在劳动中实现个人价值，为实现中华民族的伟大复兴贡献力量。

（2）甘于奉献，奋力拼搏

青年大学生要为社会主义现代化建设奉献自己的辛勤劳动，"先天下之忧而忧，后天下之乐而乐""捧着一颗心来，不带半根草去"，这些都是前辈榜样留下的精神财富。现实生活的世界充满了各种困难和挑战，当代青年要奋力拼搏、勇挑重担，敢于站出来为他人遮风挡雨。面对突如其来的新冠疫情，广大人民群众纷纷加入抗击疫情的队伍，尤其是众多"90后""00后"展示出的温情大义和无私奉献精神让人备受感动（图6-2-2）。习近平总书记指出，湖北特别是武汉广大党员、干部、群众积极响应党中央号召，坚定信心、顾全大局、自觉行动、顽强斗争；全国各地坚持一方有难、八方支援，各地区前往湖北和武汉支援的广大医务工作者、人民解放军指战员以及各方面人员发扬越是艰险越向前的大无畏革命精神，闻令而

图6-2-2
勇挑重担
甘于奉献

动，坚忍不拔，不怕牺牲，攻坚克难。大家做了大量艰苦工作，付出了巨大努力，为疫情防控工作作出了重大贡献。我们要发扬这种甘于奉献、奋力拼搏的优良作风，自觉为社会主义现代化建设做出自身应有的贡献。

（3）积极肯干，争创一流

恩格斯指出，人类"在劳动发展史中找到了理解全部社会史的锁钥"。我们在辛勤劳动中能够更好地理解中国是如何在共产党的领导下发展成世界第二大经济体并全面建成小康社会的。这些正是中国人民在中国共产党领导下，发扬进取精神，通过辛勤劳动和艰苦奋斗取得的成就。我们要把争创一流作为自己

毕生的奋斗目标，并落实于学习、工作和生活的各方面和全过程。一方面，我们要为自己的学习和实践工作设立更高的标准，拓宽发展视野，走在前列、干出成效，做出新亮点；另一方面，我们要有积极进取的心态，有理想、有志气，不满足于现状，积极肯干、争创一流。

《人民日报》记者在回访世界技能大赛金牌选手的特别策划中提到，我国工人阶级和广大劳动群众要适应当今世界科技革命和产业变革的需要，勤学苦练、深入钻研，要学好一技之长，用奋斗点亮青春。习近平总书记曾怀着殷切希望寄语青年："历史和现实都告诉我们，青年一代有理想、有担当，国家就有前途，民族就有希望，实现中华民族伟大复兴就有源源不断的强大力量。"要让国家有前途、民族有希望，青年一代必须辛勤劳动，要把辛勤劳动当作自己终身进行的事业，为实现中华民族的伟大复兴做出贡献。

案例品鉴

沈岩：从"技工"到"院士"

沈岩，1951年10月19日出生于北京。1979年，28岁的沈岩只是一名普通的工人，只有初中二年级的学历，而且还有小儿麻痹症后遗症，他每天的工作是在实验室里刷试管；20多年后，沈岩成为中国科学院院士、医学分子遗传学家、中国医学科学院基础研究所研究员、国家自然科学基金委员会副主任、中国科协副主席，从事人类遗传病基因研究。从"技工"到"院士"，沈岩的成长经历异常励志。

1979年，下乡插队十多年的沈岩回到北京，在北京市农科院畜牧兽医研究所的实验室当了一名工人。他每天的工作就是刷试管、打扫卫生，有时要扛40多斤重的蒸馏水桶。但他不仅工作认真负责，还刻苦自学实验理论和技术。正是这种上进精神感动了领导，研究所派他去中国协和医学院进修实验技术。

当时协和医学院的吴冠芸教授注意到，这个年轻人刷试管比别人刷得快、刷得多、刷得干净。"我从不偷懒，会尽心尽力做好老师交给我的每一项工作。老师让我去做一个实验，我就非常认真地去查资料，弄明白其中的原理；叫我刷试管，我都比别人刷得快、刷得好、刷得多。我每做好一份工作，老师就对我多一份信任，并给我更多的工作去做。有事做你才能进步、才能学到东西。"多年后，沈岩自己这么说。在协和医学院的几年间，他拿到了北京市职工大学（业余）的大专文凭，后来又读了在职研究生，开始走向科学研究之路。

2005年2月，沈岩在接受人民日报记者专访时说："我欣赏龟兔赛跑中的乌龟，天赋好的人不一定都能成功，成功的却一定是坚持下来的那个。人生就像一场马拉松，一开始你可能领跑，到最后领先的却不一定是你。很多跑在前面的聪明人，最后被别人赶上甚至超越，是因为他们自己中途放弃了。"

沈岩一步步从技工成长为院士，付出了常人想象不到的努力。虽然这样的经历不可复制，但其中蕴含的积极向上的精神永存，对当代青年科技工作者富有启迪。

（资料来源：《人民日报》，有删改）

思辨探究：有人认为，随着人类社会发展进入智能经济时代，人类劳动力可能将会被取代，提倡辛勤劳动已经过时了。你赞同这一观点吗？谈谈你的认识。

话题互动

有人认为，成功更多依赖的是天赋、智力和创造性，辛勤劳动只在简单劳动中受重视。请结合上述案例讨论，辛勤劳动是否具有普遍性意义。为什么？

6.3

诚实劳动

诚实劳动，是习近平总书记关于劳动的重要论述的重要理念，诚实劳动是辛勤劳动的升华，是创造性劳动的保障。"人世间的美好梦想，只有通过诚实劳动才能实现；发展中的各种难题，只有通过诚实劳动才能破解；生命里的一切辉煌，只有通过诚实劳动才能铸就"。用诚实劳动创造幸福人生和美好生活是中国人民共同的价值追求。

劳动认知

1. 诚实劳动的内涵

诚实劳动，是指劳动者以积极、实干、诚信的态度为他人和社会提供产品服务。劳动者在不违背法律法规的前提下从事道德的劳作，其劳动及回报合法合理，具有至真性、共享性、至善性等特点。

诚实劳动的至真性，表现为劳动认知的客观、劳动行为的务实和劳动成果的实事求是。一方面，要求劳动者对其从事劳动所必备的知识、技能、技巧有正确认识、对自我劳动素质能作出理性判断并作出合理的自我定位；另一方面，要求劳动者立足岗位，踏实劳动，求真学问，练真本领。同时，要实事求是地对待劳动成果，摒弃虚假之风，反对一切不劳而获和投机取巧的思想，积极弘扬劳动精神、劳模精神和诚信文化，依靠诚实劳动实现人生梦想。

诚实劳动的共享性，表现为劳动知识和劳动成果的共建共享。诚实劳动是一种道德的实践活动，也是一种形合式信息共享的交流方式。劳动过程中劳动技能技巧的切磋，劳动资料、知识、成果的分享互鉴等体现出劳动者之间相互学习、合作共赢的和谐关系。

诚实劳动的至善性，表现为劳动思想和劳动行为的"善"。诚实是劳动者的基本道德品格。诚实劳动突显了劳动者的道德主体性。道德的劳动从根本上决定了劳动的"善"。

新时代构建和发展和谐劳动关系、促进社会和谐，需要劳动者积极践行诚实劳动理念，将社会责任和时代使命融入诚实劳动。从对待劳动认知、劳动过程、劳动结果的态度和行为实践可以看出，实干求真贯穿诚实劳动的始终，是整个劳动活动得以完成和继续的轴承，是诚实劳动的本质内涵。

2. 诚实劳动的必要性

（1）诚实劳动是人全面发展的基础

爱国、敬业、诚信、友善是社会主义核心价值观对公民个人层面的基本要求，这一要求不仅倡导公民爱岗敬业，而且要求公民诚实守信，实事求是。"民无信不立""人而无信，不知其可"，诚信是每个人立身处世、立足社会的基本品质。诚信的前提是诚实、客观，即每个劳动者秉持诚实劳动的信念，尊重劳动规律，不急功近利；客观对待劳动成果，不虚报浮夸，不贪婪，不以次充好，不造假售假，不欺世盗名；以光明磊落、心底无私的态度，展现于世人面前，赢得公众的认可和

图6-3-1
诚实劳动

信任。"君子养心，莫善于诚""言必信、行必果"，这是社会主义核心价值观对劳动的吁求，也是走向法治社会、建设法治国家和法治政府的必然要求。只有通过诚实劳动，才能改变自己的命运；也只有具备诚实的品质，才能真正体会生活的意义，获得他人对我们发自内心的尊重（图6-3-1）。

（2）诚实劳动是企业信誉的基石

企业信誉是企业的社会信用与名声。企业信誉好，表示该企业行为得到社会公认好评，如恪守诺言、实事求是、产品货真价实、按时付款等；而企业信誉

差，则表示该企业行为在公众中印象较差，如假冒伪劣、偷工减料、以次充好、故意拖欠货款、拖欠银行贷款等。市场经济是信用经济，越是发达的市场经济，诚实劳动的道德因素所起的作用就越大，它凝结在商品质量和对消费者的服务上，表现在企业信誉和效益上。从一定意义上说，诚实劳动乃是企业在市场竞争中立足发展的利器。弄虚作假，坑蒙拐骗，也许可使企业名噪一时，但人们终会识破其骗术，这样的企业最终会轰然倒下，在自我毁灭的同时，也会给社会经济的发展带来损害。

（3）诚实劳动是经济发展的基础

诚实劳动是优化资源配置的内在驱动力。资源包括劳动力和生产资料，其中劳动力是首要的、具有主观能动性的活力量。生产资料能否充分发挥作用，取决于劳动力能否充分发挥其积极性，如果劳动者缺乏事业心、责任感与敬业精神，不能客观公正处理资源配置中的问题，再好的生产资料也难以发挥效能，更难形成现实生产力。劳动者的诚实劳动，会以隐形状态参与资源配置，并对生产资料的效能起作用。只有劳动者具有强烈的主人翁精神，其潜在的巨大能量才能得到最大化激发，从而更快地推动社会经济发展。

（4）诚实劳动是社会和谐的基础

发展中的各种难题，要通过诚实劳动来破解。中华人民共和国成立后，特别是改革开放以来，我国用几十年的时间走过了西方发达国家几百年走过的工业化历程，创造了世所罕见的奇迹，靠的就是中国人民稳扎稳打、踏实肯干的诚实劳动。今天，移动互联网的迅猛发展给我们搭建了很多创新创业的平台，但也带来了诸多挑战、诱惑甚至陷阱。劳动者要自觉践行诚实劳动理念，在所从事工作合理合法的前提下，在助推社会发展进步的大框架内正向运行，不投机取巧、不偷奸耍滑、不违法乱纪，以诚实劳动引领社会风尚、促进社会和谐。

3. 诚实劳动的推进策略

（1）提高劳动者收入

劳动者的收入是指劳动者通过体力劳动和智力劳动获得的各种报酬。提高劳动者的收入是国家扩大内需的主要道路之一，是社会可持续发展的根本途径。只有尊重劳动、尊重创造，实施优劳优酬、奖勤罚懒的政策，充分发挥广大劳动者的积极性、主动性、创造性，刺激劳动者自觉履行职业道德，通过诚实劳动来为社会创造更多财富，才能为全面建设社会主义现代化国家贡献力量。

（2）加强企业诚信建设

企业诚信建设贯穿企业经营的全过程，是一项复杂的系统工程。第一，构建企业诚信文化、树立诚信经营的信念。建立企业诚信文化是对企业保持健康有序发展的基本要求，是企业提高自身核心竞争力的关键因素，对企业的可持续发展有重要影响（图6-3-2）。第二，加强企业守信制度建设、硬化诚信经营的载体。市场经济是信用经济，诚实守信是企业生产经营行为的准则以及自身经营管理的基础和灵魂。

图6-3-2
建立企业诚
信文化

第三，加强企业信用管理机构建设、强化诚信经营的监督。企业应依据自身的规模、行业性质、市场状况等特征决定企业信用部门的具体职责以及各项职责的重要程度，从而进一步确定该部门的岗位结构、职责分配、人力资源配置及人员素质要求等。

（3）加强劳动者权益保障

企业、社会和国家应及时加强和调整劳动者权益保障。第一，国家出台政策明确企业在劳动者权益保障方面的责任，奠定保护劳动者的基调，规范不同用工形式下的雇主责任与法律适用范围；第二，健全劳动者权益保障制度，督促引导企业保障新业态劳动者在就业、休息、社会保险经办与职业伤害等多方面的责任，落实相关部门的监督管理职能；第三，优化劳动者权益保障服务，政府为劳动者提供技能培训、生活便利、子女教育、保险经办等服务，加强政府对公共服务的输出与提升；第四，完善劳动者权益保障的工作机制，政府各机构与工会组织等力量一道齐抓共管，在机制层面保障权益。

（4）加强全民诚信教育

诚信是整个社会运行的基础性保障。第一，重视家庭诚信教育，加强家校合作。家庭教育是诚信教育的基础和主导，学校教导学生诚实守信是素质教育的基本内涵。

重视和加强家校合作，共同抓好诚信教育，促进学生诚信素养的提高。第二，用社会主义核心价值观凝聚社会共识。社会主义核心价值观是现阶段全社会共同追求的价值目标和道德规范，发挥其对全体社会成员思想的引领和凝聚功能，使全社会形成"诚信立行于世，失信寸步难行"的道德认知和社会共识，为诚信教育营造良性的社会生态环境。第三，加强立法工作，完善对各种失信行为的惩戒措施与追责机制。对于社会的失信行为、犯罪行为必须曝光和严惩，以肃清不良社会风气，积极构建诚信社会、诚信中国。

案例品鉴

鸿星尔克：主动奉献社会，铸就企业品牌

2021年7月，河南暴雨灾情发生后，鸿星尔克在自身经营困难的情况下向灾区捐赠5 000万元物资，捐赠的消息不胫而走，迅速引起了社会的广泛关注，并得到了公众的大力赞扬。随后，鸿星尔克线上直播间"人山人海"，直播间上架产品全部售罄。面对网友的抢购，直播间主播感动得几度哽咽落泪。细心网友发现鸿星尔克官方微博未开通会员服务，经网友接力，将鸿星尔克官方微博会员充值至2140年，鸿星尔克回应称：立志成为百年品牌。7月23日凌晨1点，鸿星尔克董事长吴荣照现身直播间，劝消费者理性购买，不要给同行带来困扰，不要对鸿星尔克进行神化。网友却调侃说，"你一个经营困难的企业都这么野性捐款，凭什么要让我们理性消费，我们偏要'野性消费'"。当天鸿星尔克销售额同比暴增52倍。

"野性消费"就此成为灾情中的温暖名词。以鸿星尔克为代表的、在灾情中积极捐款捐物的民族品牌，成为消费市场的焦点。短短几天内，鸿星尔克的直播间快速圈粉，线上产品屡屡被抢购一空。与此同时，鸿星尔克线下门店也遭到各地消费者的蜂拥而至。

诚实劳动是企业安身立命的根本，是企业在市场竞争中立足和发展的根本。鸿星尔克自2005年提出"科技领跑"战略后，始终强调在材料开发、鞋服设计、生产工艺等领域的专注投入，打造集科技性、专业性、实用性于一身的高品质产品。

鸿星尔克是国内首家获CNAS国家级认证的鞋服检测机构，并与运动研究机构合作成立"极克未来实验室（E.K-Lab）"，向消费者展示出中国体育用品的过硬质量和先进科技。目前，鸿星尔克拥有近300项产品专利，并荣获"国家知识产权示范企业"称号。

　　一个企业和国家是分不开的，必须要同甘苦、共进退，有国有家才有希望。在一个推崇"为众人抱薪者，不可使其冻毙于风雪"的国家，人们总是以善意回报善意。如果说鸿星尔克用倾囊相助诠释了什么是担当，而广大的民众则用朴素的行动回答了什么是正义。"野性消费"的背后是一个可爱的中国，是一个用诚信构筑起社会根基的民族永远保留的那份纯真！

思辨探究：2021年的河南暴雨，除了鸿星尔克外，还有很多身处经营困境但依然慷慨捐赠的国货品牌。近年来，很多老牌的国货因产品缺乏创新、跟不上时代潮流而陷入经营困境。偶发的大规模舆论关注，对这些品牌扭亏为盈、起死回生来说不失为一个契机。请大家思考：这场狂欢是否能够让鸿星尔克彻底翻身？鸿星尔克到底需要什么？

话题互动

　　在经济全球化、信息化、网络化的今天，物质主义与利己主义大量涌现。在这个背景下，诚实劳动的理念和规范是必须倡导和落实的。作为新时代的企业，在国家灾难面前，能够慷慨捐赠物资，树立了良好的企业形象。此时，企业更应该抓住机遇，做好产品研发、重视产品品质，诚信经营，不投机取巧，不断做优做强。对此，你的看法如何？

6.4

创造性劳动

创造性劳动是在劳动中的不断探索和创新，其体现了体力劳动和脑力劳动的高度结合，是对辛勤劳动、诚实劳动的发展。当代大学生应树立正确的劳动价值观念，提高自身的创造性劳动能力，在劳动中综合运用各学科知识，在科学探究、创新设计的过程中解决实际问题，形成创新性劳动成果，创造美好生活。

劳动认知

1. 创造性劳动的沿革

（1）创造性劳动的诞生

人类早期，创造性劳动还只是偶然发生。当时，人的意识还处在低级的萌芽状态，因而对劳动的认识还只是经验性的和不稳定的。原始人类在千百次的投掷石块中，感觉到锋利的石头比圆滑的石头有更大的杀伤力，用锋利的石头劈砍树枝，既省力，效率又高，于是对锋利的石头有了初步认识，经过创造性的思维，便发生了创造性的劳动加工，出现了最原始的工具，从而开始了人类脱离动物的漫长进程（图6-4-1）。

（2）创造性劳动的发展

人类劳动向高级形态发展，最主要的标志是创造性劳动数量的增长和水平的提高。发展到人工智能时代，劳动作为生存手段的功能将弱化。正是创造性劳动的不断发展，构成了社会生产力进步的核心内容，并驱使经济和社会关系不断演变。当代大学生应更多地参与到最前沿的劳动、探索性劳动和创造性劳动当中。

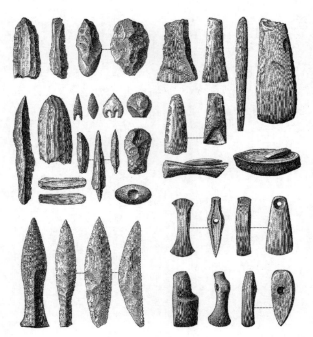

图6-4-1
石器时代的
燧石工具

2. 创造性劳动的内涵

（1）创造性劳动是新时代劳动思想的核心理念

创造性劳动，是习近平总书记关于劳动的重要论述的核心理念之一，是理解未来社会发展的关键。我们要尊重劳动者的首创精神，在全社会形成劳动光荣、知识崇高、人才宝贵、创造伟大的价值导向，让一切劳动与创新的活力竞相迸发，让一切创造社会财富的源泉充分涌流。劳动在本质上是人的积极的、创造性的活动。"劳动光荣，创造伟大"诠释了人类文明的进步规律，是反映时代特征的劳动新思想。

（2）创造性劳动是培养勇于创新的精神和敢于创造的能力

创造性劳动是通过人的脑力劳动萌发出技术、知识、思维的革新，从而高效提升劳动效率、产生出超值社会财富或成果的劳动。教育部印发的《大中小学劳动教育指导纲要（试行）》指出，要"发挥主体作用，激发创新创造""鼓励学生在学习和借鉴他人丰富经验、技艺的基础上，尝试新方法、探索新技术，打破僵化思维方式，推陈出新"。因此，关注学生劳动过程中的解决问题能力，激发学生勇于创新的精神和培养敢于创造的能力，是培养当代大学生创造性劳动价值观的内涵所在。

3. 创造性劳动的特点

（1）创造性劳动的能力与素养要通过劳动实践来提高

创造性劳动是在劳动实践中完成的，只有在劳动实践中才能使创造性劳动的主观能动性和客观对象性相结合，从而转化为有用的劳动产品。如果空有创造性的思维或者创造性的灵感，却没有付诸实践使其通过创造性劳动转化为劳动成果的过程，就不能将其称之为创造性劳动。光有想法没有行动，想法永远都是空中楼阁，离开了创造性劳动的实践过程，再好的想法与灵感也无法转化为有用的劳动产品。只有通过在做中学、做中思、做中行，做到知行合一，才能实现理论与实践相统一，才能在劳动实践过程中提高创造性劳动的能力与素养。

（2）创造性劳动包含独特新颖的思维过程

创造性劳动是一个从无到有的过程，是不断推陈出新、破旧立新的过程。创造性劳动起源于创造性劳动意识，即在劳动实践过程中体现出的一种求新求变和求真求实的意识。创造性劳动是通过有意识地抛开以往思考类似问题所形成的思维定式，排除以往的思维模式对寻求新设想的束缚，对传统的观点和固化的模式提出挑战和质疑，进而形成一种打破常规思维定式的创造性劳动思维，并通过独特、新颖的思维过程发现和创造新事物。创造性劳动作为生产和创造出前所未有的新的使用价值的过程，独创性是其区别于重复性劳动的根本特征。

（3）创造性劳动需要不断积累创造性因素

通过创造性劳动生产和创造出新的使用价值并不是一蹴而就的，而是一个不断重复、循环累积的过程。例如，爱迪生发明电灯、居里夫人发现放射性元素镭、弗莱明发现青霉素，无一不是在实验室进行过无数次重复性实验的结果。只有在不断重复的过程中才能发现更好的方法和路径，最后创造出新的产品、技术、方法或者理论。可见，创造性劳动是一个由简单到复杂、由低级到高级的过程，也是一个在重复性劳动和模仿性劳动过程中不断积累创造性因素的基础上实现创造的发展过程。

4. 创造性劳动的价值

（1）创造性劳动是人类获得解放的必由之路

马克思指出，在共产主义社会，劳动不再是人谋生的手段，而成为人的第一需要。虽然今天的中国尚未进入共产主义社会，但如何将人从枯燥的重复性劳动中解放出来，实现人类自由的、创造性的劳动，也是当下我们应当思考的问题。

（2）创造性劳动是中国走出全球发展困境的关键

今天，中华民族伟大复兴的一个重要内容就是要建设创新型国家。党的十九

图6-4-2
技术创新
技术强国

大报告提出，要"突出关键共性技术、前沿引领技术、现代工程技术、颠覆性技术创新，为建设科技强国、质量强国、航天强国、网络强国、交通强国、数字中国、智慧社会提供有力支撑"。概而言之，就是要通过以技术创新为核心的创造性劳动实现技术强国（图6-4-2）。

（3）创造性劳动是企业的立身之本

科学技术是第一生产力。当今世界，再没有什么力量比科学技术更能对生产力的发展起到如此之大的推动作用。归根到底，科技创新是企业生存与发展的生命线，它关系着企业的生产、市场、生存和发展。科技与经济的相互融合及相互支持，是企业提高竞争力的关键。

（4）创造性劳动是个人价值的体现

个人价值的源泉在于个人的创造性实践活动。个人价值是个人的社会价值和自我价值的统一，主要表现为社会价值，即对社会的贡献。科学的评价标准是看个人实践活动是否满足社会绝大多数人的利益和促进人类的进步。现代社会政治经济制度的活力和竞争力，经济运行模式与生产资料所有制实现形式的先进性和适用性，归根结底，取决于对人的创造性劳动能力的解放程度。可以说，现代社会就是人的创造性劳动在全部生产力中发挥主导作用的社会。现代产品是创造性劳动价值凝聚的产品，所以个人在创新性劳动成果中所发挥的作用是他个人价值的最大体现。

案例品鉴

万步炎：将关键核心技术牢牢掌握在中国人自己手里

2023年3月7日下午，第十四届全国人民代表大会第一次会议第二次全体会议前，全国人大代表、湖南科技大学海洋矿产资源探采装备与安全技术国家地方联合工程实验室主任万步炎亮相"代表通道"接受采访，讲述他30多年来带领"海牛"

团队潜心研究，不断刷新海底钻机钻深纪录的奋斗
历程。

　　"2021年4月7日，我们研发的'海牛Ⅱ号'海
底大孔深保压取芯钻机系统在南海2000多米的深
海海底成功钻进231米。"万步炎说，"海牛Ⅱ号"
实现了重大技术突破，达到了世界领先水平，迄今
为止仍然保持着海底钻机海上实际钻探深度的世界
纪录。

　　多年来，万步炎和他的团队秉承"国家落后于
人的地方，就是努力的方向"这一理念，瞄准国家重大战略需求，坚定创新自信，
勇攀科技高峰。

　　万步炎说，1999年，为了解决当时我国大洋富钴结壳资源勘探的需求，自己
和团队克服重重困难，所有关键技术都从0开始，经过4年努力，研发出我国首台
海底浅地层岩芯取样钻机，实现了我国海底钻机技术从0到1的跨越。

　　针对"卡脖子"问题，相继研发出海底中深孔钻机、"海牛Ⅰ号"海底多用途
钻机系统、"海牛Ⅱ号"海底大孔深保压取芯钻机系统等……万步炎说，从最初的
钻进深度不到1米，再到20米、60米，一直到目前领先世界的231米，"我们一次
次刷新海底钻机钻深纪录，一步步见证我国深海资源与地质钻探装备与技术从无到
有，从落后到追赶到超越的转变"。

　　"我们已在太平洋等大洋，在我国的南海、东海等海域钻出了2 000多个'中国
孔'，完成了多座国际海底矿山的普查勘探，结束了我国依靠租用国外钻探船开展
海域'可燃冰'勘探的历史，开创了我国利用海底钻机开展海底工程地质勘察的先
河。"万步炎自豪地告诉大家，所有关键技术都是自主研发，"目前，我们拥有150
多项国家专利、16项国际发明专利，将深海资源与地质钻探的关键核心技术牢牢掌
握在了中国人自己手里"。

　　党的二十大报告明确提出，加快建设海洋强国。在实现第二个百年奋斗目标的
新征程上，如何向海图强？万步炎分享了自己的思考："我30多年的科研经历，证
明了两件事：一是科技的进步、国家的强大要靠我们自己，关键核心技术是买不来

◎案例分析：30多年来，"海牛"科研团队逐梦深海，从领衔研发中国首台深海钻机，到研制"海牛Ⅱ号"，不断探索实践、不断突破、不断积累，一次次刷新世界深海海底钻机的钻探深度。在他们身上我们看到了脚踏实地、刻苦钻研、勇于创新的精神。新时代的大学生是将来科技创新队伍的主力军，必须扎实掌握专业知识和专业技能，在此基础上勇于探索、实践、突破，为科技的进步、国家的强大贡献自己的力量。

的；二是咱们中国人有能力，有志气，如果有人想卡我们的脖子，那也是卡不住的。"

"下一步我和我的团队将向着更深和更广阔的海底挺进。"万步炎坚定地表示："别人能做到的，我们一定能做到，别人还没有做到的，我们中国人也有可能先他们一步做出来。作为中国人，我深爱我的祖国，看好我的祖国。"

（资料来源：新湖南，有删改）

思辨探究：有人认为创新是异想天开，仅仅是大脑的思维活动，你赞同这一观点吗？请结合案例谈谈你的理解。

话题互动

创新创造就要打破日常中的很多知识壁垒，请同学们讨论：在你的专业领域，有哪些打破了之前常规认知的发明创造？

专题六
交互测试

拓 展 实 践

拜访一位你身边的科技工作者

1. 实践主题

请你拜访一位你的大学或者周边其他大学里的科技工作者，或是你所在城市的技能大师、大国工匠，深入了解他们的科研或创新成果，以及他们的成果所带来的经济价值及社会价值，并向社会宣传他们苦心钻研、迎难而上的科学精神，展示新时代科研工作者的风采。

2. 实践目的

（1）了解科研工作者的成果及价值，加强学生专业认同感；

（2）激发学生刻苦学习专业的热情，引导学生树立辛勤劳动、诚实劳动、创造性劳动创造美好生活的信念。

3. 实践内容

（1）拜访你身边的一位老师或者技能大师，并对他们进行访谈；

（2）了解他们的科研成果产生的价值；

（3）了解他们进行科学研究工作的过程。

4. 实践要求

寻找的案例最好与自身所学专业有关。

5. 实践评价

通过本次实践，你是否认识到辛勤劳动、诚实劳动的意义？你认为自己是否能够在未来的学习和实践中提高自身的创造性劳动能力，在劳动中综合运用各学科知识，在科学探究、创新设计的过程中解决实际问题？你相信形成创新性劳动成果能够创造美好生活吗？你打算怎么做？

参考文献

[1] 中共中央文献研究室.习近平关于实现中华民族伟大复兴的中国梦论述摘编［M］.北京：中央文献出版社，2013.

[2] 刘培胜.劳动教育理论与实践教程［M］.哈尔滨：哈尔滨工程大学出版社，2020.

[3] 许媚.新时代劳动教育读本［M］.成都：电子科技大学出版社，2020.

[4] 张文胜.劳动创造美好生活［M］.镇江：江苏大学出版社，2020.

[5] 袁国.新时代学校劳动教育教程［M］.北京：航空工业出版社，2021.

[6] 向艳梅.辛勤劳动、诚实劳动、创造性劳动的本质蕴涵探赜［J］.青年与社会，2019（08）：213-214.

[7] 马庆武.浅谈我国企业如何加强诚信建设［J］.市场周刊，2019（08）：13-14.

[8] 凌小萍，龙华平.习近平总书记关于劳动重要论述的哲学阐释［J］.西华师范大学学报（哲学社会科学版），2022（02）：8-15.

专题六
拓展阅读

［9］习近平.在二〇一九年春节团拜会上的讲话［N］.人民日报,2019-02-04(01).

［10］习近平.在同全国劳动模范代表座谈时的讲话［N］.人民日报，2013-4-29
（02）.

［11］习近平.在庆祝"五一"国际劳动节暨表彰全国劳动模范和先进工作者大会上
的讲话［N］.人民日报，2015-04-29（02）.

［12］习近平.在全国劳动模范和先进工作者表彰大会上的讲话［N］.人民日报，
2020-11-25（02）.

专题七
劳动与休闲

　　劳动与休闲，是人类生存与发展过程中最基本的内容。创造和享受美好生活离不开劳动与休闲的协调推进，其核心不仅在于减少劳动时间、增加闲暇时间，更在于使劳动本身成为目的。本专题从劳动与异化、劳动与适度休闲、劳动与自由、体面劳动与美好生活四个方面出发，挖掘休闲思想在马克思主义哲学体系中的丰富显现，阐述马克思休闲观的时代价值。帮助学生认识到树立健康劳动观的重要意义，引导学生辩证地看待休闲和劳动的关系，从而树立正确的劳动观与休闲观。

7.1

劳动与异化

异化劳动理论包含重要的理论与现实价值，是马克思最重要的理论之一。在当前社会的发展过程中，由于非公有制经济的客观存在，仍然存在着一些异化现象和经济上的不平等。这不仅涉及劳动者的切身利益，还直接关系经济和社会能否稳定发展。要找出问题的根源并提出相应的对策，就必须深入挖掘、研究、剖析马克思的异化劳动理论，从现实、制度、物质三个方面寻找解决问题的途径。

■ 劳动认知

1. 马克思异化劳动理论的发展及内涵

（1）"异化"及"异化劳动"概念界定

"异化"一词最早出现在拉丁语中，指在资本主义下，剩余价值被粉饰为经营利润，劳动成为商品，而劳动人民降低为资本家的奴隶，变成只会劳动的机器的过程。在历史发展中，有关异化的哲学概念最先来源于德国古典哲学，此后一直在不断发展和完善。在马克思之前，就有不少哲学学者提出过自己的异化理论，在围绕异化开展哲学范畴探讨的过程中，涌现了卢梭、费希特、黑格尔、费尔巴哈和赫斯等一批优秀的学者。这些学者的研究推动了异化理论的迅速发展和不断完善，也对马克思异化劳动理论的形成有着重要影响。

马克思在《1844年经济学哲学手稿》中提出了"异化劳动"这一概念，这是马克思受德国古典哲学中有关"异化"的相关理论的影响，并与自己的政治经济学研究结果进行结合后的产物。马克思指出，劳动带来的正面效应是产生大量的社会财富，从而极大地推动了人类的发展；而这种劳动带来的负面效应，则是工人在劳动的过程中被不断压榨和剥削，使其成为"异己"，即"异化劳动"。

（2）异化劳动的四种不同表现形式

在资本主义制度下，由于生产资料私有制、劳动分工不合理、生产力发展受限等因素，劳动力市场出现了主、客体的倒置，劳动异化造成了人与外界、人与自身、人与人之间的矛盾，主要有以下四种表现形式。

一是劳动产品和劳动者的异化。劳动者所生产的对象，即劳动产品，本应是劳动者本质力量的集中显现，然而在异化劳动中，劳动者生产出的劳动产品却同自身相对立，劳动者生产出的产品是不属于自己的、不能使自己产生满足感的物品。

二是生产过程与劳动者的异化。劳动者要从事的劳动活动作为劳动者本质的体现，是劳动自身对象化的过程，应该是自由自主的、发挥创造性的、自我满足的劳动过程，应该是劳动者的精神与实践的高度统一。但在资本主义的生产过程中，劳动过程是一种机械劳动，这样的劳动过程使劳动者感觉受到压迫，被奴役、被压制，导致了劳动过程与劳动者的异化。

三是人的本质与人的异化。马克思认为人的本质就是劳动，人类的劳动是在头脑支配下，在有目的、有意识的自主状态下进行的，所以人才是区别于动物的"类"存在物。而在异化劳动的状态下，劳动不能受自身支配，劳动者不能充分发挥自己的能动作用，劳动不是自由自觉的劳动，而是变成了仅仅为了满足生存需要，劳动者体会不到身为人的主体性，变得与动物的机械机能毫无差别。

四是人与人之间关系的异化。马克思认为，"人从自己的劳动产品、自己的生命活动、自己的类的本质异化出去这一事实所造成的直接结果就是：人从人那里的异化"。由于劳动产品与劳动过程、人的"类本质"都一一与劳动者相异化，随着时间的推移，最终的必然结果就是人与人之间的关系也变得异化了。

（3）马克思异化思想的发展进程

马克思异化思想是一个不断发展的过程。马克思最初从唯心主义哲学的角度来研究"自然的异化"，在吸收费尔巴哈的唯物主义的宗教异化观之后，他把对异化的批评转移到了政治的实际层面，并从国家与法律的视角进行了探讨。赫斯的金钱异化思想，使马克思逐步从"政治异化"转向"经济异化"，实现了从思辨领域到现实世界的"异化"。在此过程中，黑格尔对"机器"所导致的劳动异化的批判分析以及英国古典政治经济学的劳动价值论等，都促使马克思把"异化"和"人的劳动"结合起来。最终，马克思在《1844年经济学哲学手稿》中完成了由"政治异化"到"经济异化"的转变，并从"异化"转向"异化劳动"，提出了重要的异化劳动理论。

2. 异化劳动在当代社会的表现

在经济发展的进程中，人们总是在追求经济利益最大化。一方面，这推动着各国国内生产总值的快速增长，促进了国民经济的建设；但另一方面，由于资本追求增殖的本质，造成了人们对经济增长的片面关注，忽视了个人的自由和全面发展，从而造成了劳动的异化。在当代社会的劳动市场中，仍然存在异化劳动的现象，并有了新的表现形式。

（1）当前劳动市场仍然存在异化现象

一是劳动者所得与劳动付出量不相符。在企业中，劳动者是在生产中付出最多、参与最广、贡献最大的人，是一个企业能否正常运转的关键。但是，劳动分工不公平、劳动保障体系不健全、工资结构模式化等多重因素都导致了劳动者的劳动产品不能最大程度地归劳动者所有，劳动者的工资、资源的占有数量和劳动支出不平衡与劳动者参与劳动、出卖劳动力的最初愿望是相反的。

二是劳动过程违背了人的自由全面发展目标。在利益最大化的驱动下，企业的生产经营者片面地追求劳动生产率，导致劳动者的劳动权利不能得到很好的保障。劳动者在劳动中不能积极发挥自己的主动性，只能机械地、被动地重复着相同的工作，这与自由全面发展的理想背道而驰。

三是劳动者与其"类本质"相违背。人的"类本质"是指人类自由、自觉的劳动，它表明人类的劳动是一种创造的行为，而非像动物般单纯维持生存的活动。然而，在实际生活中，由于总体经济发展水平还比较低，经济体制还不完善，劳动者的"类本质"已经被异化。在劳动过程中，有一部分劳动者失去了劳动的积极性和创造性，劳动对于他们来说只是一种维持生活的工具。这种劳动并非是从属于劳动者的自由劳动，而是从属于资本家的非自愿劳动，这也是劳动者与其"类本质"异化的一个主要表现。

（2）异化劳动具有无法避免的现实必然性

马克思指出，要消灭"异化劳动"必须满足两个条件：一是异化劳动使人民"不堪忍受"，并且在整个社会中引起了资本主义的危机和混乱，使资本主义社会难以持续，并无法通过自我调节来克服这种危机；二是无产阶级壮大，与资产阶级激烈对抗，并具有消灭异化劳动的绝对实力。但马克思也强调，这两个条件都建立在生产力大幅度提高和高度发展的基础上。

从全球范围内来看，尽管各个国家的生产力都得到了极大的提升，劳动的法律体系得到了进一步的完善，工人的各种权利也有了法律的保护，但我们仍然不能忽视一个重要的问题：资本仍然普遍存在，异化劳动的现象依然存在。而在今天，由于各种原因，异化劳动的存在具有一定的现实必然性，这是我们所不能回避和超越的历史阶段。

3. 异化劳动理论的当代启示

（1）指导构建中国特色和谐劳动关系

异化劳动理论对早期马克思主义的发展起着举足轻重的作用。在新的历史时期，对马克思的"异化劳动"全面理解和掌握，不仅是我们正确认识当代资本主义发展状况的一种有力的思想武器，而且对于我们坚持以习近平新时代中国特色社会主义思想为指导，完善分配制度，推动构建中国特色和谐劳动关系具有重要现实指导意义。

首先，尽管资本主义在漫长的发展过程中经历了很多新的变革，但资本的持续复制本身就是资本主义不可逾越的界限。资本主义内在逻辑的稳定性，在本质上就决定了马克思关于异化劳动的思想对于我们深刻认识当代资本主义仍然具有重要指导意义，是我们分析和批判资本主义社会异化现象的有力理论武器。

其次，马克思的异化劳动理论对坚持以人民为中心的发展思想有着重要的指导作用。通过扬弃异化劳动而实现人的自由而全面的发展，这是马克思批判异化劳动的价值旨归。这一价值指向对于我们推进经济社会的全面发展具有重要的现实意蕴。在新的征程上，我们要更好地坚持和贯彻以人民为中心的发展思想，不断满足人民在物质、文化、环境、公平、正义等方面日益增长的美好生活需要，在全社会弘扬劳动精神，不断完善劳动者权益保障制度，全面提升劳动者素质，用劳动为中华民族伟大复兴助力。

（2）指引创造新时代人民美好休闲生活

作为科学的世界观和方法论，马克思主义哲学为我们认识世界和改造世界提供了根本方法。"异化"概念是马克思主义哲学中重要的概念，而异化劳动理论更是马克思主义理论研究中的核心内容，其内涵十分丰富，值得我们深入探讨。

异化劳动并不是一个永恒的历史概念，而是与一定社会生产力相适应的产物，具有其存在的合理性和特定的历史阶段。虽然在当前的一定时期和一定范围内异化劳动还将普遍存在，但在当代社会，我们应在充分审视当下的历史条件之下，正确地理解与对待异化劳动，兴利除弊，努力推动构建中国特色和谐劳动关系，提升劳动者的获得感，并实现人的自由全面发展。

案例品鉴

站在摩登时代，看劳动异化

《摩登时代》是美国喜剧大师卓别林于20世纪30年代导演并主演的无声电影

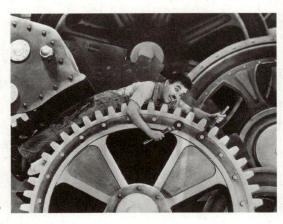

图7-1-1
《摩登时代》

（图7-1-1），故事背景是当时的美国工业因为采用流水线机器作业而大量解雇工人所造成的失业浪潮，讲述了美国经济大萧条时期，社会底层工人夏尔洛为追求幸福生活而遭遇的一系列啼笑皆非的经历。影片既有对资本主义社会盘剥压榨工人的血泪控诉，也饱含对底层人民生活的关切。

在《摩登时代》开始的镜头中，先是羊群彼此紧紧挤在一起被驱赶着往前走，紧接着是一群群工人簇拥着走进工厂，这样的蒙太奇手法揭示了工人就如同任人宰割的羔羊，被庞大的资本主义运行机器所驱赶，成为资本家们赚钱的工具。大规模的机器生产和流水线作业，让工人们进行着机械性、重复且乏味的工作，甚至随时面临失业的威胁。一道道传送带把工人们"拴"在了原地，不能分神，因为一刻的耽误便会导致工作流程的紊乱。紧迫、乏味、简单、机械、疲惫，这些简单的字眼便是工人们的工作状况。短暂的休息时间，主角夏尔洛连上完厕所后抽支烟的时间都没有，因为哪怕是在卫生间都有监视者的"眼睛"。长期的简单、重复、机械的工作让夏尔洛身体僵硬，动作呆板，逐渐癫狂，变成一个可怜的"拧螺丝强迫症"患者，被强迫送进精神病医院。这就是20世纪二三十年代西方资本主义社会的一个缩影。

◎案例分析：作为一部默片，《摩登时代》没有丰富鲜艳的色彩，也没有动听悠扬的音乐，只有黑白的色调，但却用最简单的方式传达着深刻的内涵。影片透过对资本主义社会中小人物的辛酸生活的描述，用夸张滑稽的行为动作和无声的肢体语言反映了资本主义条件下，资本对于劳动力所创造的剩余价值的榨取和资本家对于工人阶级的残酷剥削，让人在捧腹大笑的同时，对那个造成"机械化"的社会形态产生深刻的思考。

影片有两大亮点，一是为了节省时间，资本家们试验新型的自动喂饭的机器，他们把夏尔洛当作实验对象，哪怕机器出了故障也丝毫不关心他的人身安全。二是夏尔洛不小心被卷入机器的巨大齿轮之中。影片把机器的无情与恐怖展现得淋漓尽致，人在机器面前丧失了作为人的最基本的自由与尊严。在巨型齿轮的一幕中，夏尔洛弱小的身躯被庞大的机器吞噬，这对于这个所谓的"摩登时代"是一种辛辣的讽刺。这是一个异化的机器工业时代，人与机器仿佛混为一体，变成了机器的一部分；这是一个抹杀人性的时代，实质上是人被机器所裹胁的不自由的时代。这种时代下的劳动者毫无幸福感可言。

思辨探究：卓别林的《摩登时代》反映了当时社会的哪些问题？

2019年3月27日，一个名为"996.ICU"的项目在知名代码托管平台GitHub上传开。在这个项目指向的域名页面上，发起人这样写道："什么是996.ICU？工作996，生病ICU。"所谓的"996"是指从每天上午9点工作到晚上9点，每周工作6天，发起人将"996"工作制与《劳动法》等法律条文对比，并呼吁"程序员生命为重"，以此抵制"996"工作制。此举立即得到大批程序员响应，并引起社会广泛讨论。我们应如何看待"996"工作制？

7.2

劳动与适度休闲

休闲与劳动一样，都是人类最基本的生活方式。在掌握现代技术之前，人类主要依靠体力劳动来进行生产活动，但是过度的体力劳动会消耗人的精力，休闲可以让劳动者恢复体力、缓解疲劳、提高技能、养精蓄锐，为人们接下来更好地劳动起到激励的作用。与此同时，休闲可以为劳动提供精神动力，促进人们的劳动积极性，帮助人们更好地从事生产劳动。在现实生活中，劳动作为一种辛苦的活动为人们的休闲活动创造了物质条件，休闲则使人们紧张的心情得到放松，劳动者越努力辛苦地劳动，就越需要足够的休闲生活。

▬ 劳动认知

1. 休闲与休闲观

（1）休闲的基本含义

"休闲"在英文中译为"Leisure"，词源的考究在学术界探讨广泛且深入，总体上有两种含义：一是消除身体上的疲劳，二是获得精神上的慰藉。我们可以把它看作是身体在长时间劳作后的必要歇息与肌能恢复，在此基础上又超越身体的生理范围，更多地指向一种合乎人性本身且能够被允许发展自身的生活方式。因此，"休闲"并非是简单娱乐消遣的代名词。

作为一种兼具现实性意义与理想性意义的实践性活动，休闲引导着人自身理想性的生存状态，即人对异化世界的扬弃，超越物的束缚，从而实现人的主体性的重拾复归。经正确引导的社会休闲实践塑造和张扬着本真人性，兼具个人的主体性选择与社会的集体性认同，这也是人类在自身生存之中追寻的真正价值所在。

从现实的休闲实践来看，尽管受到社会生产力条件的制约，无法摆脱分工和必要劳动的束缚，但休闲形式仍可寓于必要劳动时间之外的，以自我选择为前提的运动、交往、消费、阅读等各种现实性实践活动中。而从理想的自我选择角度来看，当整个社会生产力得到极大提高，社会物质财富得到极大满足时，个人就可以在自由时空中最大限度地发挥自我的才能，不为其他利益关系所支配而实现自我和占有自我，通过自由选择进入休闲状态之内，获得自由全面发展。

（2）当代社会主要休闲观

休闲观念可以视为整个社会对休闲的认知状态和态度抉择，当前我们处于工业时代和信息时代的过渡时期，休闲观仍受到工业文明的影响，因此目前社会的休闲观可以分为以下三种。

第一种观点是将休闲作为一种业余消遣。在现代的工厂管理体制下，劳动者在工作结束后，最需要的就是身体和精神上的休息和恢复。休闲很容易被当成一般性的消遣娱乐活动，但如果将休闲看成是打牌、喝酒等消遣活动，那么就很难真正理解休闲对人类存在意义上的重要作用。同时，由于工作环境的特殊性，大多数劳动者很难保证其业务空闲时间的质量和长度，这种休闲观会导致大多数工人对闲暇时间的无意义消耗。

第二种观点认为休闲是有闲群体的休闲消费。一方面，发达国家将通过资本、技术创造的消费社会传播至全球，休闲消费的各类商品和服务也在不断增加；另一方面，现代社会中的有闲群体虽然在迅速扩充膨胀，但他们的购买欲并没有得到充分的满足，过度消费导致了生态危机的扩散。这种以消费为对象的休闲观对我们树立正确的休闲消费观念是不利的，很容易将休闲等同于消费娱乐。

第三种观点认为休闲与劳动本质上是一体的。在社会分工中，不同的劳动者所得到的休闲方式不尽相同，对其休闲活动的质量效果产生极大影响。劳动者创造了社会价值，社会也将赋予劳动者价值。这种价值使我们不再以单纯的消费来消磨时间，而是在劳动的前提下，有机会在休闲中领悟入存在的意义，使我们在精神境界上得到更多的修炼和补充，从而在自由的休闲中以自觉的劳动方式创造出新的价值。

不同的人对于休闲的看法和态度不同，如果我们将休闲当作闲暇之余的消遣、玩乐，那我们对休闲的态度就变得太过简单、太过物质化，以致不能真正体会到内在价值。这也掩盖了休闲自身在个体中所包含的自由发展意义。人们对自身存在的意义进行新的思考，需要从过去的片面认识中进行更深层次的思考和探索，这也为我们探索马克思的休闲观对传统休闲观的超越提供契机。

2. 马克思主义休闲观及其当代价值

（1）马克思主义休闲观

在马克思主义理论体系中，"休闲观"处于隐蕴状态，即马克思在相关理论文本中未曾明确使用过休闲二字，更多地以"自由时间""自由活动""人的自由全面发展"等代指。但马克思主义休闲观并不是无中生有，而是在对资本主义异化劳动与异化休闲的批判过程中自觉产生的，马克思主义理论中有着丰富的休闲实践论述。

马克思不仅将休闲与现实的社会生产状况联系起来，也将未来理想社会中人的自由全面发展联系起来考察，马克思的休闲观有着清晰的休闲逻辑脉络。其中，劳动与休闲的对立统一是基础，自由时间思想是核心，休闲消费是重要视阈，人的自由全面发展是马克思休闲思想指向的关键所在。

（2）马克思休闲观的理论价值

关于休闲思想的研究，中西方都各有涉及。在中国，人们对休闲思想的研究可以追溯到春秋战国时期，在西方最早可以追溯到古希腊时期。西方的休闲思想研究相对比较体系化，具有一定的连贯性，亚里士多德、凡勃伦、皮普尔、戈比、马尔库塞等学者都曾提出过自己对于休闲的学术观念。关于休闲思想的研究也逐步发展成为一门涵盖多领域多学科知识的理论体系，并逐渐形成一门学说——休闲学。

马克思主义休闲观的理论价值在于它从多个维度和视角丰富了休闲哲学的研究，包括马克思对休闲的论述，自由时间理论、劳动休闲理论、人的全面发展思想等理论都对休闲的意蕴进行了深入研究，从中深层次挖掘和梳理了其中的休闲内涵，并对资本主义社会的剥削本性进行了批判，以建构一个人类自由全面发展的理想社会。在马克思主义休闲观影响下，国内外许多学者基于马克思主义的理论体系，从多个角度、多个层次、多个领域，对马克思主义休闲观进行了深入分析和研究，阐明了马克思主义休闲观的重要作用和时代价值，推动了休闲理论研究向纵深发展。因此，马克思主义休闲观已然成为国内外休闲理论研究的一座重要里程碑，具有重要的理论价值和指导意义。

（3）马克思主义休闲观的现实价值

休闲是社会经济发展的必然产物，它反映了一定的社会经济发展阶段、社会文明水平以及社会文化价值取向。在当今社会生活中，由于科技的飞速发展，人们的生活质量得到了极大的改善，人们的生活方式、工作方式也随之发生巨大改变，人们拥有了更多的闲暇时间来满足对精神文化生活和休闲生活的追求。休闲已经成为人们生活的重要内容，"有钱""有闲"成了现代休闲发展的必备条件。

马克思主义休闲观在当代中国的运用与发展，是完整、准确、全面贯彻新发展理念，引领健康、文明、科学的休闲方式，提高人民群众幸福指数和生活满意度，不断实现人民对美好生活的向往的重大举措，对于扩内需、稳增长、调结构、推改革，加快发展方式转变，促进产业结构调整，创新现代生活方式，全面建成社会主义现代化强国、实现第二个百年奋斗目标等具有重大意义。

3. 积极的休闲方式是实现人自由全面发展的有效途径

（1）积极的休闲方式有利于促进人的需要全面与合理发展

人的需要就是人的本性，它是丰富多样的，也是无限发展的，有其固有的层次和结构。只有具备多方面需要的人，才是完整的人，才有可能实现自身的全面发展，它是人实现自身发展的原动力，也是社会发展的原动力。自由时间是人的需要得到满足、发展和丰富的必要条件，而对自由时间的积极利用则是人的需要获得健康发展、合理发展的关键。人们积极利用自由时间，参与和享受科学、文明、高雅的实践活动，一方面有利于创造"第一需要"之余的"新的需要"，使人的需要不断丰富；另一方面有利于发展人的真实需要和真正需要，使人的需要的发展符合目的性及规律性，使人的需要健康、积极、向上发展，从而促进人的全面发展。

（2）积极的休闲方式有利于促进人的能力充分拓展和提升

人的能力是与人的实践活动紧密联系在一起的，人们对自由时间的积极利用，即人们在自由时间内自由地从事和进行着具有积极作用的实践活动，一方面扩大了主体实践活动的范围，另一方面控制了实践活动的质量和水平，这将对人的能力培养和发展发挥重要的推动作用。积极利用自由时间，可以及时地、迅速地缓解人们在生产劳动过程中所累积的身体和精神的疲劳，排解和释放人们心理上的压力，解除心理倦怠感，还能促使人们在生产劳动之余的各方面潜能得到发挥和展现，综合能力得到拓展和提升。

（3）积极的休闲方式有利于促进人的社会关系健康丰富

人们在劳动过程中会结成一定的社会关系，这是人们实现自身发展的条件，决定着人们发展的程度。随着人们拥有的自由时间的增多，人与人之间交往的时间和机会也会增多。在此基础上，人们对自由时间加以积极利用，那么人与人之间的交往内容和交往形式就会更为有益和健康，可以突破地域、民族等的限制，在自由、广泛、非功利性、健康的交往活动中，人们形成的社会关系就更加全面、丰富，更加健康（图7-2-1）。同时，人们在丰富多样、健康积极的社会关系中互通知识、信息和感情，既可以帮助人的需要全面、合理地展开，又可以锻炼和提升人的能力，从而促使人的综合素养得到提升。

图7-2-1 积极的休闲方式促进人的社会关系健康丰富

（4）积极的休闲方式有利于促进人的个性自由全面发展

全面的、丰富的人，是摆脱了物和人的束缚的个性自由的人。人们只有拥有丰富的自由时间，能够自由地从事实践活动，才能摆脱外在的束缚，把个人的个性充分解放出来。积极的休闲方式能够让个体在自我选择和自我创造中获取充分的自主权，可以根据自己的爱好和兴趣来安排其学习、工作等各方面，有利于把人的独特性充分展现出来，把人的自主性调动起来，让个体成为自立、自强和自信的人，成为自身的主人；另外，它也有利于培养人的创造性，提升人的创造力，实现人的独特性、自主性和创造性的发展，有助于人的个性自由全面发展。

案例品鉴

达尔文的时间管理

达尔文一天的作息是这样的：早餐之后，他会晨练一段时间，然后8点开始进行一个半小时的学习和工作，9点半阅读信件和写信，10点半后继续回到工作中，有时也会来到他的鸟舍、温室或其他屋子里去做实验；到了中午，他会在自家的步道上散步，然后在散步回来后吃午餐，并再写一些回信；3点的时候会小睡一会，醒来后，他会再出去散步，然后回来继续做研究；到了下午5点半，他会和家人一起吃晚饭。

◎案例分析：在达尔文的日常生活中，他通常每天只花几个小时去做那些最重要的工作，其余的时间，他会去散步、午休、思考或陪伴家人等。换句话说，他的创造力和生产力并不来自无休止的工作，而是来自"适度"的工作。休闲是创造性成果产生的源泉，作为劳动者，我们应树立正确的劳动价值观念、时间管理观念，利用经济性时间收益，最大限度地平衡工作与休闲时间，更高效、更健康地处理工作与休闲的关系。

遵循这样的作息节奏，达尔文一生竟写出了20多本书，包括《人类的由来》和《物种起源》，提出了意义深远的进化论。所以，很多时候，劳动并不意味着要一刻不停地工作，那样反而会让自己失去创造力，不仅承受了过度的辛苦，也难以取得理想中的成果，从而导致事倍功半，也不利于人的自由全面发展。

（资料来源：《人民日报》，有删改）

思辨探究：劳动与休闲，是人类生存与发展的两个合乎规律的行动样态和实践维度，是一对对立统一的概念。休闲依赖于一定的物质基础，但绝不能拘泥于物质。请你谈谈：大学生应如何涵养自己的休闲技能？

话题互动

2022年开始，首批00后毕业生开始进入职场。随之而来的，网络上"00后整顿职场"成了热门话题。在这场"职场整顿"大潮中，有些是对于违反《劳动法》等法律法规的直接反抗，如加班不付加班工资、被裁员拿不到赔偿金等；有些则是对于职场潜规则的抵制，如打破讨好迎合上级的"办公室政治"、到点准时下班、节假日不跟不熟络同事社交，等等。

虽然00后的职场行为属于个人行为，但却引起了社会的广泛关注，"00后为什么这么勇"已经成了一个值得讨论的话题。作为00后的一员，你如何看待"00后整顿职场"这一现象？

7.3

劳动与自由

劳动与自由是辩证统一的，劳动是自由的基础与前提，一切自由都是建立在"缩短劳动时间"的基础之上的。人只有减少劳动时间从而获得和增加自由时间，劳动才能成为第一需要。人的自由反过来又能够创造劳动。因此如何实现人的自由，达到劳动与自由协调统一，就要考虑如何节约劳动时间提升劳动效率。

劳动认知

1. 自由的内涵

自由是一个政治哲学概念，在这个条件下人类可以自我支配，凭借自身意志而行动，并对自身的行为负责。要理解自由的内涵，必须理解绝对自由与相对自由。

（1）绝对自由与相对自由

绝对自由是指个体能够完全按照本身所具有的意识和能力去做任何事情（不被其他个体或外在事物所强行改变，受到个体内在的约束条件限制）。

相对自由是指人类或其他具有高等行为的个体在外在的约束条件下（法律，道德，生态平衡等）能够去做任何事情（受到外在约束条件限制）。

社会中个体自由之间存在制约关系，绝对自由在社会中的存在必然受到其他个体自由的限制，此种限制之间相互影响，形成了法律、道德等约束。对任何社会而言，社会中个体的自由均是相对自由，必须受到该社会的约束。

（2）自由的特性

概括来说，自由具有限制性、矛盾性和危机性。

限制性。自由的本身要保存其自由的本质，而它的本质不能与非自由的其他东西混杂，这叫作自由的限制性。当火车在轨道上行驶，它可以尽量发挥其机器的功能，可以自由控制速度，但是它不能有越过轨道的自由，越过轨道的自由就是违背自由的自由、就是危害自由的自由、就是结束自由的自由，那不是自由。自由并不是无拘无束、毫无限制，自由到了某一个阶段就与责任发生关系，此时，自由就在责任中找到了它的限制。

矛盾性。当你使用了你的自由以后，你就在自由的中间侵犯了你自己的自由，在自由的中间减少了你的自由。例如，一名即将大学毕业的学生在找工作，A、B两家单位都向他抛出了橄榄枝。其中，A单位业务发展很好，员工薪酬待遇高，但经常需要员工加班，员工自由支配的时间相对较少。B单位员工工资待遇不高，一周5天工作制，工作相对轻松，工作之余有很多可自由支配的时间。这时，他会选择A单位还是B单位呢？如果选择了高薪酬的A单位，意味着压力大与自由支配的时间减少；如果选择了B单位，意味着工资待遇不高。在这个很难做决定的自由选择面前，这位大学生是在限制、矛盾中间拥有自由的，这就是自由的矛盾性。

危机性。自由如果没有被真理约束，就易导致一个极具破坏性的行动。举一个简单的例子：一名大学生每天沉溺于游戏，荒废了学业，导致期末考试门门课程不及格，毕业成问题，工作不好找，这就叫作自由的不自由。当一个人所认为的自由后来越来越深地束缚他的话，那么这便不是自由，而是一种成瘾，这就是自由的危机性。

2. 自由与劳动、劳动时间的关系

（1）自由与劳动的关系

马克思说："人的类特性恰恰就是自由的自觉的活动。"换言之，作为人的类本质，劳动这种活动本身就应该是"自由"和"自觉"的。但是马克思又说："只要肉体的强制或其他强制一旦停止，人们就会像逃避鼠疫那样逃避劳动。"换言之，现实中的劳动恰恰不是"自由"的，而是"不自由"的。因为，自由与劳动是辩证统一的关系。自由不应仅仅是人对客观事物的认识问题，而且更是一个内生于人类生存的问题。也就是说，自由在本质上并不是"什么都不干"，更不是"无所事事"，而是可以自由选择自己愿意从事的活动，其中必然也包括了劳动。劳动是人类生存的需求，没有劳动的自由是空中楼阁，自由和劳动是分不开的。

（2）自由与劳动时间的关系

马克思认为，"节约劳动时间等于增加自由时间，即增加个人得到充分发展的时间""自由王国只是在由必要性和外在目的的规定要做的劳动终止的地方才开始""以劳动时间作为财富的尺度，这表明财富本身是建立在贫困的基础上的"。马克思的这些观点隐含着非常深刻的含义：劳动价值论存在的基础不是丰裕，而是贫困。一旦生产力的发展使得社会财富充分涌流出来，一旦社会财富不再建立于贫困的基础之上，那么，劳动时间就不再是"财富的尺度"。在彻底消除了贫困之后，由于财富的衡量尺度将不再是劳动时间，劳动价值论也就完成了自己的历史使命。"那时，财富的尺度绝不再是劳动时间，而是可以自由支配的时间。"因此自由时间与劳动时间成反比关系，一切自由都是建立在"缩短劳动时间"的基础之上的，也就是说，闲暇是自由的基础。因此，马克思把"工作日的缩短"看作是"自由王国"的"根本条件"。

3. 实现人的自由的方法与途径

（1）通过社会实践，实现人与社会关系的有机结合

人的自由全面发展的实现过程，就是人们不断进行物质交换和生产实践活动的过程，在进行生产活动时，人不仅与自然界发生作用，相应地人与人之间也发生着某种程度上的联系，这些联系不断发展形成广泛的社会关系，在此基础上推动人类社会的不断进步和发展。人的自由全面发展是在实践的基础上形成的，而在这个社会中进行生产活动的人则会形成一定的社会关系，从而发展成为共同体，推动人类社会向前发展。马克思认为，社会中的每个个体都可以自由发挥自身的才能和力量，以此实现人与人之间关系的和谐统一。只有进行劳动生产实践活动，才能为自由人联合体的形成奠定坚实基础。随着社会交往的增强，社会日益成为一个不可分割的整体，在此基础上，生产力大力发展，生产方式也得到了进步，社会交往和交流手段日益多样化，人类社会的发展逐渐走向整体化和现代化。

（2）通过缩短劳动时间，提高劳动自动化水平

马尔库塞对马克思的"自由时间"有着深刻的认识，他认为：自动化有可能把

作为现存文明基础的自由时间与劳动时间的关系颠倒过来，即有可能使劳动时间降低到最低限度，而使自由时间成为主导的时间，其结果将是对各种价值做彻底的重估。自由时间的延伸以劳动时间的缩短为前提，因此，科技的发展是人类获得自由的客观物质条件（图7-3-1）。问题在于，劳动

图7-3-1
科技的发展可以缩短人的劳动时间

这种人类活动是不是自由的？理论上讲，自愿的劳动是自由的活动，因为这种活动自身就是目的。换言之，在这种活动中，劳动不再是人类谋生的手段，而是人的第一需要。于是问题又回到：只有从劳动中解放出来，劳动才能成为第一需要；只有减少劳动时间从而获得和增加自由时间，劳动才能成为第一需要。

（3）通过提高个体能力，满足自由全面发展的客观要求

个体能力是指个人认识自我而且用以提升自身的能力，包含个体作为自由主体发挥主观能动性以支配自己和外部世界的能力，具体表现为个体对自我本质的认知能力以及自我才能发展和个性发展的能力。个体能力的提高是每个人自由全面发展的前提条件，只有积极主动地培养个体能力，才能为进行自主自觉的活动提供更为坚实的基础。在推动人的发展和社会发展的动力方面，个体能力始终处于核心位置，没有个体能力的提高，就难以实现人的发展和社会发展。个人主观能动性的发挥是实现自我发展的基础性条件。积极主动地培养驾驭自身发展的能力是个体自由全面发展的必然要求。

案例品鉴

寓言《庖丁解牛》中所蕴含的自由劳动哲理

"庖丁解牛"这则寓言流传久远，庖丁经过长期的劳动实践，使劳动达到了自由的境界。他按牛之"理"来解牛，即按牛这个物种的规律来变革牛，此其一。他

不是在肉体需要的支配下，也不是在外部力量的强制下进行劳动。对他而言，劳动已经不是手段，而成了目的。他解剖牛之后，感到"踌躇满志"，有一种精神上的满足，此其二。根据庄子的描写，庖丁的劳动已经达到了一种艺术的境界。"手之所触，肩之所倚，足之所履，膝之所踦，砉然向然，奏刀騞然，莫不中音。合于《桑林》之舞，乃中《经首》之会。"在这样的劳动中，人的某些本质力量被对象化、形象化了。劳动具有了美感，成了美感的对象，此其三。

从劳动对象说，上述过程就是将自在之物化为我物。"为我之物"就是人类之"所作"，就是人类创造的文化。而文化作为人的自由劳动的产物对人具有重要的价值。最广义的价值就是指为我之物的功能。"为我之物"既是真理的实现，又是人的目的的实现。在此基础上，才能产生出科学的真、道德的善、艺术的美，以及一切有利的制度、措施，等等。

思辨探究：结合庖丁解牛的故事，谈谈新时代大学生应如何实现劳动、自由与技能提升三者之间的协调统一。

话题互动

很多企业都会对其员工提出"高标准、高质量"的劳动要求，这就意味着劳动者需要付出更多的辛苦与努力。这种"高标准、高质量"是否影响个人的自由？如何实现高质量的劳动与个人自由相统一？

7.4

体面劳动与美好生活

随着我国经济的发展，让劳动者实现体面劳动的要求越来越迫切，人民对美好生活的期盼也越来越热切。习近平总书记提出，要努力让劳动者实现体面劳动、全面发展。对于大学生来说，高质量就业对于实现体面劳动有着重要作用。劳动者的权利得到有效的保护、合理的劳动报酬、必要的劳动保障等成了体面劳动的组成要素。

劳动认知

1. 体面劳动

（1）体面劳动的内涵

体面劳动的理念是在经济全球化引发一系列社会公正问题的背景下提出的。1999年6月，国际劳工组织新任局长索马维亚在第87届国际劳工大会上首次提出了"体面的劳动"概念。所谓"体面劳动"，是指每个人都能够在自由、公平、安全及拥有人格尊严的环境下，从事可持续的生产性工作。

在"2008经济全球化与工会"国际论坛开幕式上，时任国家主席的胡锦涛同志在致辞中就曾提出过"体面劳动"。他指出，让广大劳动者实现体面劳动，是以人为本的要求，是时代精神的体现，也是尊重和保障人权的重要内容。2010年，胡锦涛同志在全国劳动模范和先进工作者表彰大会致辞中再次对"体面劳动"进行了阐述，他指出，要进一步保障劳动者权益，为促进社会和谐奠定坚实基础。

2013年4月28日，中共中央总书记、国家主席习近平在全国劳动模范代表座谈会上发表重要讲话，提出党和国家要实施积极的就业政策，创造更多就业岗位，

图7-4-1
体面劳动

改善就业环境，提高就业质量，不断增加劳动者特别是一线劳动者劳动报酬。关注一线职工、农民工、困难职工等群体，完善制度，排除阻碍劳动者参与发展、分享发展成果的障碍，努力让劳动者实现体面劳动、全面发展。因此，充分保障劳动者因劳动而体面，是社会主义制度的本质要求，人民对美好生活的追求要在体面劳动中实现（图7-4-1）。

（2）体面劳动的意义

让劳动者实现体面劳动是落实以人为本的要求。以人为本，就是要把人类的生存作为根本，不仅主张人是发展的根本目的，而且主张人是发展的根本动力。一切为了人，一切依靠人，二者的统一构成了以人为本的完整内容。落实到实际工作中，以人为本就是要以广大人民的根本利益作为党和国家一切工作的出发点和落脚点，不断提高人民群众的生活水平和幸福感，促进人的全面发展。而要做到这点就必须尊重劳动、尊重知识、尊重人才、尊重创造，尊重和保护一切有益于人民和社会的劳动，不论是体力劳动还是脑力劳动，不论是简单劳动还是复杂劳动，一切为我国社会主义现代化建设做出贡献的劳动，都应该得到承认和尊重。

让劳动者实现体面劳动是时代精神的体现。时代精神是每一个时代特有的普遍精神实质，是一种超脱个人的共同的集体意识。就当前来说，改革创新是时代精神的核心。让劳动者实现体面劳动既是改革创新的时代精神在社会建设方面的体现，又是激发劳动者创新精神和创新潜力的重要举措。经济全球化既给各国发展带来了难得的机遇，也带来了严峻挑战。而体面劳动就是为应对经济全球化所带来的种种机遇和挑战而实施的重要社会政策和措施，其目的就是要通过落实体面劳动，激发广大劳动者的创新意识和创新精神，提高企业的创新能力，促进经济和社会的创新发展。

让劳动者实现体面劳动是社会建设的重要基石。党的十八大提出了经济、政治、文化、社会、生态文明建设五位一体的总体布局。其中在社会建设方面，党的十九大进一步提出，要坚持在发展中保障和改善民生，在发展中补齐民生短板、促进社会公平正义，在幼有所育、学有所教、劳有所得、病有所医、老有所养、住有所居、弱有所扶的基础上不断取得新进展。而体面劳动、尊严生活不仅与社会建设的目标高度

图7-4-2
体面地、有
尊严地劳动

一致，而且是社会建设的坚实基础。因为实现体面劳动，意味着劳动者不仅要有一份工作，而且要有平等的就业机会、安全的工作条件和合理的收入、充分的社会保障；意味着要尊重劳动，尊重劳动者的尊严和权利，落实劳动者"主人翁"地位，使每个劳动者通过体面地、有尊严地劳动来主宰自己的命运（图7-4-2）。

让劳动者实现体面劳动也是尊重和保障人权的重要举措。尊重和保障人权既是社会主义民主政治的基本要求，也是我们党执政的基本目标。劳动者权利是人权的重要组成部分，而保护劳动者权利不仅是体面劳动的重要内容，也是体面劳动的基本要求。体面劳动至少涉及劳动者三个方面的权利：一是工作中的基本人权，关系着人道主义和劳动者的尊严与自由的权利，是体面劳动的前提和必要条件；二是就业和社会保障，属于生存权，关系着劳动者及其家庭的生存，是体面劳动的主要内容；三是社会对话，属于知情权和参与权，是保障劳动者实现体面劳动的基本手段。可以说，我国党和政府为实现劳动者体面劳动所做出的种种努力，是尊重和保障劳动者人权的重要举措。

（3）实现体面劳动的基本要求

为劳动者提供足够的工作岗位。就业是最基本的民生，也是实现体面劳动的基本前提。只有实现充分的就业，劳动者才能生活体面、有尊严。无劳动则无法生存，更谈不上体面地、有尊严地生存。因此，为劳动者提供足够的工作岗位，是劳动者体面生存的基本前提，更是实现体面劳动的基本要求和保障。足够的工作岗位有以下四层含义：一是指政府要尽量为劳动者创造更多的、生产性的、体面的工作岗位，包括扶持、激励、支持创业；二是要消除就业的制度障碍和就业歧视，努力追求和实现劳动平等，让所有的劳动者能够机会平等地参与劳动和参与劳动竞争；

三是充分尊重劳动者意愿，给劳动者充分的择业自主权，不能让劳动者被迫接受不应接受的工作；四是加强就业创业培训，提升劳动者的就业能力，给他们创造更多的就业机会和发展机会。

不断增加劳动者特别是一线劳动者劳动报酬。劳动报酬提高应与劳动生产率提高基本同步，劳动者得到合理的劳动报酬既是劳动者的基本权利，也是劳动者体面生存和发展的基本条件。只有健全公平合理的收入分配机制，才能保证劳动者体面地劳动、有尊严地生活。至于什么样的劳动报酬是合理的，并没有统一标准，不同地区、不同单位、不同岗位的劳动者的劳动报酬都不一样。一般来说，判断劳动者获得的劳动报酬是否合理可以看其是否符合以下几个标准：一是劳动者得到的报酬与他所付出的劳动的量和质及其做出的贡献相称；二是劳动者的收入水平不低于本国家、本地区、本行业最低工资标准；三是用人单位应定期、不拖欠地发放劳动者的报酬；四是劳动者的报酬要公平，包括劳动者之间的收入差距不能过于悬殊，要保证劳动者及其家庭的基本生活需要，同一单位、岗位的劳动者同工同酬等；五是随着经济社会的发展，劳动者的劳动报酬应不断增加，并使之与国民收入增长的速度相适应，企业同样也要随着效益的提高而增加劳动者的报酬；六是劳动者的收入分配机制要合理，尤其是要提高居民收入在国民收入分配中的比重，提高劳动报酬在初次分配中的比重。

完善制度，保障劳动者合法权益。保护劳动者的合法权益既是体面劳动的基本要求，也是实现体面劳动的前提，更是尊重劳动和劳动者的具体体现。充分且有效的社会保护主要包括社会保障和职业健康安全两个方面的要求。其中社会保障包括针对劳动者失业、养老、疾病、生育、工伤等方面的社会保险，也包括社会救济、社会福利等措施；职业健康安全则主要包括为劳动者提供安全的工作环境、劳动工具、工作设施和工作条件。

2. 美好生活

（1）美好生活的内涵

党的十九大不仅明确了中国特色社会主义进入新时代，而且根据我国社会发展面临的新情况、新问题、新趋势，对我国社会主要矛盾进行了新的概括，提出了我国社会主要矛盾已经转变为人民日益增长的美好生活需要和不平衡不充分的发展之间的矛盾。新时代我国社会主要矛盾的变化，是"关系全局的历史性变化，对党和国家工作提出了许多新要求"。习近平总书记指出，要坚持把实现人民对美好生活的向往作为现代化建设的出发点和落脚点。因此，深刻理解并阐释新时代"美好生活"的内涵，是建设中国特色社会主义的理论前提。

从抽象意义来讲，美好生活是人的感性与理性、物质与精神协调发展的一种不断进步的生活态势，包括丰裕的物质生活、权利得到有效保护的心安生活、人格得到尊重的平等生活、美德受到敬重的道德生活、个性得到完善的自由而全面发展的生活。简而言之，物质、权利、人格、道德、发展是其核心要素。

（2）美好生活的构成要素

物质丰裕是人民美好生活的物质基础。人类所进行的生产劳动、发明创造、提高生产效率、增长社会财富等，无不是为了改善人们的物质生活。在新时代，我国不断厚植现代化的物质基础，不断夯实人民幸福生活的物质条件，大力开展"精准扶贫"的脱贫攻坚战，实施各种惠民举措，以提高人民的基本生活水平，同时在把握我国经济发展滞碍因素基础上，清除体制机制阻碍，解决产业结构、需求结构、增长动力以及区域和城乡发展的不平衡不充分问题，提高经济发展质量和效益，促进社会经济的共享发展，最终实现全体人民的共同富裕。

合法权利得到有效保护是人民美好生活的重要内容。权利是法律赋予社会成员实现其正当利益的一种力量。只有人们的权利在法律保护下实现了应得之利，才能真正体现社会的公平正义精神，让社会成员具有更多的获得感、安全感。为此，新时代满足"人民日益增长的美好生活需要"的着力点，不单是大力发展生产力、优化经济结构、协调生产与消费的关系、解决稳定经济秩序与提高经济增长的问题，在某种意义上，更是如何更好地使人民享有的宪法及法律保护的权利得到有效落实的问题。

人格得到尊重是人民美好生活的本质要求。在社会交往中，作为具有独立意识的主体，人人都有做人的尊严，不容他人和社会组织轻视，尤其是在权利、义务、机会、法律、教育、劳动等方面，人人都是平等的，我们要提防权力、资本、财富等对人格尊严的裹挟，以维护人格的独立性与不可侵犯性。

美德受到敬重是人民美好生活的重要特征。新时代"人民日益增长的美好生活需要"是一个多层次的发展性需要，它不仅包括人们物质生活的富裕与舒适、精神生活的丰富与充实，而且包括人性向善的道德自律所展现的人性光辉。道德是人性完善的需要，促使社会成员人性向善，使社会成员的品行闪耀着人性的美与善，既是社会发展的目的，也是衡量社会进步的标准，更是人们美好生活的精神需要。

　　个性得到完善的自由而全面发展是人民美好生活的最终目标。人类社会发展的根本目的，是为了人、解放人、发展人。在这个意义上，人类社会发展的历史，也是人的解放史。人的自由而全面发展，需要克服社会分工所产生的职业固化以及劳动目的的单纯工具化倾向。鉴于此，新时代基于个性完善的人的自由而全面发展的目标，要求社会成员的劳动不是单纯出于生存所迫的谋生手段，而是基于个人合理个性发展的内在需要，即出于个人潜能的发挥，使劳动成为人们自由自主的本质力量的实现。在活动范围上，劳动者将不受生存压迫的限制，而是能够根据自己的才智拓展到更多的社会活动领域，使个人的才能得到全面发展（图7-4-3）。

图7-4-3 个性得到完善是美好生活的最终目标

3. 体面劳动与美好生活的关系

（1）体面劳动是实现人民美好生活的根本基础

　　劳动是个人生存之本，高尔基说："劳动是世界上一切欢乐和美好事情的源泉。"劳动更是国家发展的基础，实现中国梦，创造全体人民更加美好的生活，需要我们每个人付出辛勤劳动，创造更多的财富。劳动者应因此享有财富而活得体面。党的十九届四中全会通过的《中共中央关于坚持和完善中国特色社会主义制度、推进国家治理体系和治理能力现代化若干重大问题的决定》强调，要促进广大劳动者实现体面劳动、全面发展；增加劳动者特别是一线劳动者劳动报酬；保障劳动者充分就业，维护职工合法权益；督促人民履行应尽义务。因此，劳动者因劳动而体面是实现人民美好生活的根本基础，这也是中国持色社会主义制度优越性的重要表现。

（2）美好生活是体面劳动的目标所在

人民群众是我们党的立党之本、执政之基、力量之源。只有让人民群众过上幸福美好生活，才能体现社会主义制度的优越性，才能夯实党执政的阶级基础和群众基础，才能凝聚实现中华民族伟大复兴中国梦的磅礴力量。习近平总书记指出："人民对美好生活的向往，就是我们的奋斗目标。"

党的十八大以来，以习近平同志为核心的党中央将这一奋斗目标全面融入国家发展战略和具体行动，脱贫攻坚战取得全面胜利，如期全面建成小康社会，我国民生保障事业发展实现历史性跨越和全方位跃升，人民对美好生活的向往不断变为现实。

案例品鉴

乡村旅游展活力，打工仔返乡当起"渔掌柜"

人至中年，一直在深圳发展的刘闽军没想到自己会把人生发展和幸福的下半场定在曾经远离的故乡，定在那个离万安县城四五里的渔村——沙坪镇长桥村佩溪小组。

24年前，为圆富裕梦，26岁的刘闽军告别穷乡僻壤，闯荡特区深圳，打过工，当过小老板，一路奋斗，收入渐丰，日子过得滋润也安稳，本想把这辈子交待在鹏城了，可家乡扎实的美丽乡村建设和红火的乡村旅游让他改变了主意。

这几年，县里、镇里整合美丽乡村建设、扶贫、水利、公路等资金，投入300万元，一方面，深挖佩溪独特的历史文化（辛弃疾曾途经村子，题《书江西造口壁》一词，抒发爱国情怀），并与传承千年的渔家文化有机融合，弘扬渔业文化，发展渔业旅游；另一方面，精心精细打造集"戏鱼、钓鱼、赏鱼、品鱼、观景、游乐、休憩、采摘"于一体的渔家小村，以"渔"为媒，以"渔趣、童趣"为特色，把村子规划建设得玲珑美丽，别具风味，声名远播，各方游客络绎不绝。

周末夏日的佩溪格外热闹，这里的吊桥、网红桥和浮桥等水上娱乐项目引来许多游客，大人带着小孩在桥上晃荡，不时有人掉到浅水里，惹来一阵欢笑。渔趣佩

◎案例分析：刘闽军从深圳打工回到家乡当起了"渔掌柜"，投身于美丽家乡的建设，他利用渔趣村的特点，做起了特色农家乐项目，在为周边人们的业余闲暇提供休闲娱乐的同时，也创造了属于自己的美好生活。

溪已成为万安乡村旅游的亮点，也渐渐成了刘闽军的兴奋点，因为他发现了家门口的商机，他想回来做特色"渔宴"，发展特色农家乐。

说干就干，他把自家临库区的房子装修成农家乐，同时购买设施，让妻子学厨掌勺，取名"渔樵人家"，以吃鱼和喂鱼嬉戏为主，可接待15桌客人用餐。自2020年5月1日开张以来，"渔樵人家"生意兴隆，经常满座，有时还要预订才能安排。为了确保鱼源，刘闽军把父亲的网箱养鱼规模扩大到200箱，他说，要扎根家乡致富奔小康。

采访时，刘闽军兴奋地翻出前一天的短信给记者看。

"刘总，您好，我是兴国的游客，经人介绍，准备明天来渔樵人家体验。"

"您好，谢谢关照！请问需要哪些服务？"

"我要定餐，有桂鱼、大头鱼吗？还准备玩钓鱼、牧马人、跳跳床、网红桥等项目。"

"好的，包您满意！"

"最近预约不断呢！"刘闽军满脸笑容，难掩喜悦之情。他还告诉记者，渔趣村生活节奏慢，给人古朴惬意的感觉，消费也经济实惠。如今，"渔樵人家"生意越来越红火，加上镇村帮忙宣传，刘闽军对未来充满信心，目前想致力发展农家乐品牌。

从打工仔到"渔掌柜"，刘闽军和佩溪人的美好生活只是起点，好生活还在后头。

（资料来源：中国江西网，有删改）

思辨探究：结合案例，分析自身特长及你的家乡的经济特点，想一想什么样的创业项目能让你实现自身价值，同时提升你的生活幸福感？

话题互动

劳动是财富的源泉，也是幸福的源泉。作为大学生，如何提升自己的劳动技能，并把自己所擅长的劳动与环境相结合，从而为自己、为他人创造出更美好的生活？

专题七
交互测试

拓展实践

劳动创造美好寝室环境

1. 实践主题

劳动创造舒适美好的环境

2. 实践目的

通过团队合作，设计并创造一个干净、整洁、舒适的学习与生活环境，使自己每日置身于一个舒适美好的寝室环境中，并享受劳动所带来的美好感受。

3. 实践内容

（1）确定寝室风格

与同寝室同学讨论，确定寝室文化与风格。

（2）房间墙面美化

墙面根据装饰主题，可贴相应主题的墙纸、挂一些绘画或图片等。

（3）装点寝室中的细节部分

可用一些小饰品或绿色植物装饰寝室。

（4）窗户美化

窗户可根据装饰风格，选择同类风格的窗帘或贴窗花等装饰物。

4. 实践要求

（1）寝室卫生：干净整洁，物品摆放整齐、规范。

（2）彰显寝室文化：每个寝室都有不同的文化，在美化时要充分考虑自己的寝室文化，做出别出心裁的美化设计。

（3）用材节约，变废为宝：低碳、绿色环保不仅是当下流行的概念，更应是大学生践行的生活方式。在美化寝室时充分利用易拉罐、雪糕棍、牛奶盒、饮料瓶、废纸箱等被忽略的生活垃圾和旧物，做成各种实用的生活用品，不仅创意十足，更能向周围的人传达一种绿色的生活态度。

（4）彰显个性：寝室由多个小空间组成，每个小空间都是使用者的"家"。在美化时，每个人应在兼顾整体风格统一的基础上，充分考虑自己的使用需求和审美偏好，打造属于个人的"私密空间"，彰显个性。

5. 实践评价

（1）设计并装饰自己的寝室，拍照分享成果，并评出最美寝室。

（2）谈谈通过集体劳动与智慧所创造的美好寝室居住环境的感受。

参考文献

专题七
拓展阅读

［1］陈斌蓉，杨晶，易今科.新时代大学生劳动教育［M］.长沙：中南大学出版社，2021.

［2］王培培.卢梭与马克思异化观的比较研究［J］.天津大学学报（社会科学版），2017，19（04）：380-384.

［3］林锋.重估《1844年经济学哲学手稿》的价值与地位——《1844年经济学哲学手稿》的原创性哲学贡献［J］.湖南社会科学，2020（1）：8-15.

［4］王鹏飞，魏翔.居民休闲时间对城市生产率的影响［J］.城市问题，2018（10）：53-61.

［5］王鹏飞，魏翔，梁留科，王佳莹.时间配置、人力资本与经济增长——基于跨国面板数据的国际经验分析［J］.经济问题探索，2020（06）：167-178.

［6］魏翔，虞义华.闲暇效应对经济产出和技术效率的影响［J］.中国工业经济，2011（01）：130-139.

［7］黄铁苗，曹玲.休闲的经济学思考［J］.消费经济，2003（01）：23-26.

［8］余长林.教育、闲暇与经济增长——理论模型与实证研究［J］.当代经济科学，2006（03）：7-14+124.

［9］赵磊.自由六问——一个马克思主义视角［J］.天府新论，2016（01）：69-74.

［10］鲁品越.剩余劳动与唯物史观理论建构——走向统一的马克思主义理论体系［J］.哲学研究，2005（10）：20-26+129.

［11］许银英，贺汉魂.人民的美好生活在体面劳动中实现［N］.湖南日报，2020-1-21（06）.

［12］廉思.持续改善民生给群众稳稳的幸福（专题深思）［N］.人民日报，2022-01-10（09）.

专题八
劳动保障与法律

　　劳动不仅推动了人类历史发展，也完善了劳动者自己。劳动保障制度和相关法律调整劳动关系、保障劳动权益，与我们每一个人、每一个家庭的生存发展息息相关。本专题围绕劳动安全保障、劳动关系与劳动合同、工会与劳动争议处理、劳动的法律制度四个方面，阐述我国劳动保障及法律制度的基本内容、发展历程和方向。一方面引导大学生正确认识劳动者依法行使权利和履行义务的关系，建立劳动主体法律责任客观认知；另一方面使学生深刻体会我国劳动法律法规鲜明的中国特色、实践特色和时代特色，对推进全面依法治国、加快建设社会主义法治国家具有重大意义。

8.1

劳动安全保障

劳动与我们的生产生活息息相关。劳动过程中，安全至关重要，如果劳动安全无法保障，做再多的工作也是徒劳。青年大学生马上踏入工作岗位，不仅要主动学习、运用劳动安全相关法律和社会保障制度来保障个人劳动安全，更要对劳动安全怀有敬畏之心，时刻紧绷这根弦，保持警钟长鸣，通过熟悉掌握应急管理知识，切实用实际行动捍卫劳动安全。

劳动认知

1. 关注劳动安全，坚持生命至上

安全是指生产系统中人员免遭不可承受危险的伤害。安全永远是相对的，没有绝对的安全。维护劳动安全是指在生产劳动过程中，防止中毒、车祸、触电、塌陷、爆炸、火灾、坠落、机械外伤等危及劳动者人身安全的事故发生。安全生产事故的频繁发生，不仅会造成国家财产和劳动者生命的巨大损失，还严重制约国民经济的平稳发展。

劳动者在作业过程或生产生活过程中可能会遇到各种各样的事故，为确保劳动者的安全，需要先了解事故类型和事故责任划分。

（1）劳动安全事故的类型

你能想到一个空易拉罐从15楼抛下能砸破人的头骨，从25楼抛下可致人当场死亡吗？如果在存在高空坠物危险的作业场所，戴妥安全帽，将帮助作业人员有效避免物体打击造成的伤害。按致损因素划分，这种事故类型就属于物体打击。除

此之外，还有火灾、爆炸、车辆伤害、机械伤害、触电、高处坠落、起重伤害、淹溺、坍塌、灼烫、中毒和窒息等事故类型。下面我们将围绕几种常见的事故类型展开介绍（表8-1-1）。

表 8-1-1　安全事故类型

事故类型	事故具体描述	预防及安全措施
火灾	火灾是指在时间和空间上失去控制的燃烧造成的伤害事故	掌握安全生产技能；熟知正确的灭火方式和紧急情况下的逃生方式
爆炸	爆炸是指在较短时间和较小空间内，能量从一种形式向另一种或几种形式转化并伴有强烈机械效应而引起的伤害事故。生产过程中常见的爆炸有煤气爆炸、加油站汽油爆炸、烟花爆竹爆炸、粉尘爆炸等	采取相关可燃物监测措施；动火作业要与易燃易爆的生产设备保持一定的安全距离
机械伤害	机械伤害是指机械设备与工具引起的绞、辗、碰、割、戳、切等伤害	保证有轮必有罩，有轴必有套；正确穿戴防护服、工作服，若留长发一定要盘起放入安全帽里
高处坠落	高处坠落是指由危险重力势能差引起的伤害事故。通常，高处作业指的是基准面高于两米以上的作业	高处作业必须系安全带，戴安全帽，穿软底防滑鞋
起重伤害	起重伤害是指从事起重作业时引起的机械伤害事故	起重作业需要两人配合，一人操作，一人监护；起重吊装作业需要办理许可，当遇到6级以上大风，应停止起吊作业

（2）明晰劳动安全事故责任

据统计，90%的事故都是责任事故。事故发生后，留下经验教训的同时，需要认真分析事故的责任，其目的在于划清责任，做出适当处理，使企业单位和劳动者从中吸取教训，改进工作。对于事故的责任划分，通常有直接责任、领导责任等。

因违章操作、违章指挥、违反安全责任制和劳动纪律、擅自拆除或毁坏或挪用安全装置和设备，而造成财产损失、伤亡事故的，应追究劳动者的直接责任。情节较轻的，由用人单位给予批评教育，依照有关规章制度给予处分；造成重大事故，构成犯罪的，依照刑法有关规定追究刑事责任。

因未按规定对职工进行安全教育和技术培训、设备有缺陷或超过检修期限或超负荷运行、没有安全操作规程或规章制度不健全、作业环境不安全或安全装置不齐全、违反职业禁忌证的有关规定、设计有错误或在施工中违反设计规定和削减安全卫生设施、对已发现的隐患未采取有效的防护措施或在事故后仍未采取防护措施而致使同类事故重复发生的，应当追究事故单位领导者的责任。

2. 加强事故应急管理，企业和劳动者携手共进

凡事预则立，不预则废。有效的应急系统和应急预案，可以把事故损失降低。2015—2020年，面对各种风险挑战，应急管理部门和消防救援队伍全力以赴防控重大风险，经过各方努力，生产安全事故死亡人数逐年降低，2020年全年各类生产安全事故共死亡27 412人，为中华人民共和国成立以来历史最低（图8-1-1）。尽管如此，安全生产领域风险隐患仍然很多，仍有可能酿成悲剧，特别是一些地区、企业和劳动者，安全意识不强、责任落实不力、安全投入不足、监管执法不到位、先进技术应用到安全生产领域不够深入的情况还依然存在，安全生产面临的形势依然严峻复杂。因此，企业单位掌握必要的应急管理能力，劳动者掌握必要的事故应急管理知识和逃生手段，能够防止事故发生或者在事故发生后最大限度地减少人员伤亡和财产损失。事故应急管理包括四个阶段，即预防、准备、响应和恢复。

2015—2020年全国各类生产安全事故共死亡人数及增速

图8-1-1 2015—2020年全国各类生产安全事故共死亡人数及增速（资料来源：国家统计局、智研咨询整理）

（1）预防——加强预警，化解安全隐患

在应急管理中，预防有两层含义，一是预防事故的发生；二是假定事故已发

生，降低事故的影响。劳动者要掌握必要的安全应急管理知识，如积极参加单位组织的业务和安全生产培训，掌握劳动安全生产技能，遵守劳动纪律和劳动规章制度等。企业单位要加大安全投入、配合安全监管、完善安全制度、开展安全培训、积极探索科技支撑安全生产的路径。

（2）准备——识别控制，确保有效应对

应急准备是应急管理过程中一个极其关键的阶段，它是针对可能发生的事故，为迅速有效地开展应急行动而预先所做的各种准备。劳动者要参加应急培训教育和演练，提升应急技能，正确使用应急救援器材。企业单位应设立应急机构，落实工作职责，开展应急预案的演习，与外部应急力量做好衔接工作。

（3）响应——紧急处置，提供应急救治

应急响应是在事故发生后立即采取的应急与救援行动，包括事故的报警与通报、人员的紧急疏散、急救与医疗、消防和工程抢险措施、信息收集与应急决策和外部求援等，其目标是尽可能地抢救受害人员、保护可能受威胁的人群，并尽可能控制或消除事故的影响。企业单位和劳动者应能够正确开展自救和互救，知道如何正确报警，比如，火警电话是119，维护治安、服务群众的报警电话是110，安全生产举报投诉电话是12350，医疗救助电话是120。正确逃生和疏散也是应急响应中应具备的能力，例如，发生液氯、液氨或者煤气泄漏事故时，劳动者应切断电源，关闭阀门，戴上防毒面具或防毒口罩，站到上风向，进行堵漏。如果堵漏失败，要沿主导风向的上风向逃生。

（4）恢复——有序组织，谨防二次事故

恢复工作应在事故发生后立即进行，它首先使事故影响区域恢复到相对安全的状态，然后逐步恢复到正常状态。企业单位和劳动者都需要掌握专业的应急处置能力和素养，如果不具备这方面的能力，则应请专业机构和专业部门进行处置，企业和劳动者如果盲目恢复，很有可能导致非常严重的二次事故。

3. 劳动安全法律，为劳动者铸就安全底线

劳动者在生产生活过程中，应了解掌握法律法规赋予的权利、规定的义务，确保劳动过程中的人身和财产安全。

（1）《宪法》

《宪法》第四十二条规定，中华人民共和国公民有劳动的权利和义务。国家通过各种途径，创造劳动就业条件，加强劳动保护，改善劳动条件，并在发展生产的基础上，提高劳动报酬和福利待遇。国家对就业前的公民进行必要的劳动就业训练。

（2）《劳动法》

《劳动法》第五十六条规定，劳动者在劳动过程中必须严格遵守安全操作规程。劳动者对用人单位管理人员违章指挥、强令冒险作业，有权拒绝执行；对危害生命安全和身体健康的行为，有权提出批评、检举和控告。

（3）《安全生产法》

《安全生产法》第二十八条规定，生产经营单位应当对从业人员进行安全生产教育和培训，保证从业人员具备必要的安全生产知识，熟悉有关的安全生产规章制度和安全操作规程，掌握本岗位的安全操作技能，了解事故应急处理措施，知悉自身在安全生产方面的权利和义务。未经安全生产教育和培训合格的从业人员，不得上岗作业。

（4）《职业病防治法》

《职业病防治法》第三十九条规定，劳动者享有七项职业卫生保护权利：获得职业卫生教育、培训；获得职业健康检查、职业病诊疗、康复等职业病防治服务；了解工作场所产生或者可能产生的职业病危害因素、危害后果和应当采取的职业病防护措施；要求用人单位提供符合防治职业病要求的职业病防护设施和个人使用的职业病防护用品，改善工作条件；对违反职业病防治法律、法规以及危及生命健康的行为提出批评、检举和控告；拒绝违章指挥和强令进行没有职业病防护措施的作业；参与用人单位职业卫生工作的民主管理，对职业病防治工作提出意见和建议。

根据上述有关法律，劳动者享有的权利包括：参加劳动，了解工作场所和工作岗位存在的危险因素、防范措施及事故应急措施的权利；拒绝违章作业，检举违章指挥的权利；发现直接危及人身安全的紧急情况时，有权停止作业或者在采取可能的应急措施后撤离工作场所的权利；以及获得卫生保护的各项权利。熟悉并学会合理运用劳动安全法律，在生产劳动中能有效帮助劳动者规范自身的行为和维护自身合法权益。

4. 社会保障制度，为劳动者密织安全保护网

社会保障体系是人民生活的安全网和社会运行的稳定器。在社会保障中，与劳动者安全保障关系最密切的是社会保险中的工伤保险、商业保险中的意外伤害保险和针对实习生的实习责任保险。作为即将加入劳动者大军的大学生，一定要明晰这三大险种的用途，并正确理解和认识它们与劳动安全之间的关系。

（1）保护广大劳动者的安全权益

工伤保险即职业伤害保险，是指劳动者在工作中或在规定的特殊情况下，遭受意外伤害或患职业病导致暂时或永久丧失劳动能力以及死亡时，劳动者或其遗属从国家和社会获得物质帮助的一种社会保险制度。工伤保险主要覆盖那些与用人单位建立了正式劳动关系的劳动者，工伤认定一般要以劳动者与用人单位存在劳动关系为前提。职工参加工伤保险，由用人单位缴纳工伤保险费，职工不缴纳工伤保险费。职工在发生工伤，经治疗伤情相对稳定后存在残疾、影响劳动能力的，应当依法进行劳动功能障碍程度和生活自理障碍程度的等级鉴定，以及劳动能力鉴定。其中劳动功能障碍分为十个伤残等级，最重的为一级，最轻的为十级。生活自理障碍分为三个伤残等级：生活完全不能自理、生活大部分不能自理和生活部分不能自理。工伤职工应依照劳动能力鉴定部门出具的伤残鉴定，享受相应等级的工伤待遇。职工因工死亡，其直系亲属按照规定从工伤保险基金领取丧葬补助金、供养亲属抚恤金和一次性工亡补助金。

对于与用人单位建立劳动关系的灵活就业人员，平台企业通过购买商业保险中的意外伤害险实现其职业伤害保障，但商业险存在着缴费高、待遇低的问题。随着新业态从业人员规模的扩大，因无法纳入现行工伤保险制度保障范围而导致的职业伤害保障缺失问题日益受到社会关注。2021年7月，人社部等八部门联合印发《关于维护新就业形态劳动者劳动保障权益的指导意见》，提出以出行、外卖、即时配送、同城货运等行业的平台企业为重点，组织开展平台灵活就业人员职业伤害保障试点。各地方相继出台相关政策法规并执行。这种将新形态就业人员纳入工伤保险制度保障范围的举措，适应了新经济、新业态发展需要，对促进就业、保障职工安

全、健康有重要意义，实现了企业、职工、社会三方共赢，维护了社会和谐稳定。

（2）保护学生实习期间的安全权益

岗位实习是职业院校提高技术技能人才培养质量、培养学生社会责任感和实践能力的重要环节。每年职业院校都有大量实习生踏上实习岗位，实习生遭遇工伤事故等情况时有发生。目前，实习责任险和意外伤害险是保障学生实习安全的两大重要险种。为了全面保障实习生的安全权益，2022年1月，教育部联合工信和信息化部等八部门印发了新修订的《职业学校学生实习管理规定》。其中提到，加强部门和地方协同配合，加快推出职业学校学生实习责任险和适应职业学校学生实习需求的意外伤害保险产品，积极推进职业学校实习学生参加工伤保险办法。一些地方已经做了积极的探索，将岗位实习生纳入工伤保险的范围（表8-1-2）。

表 8-1-2 部分省市将实习生纳入工伤保险的政策法规

省市	具体规定	相关政策法规
山东	按照统一部署，开展职业院校实习学生参加工伤保险工作；加快发展职业院校学生实习实训责任保险和人身意外伤害保险，尽快实现学生实习实训强制保险全覆盖	《山东省教育厅等8部门关于做好企业接收职业院校学生实习实训工作的通知》
浙江	纳入试行参保的实习生暂限于由职业技工院校集中统一安排的学期性实习学生，且年龄不小于16周岁；已参加试行参保的实习生和超龄就业人员与用人（实习）单位发生工伤待遇方面的争议，按照处理劳动争议的有关规定处理	《浙江省人力资源和社会保障厅等3部门关于实行职业技工等学校学生在实习期间和已超过法定退休年龄人员在继续就业期间参加工伤保险工作的指导意见》
天津	用人单位自愿为使用的实习生在实习期间或者超龄从业人员在从业期间，按单险种参加工伤保险及相关管理，适用本办法。本办法所称实习生，是指年满16周岁、按规定参加学期性跟岗和顶岗实习的全日制学历教育职业院校（含技工院校）的在校学生	《天津市实习生和超龄从业人员参加工伤保险办法（试行）》
广东	实习学生包括签订三方实习协议或自行联系实习单位的实习学生和从业单位使用的勤工助学学生。实习学生可由所在从业单位为其办理单项参加工伤保险。从业单位所在省（自治区、直辖市）未实施实习学生单项参加工伤保险政策的，其使用的实习学生也可由所在学校属地办理单项参加工伤保险	《关于单位从业的超过法定退休年龄劳动者等特定人员参加工伤保险的办法（试行）》

作为大学生，要认真学习和严格遵守《职业学校学生实习管理规定》，主动与

职业院校、实习企业签订岗位实习三方协议，明确各方的责任、权利和义务，为实习安全提供协议保障。

案例品鉴

人命关天，安全责任重于山

事故的代价是惨痛的，血泪的教训也是深刻的。2020年12月4日17时17分，重庆市永川区吊水洞煤业有限公司煤矿井发生了一场由于工作人员违规使用氧气/液化石油气切割水泵吸水管引起的重大火灾事故。重庆市胜杰再生资源回收有限公司在执行回撤作业时，回撤人员在−85m水泵硐室内违规切割2#、3#水泵吸水管，掉落的高温熔渣引燃了水仓吸水井内沉积的油垢，油垢和岩层渗出油燃烧产生大量有毒有害烟气，在火风压作用下蔓延至进风巷，最终事故造成23人死亡、1人重伤，直接经济损失2 632万元。经调查认定，该事故是一起生产安全责任事故。从劳动者自身进行审视，事故发生的直接原因是负责回撤的工作人员在−85m水泵硐室气割水管前，未采取措施清理或者隔离焊渣、防止飞溅掉落到存有岩层渗出油的吸水井。这无疑表露出，工作人员不熟悉安全操作规程中的具体操作程序和步骤，缺乏对岗位主要危险有害因素的了解，当面对异常情况时，不能做出正确的判断，进而采取得当的措施。由此看来，工作人员需要提高安全意识，时刻谨记安全操作规程与生命安全息息相关，加强三级安全培训学习，并获得对应岗位的安全资格证书，以硬功夫来为生命铸就安全屏障。从企业内部制度和管理进行审视，也反映出该企业安全培训制度只是纸上谈兵，日常管理中未能有序、有效、有计划地组织安全培训教育，导致岗位工作人员面对应急事件时处理不当，引发严重后果；企业未落实煤矿入井检身制度，入井工作人员未随身携带自救器，导致隐患排查治理出现疏漏。同时，

◎案例分析：以案示警，居安思危，安全生产大如天，安全责任重于山。预防此类事件的发生，需要监管部门加大力度，打非治违，定期检查，防微杜渐。企业方要加强劳动安全培训教育，不断加强制度建设，建立快速反应和应急处理机制，制定安全事故应急救援预案；劳动者要主动加强自身安全意识，提高洞察事故隐患能力、应急处理能力，积极参与应急救援预案演练。无论是企业方还是劳动者，都要始终把劳动安全放在心头，把劳动安全责任落实贯穿于管理的每一个环节，实现安全的全过程控制，用行动捍卫生命安全。

监管部门安全检查专业力量的不足，导致未能及时发现此次回撤作业的安全隐患和存在的问题。

（资料来源：《应急管理部公布2020年全国生产安全事故
十大典型案例》，有删改）

思辨探究：在上述案例中，工作人员、企业以及监管部门安全生产责任落实不到位，都是导致事故发生的原因。在未来的就业创业中，你认为不同主体如何分工负责，以确保安全生产？

话题互动 ————

大学生就业一直是社会关注的热点问题，某档求职综艺节目中，一位求职导师揭露职场"潜规则"时说，求职面试时千万别问"五险一金"和有没有加班费。此番言论引发了热烈的社会讨论。请你谈一谈，对于即将走进劳动市场的大学生而言，工资和社会保险，哪个更重要？

8.2

劳动关系与劳动合同

劳动关系的稳定是社会稳定的基础，事关民生，牵动着万千家庭。近年来，随着大学毕业生数量攀升，就业竞争更加激烈。同时，平台及数字经济的蓬勃发展，也催生了灵活就业模式。就业市场和用工形式的变化，使大学生就业面临新机遇和新挑战。大学生要正确认识劳动的现象与本质，正确认识中国特色劳动关系，真正懂得劳动创造价值、劳动关乎幸福人生的道理，为走入职场顺利就业奠定基础。

劳动认知

1. 认识劳动关系，掌握就业命脉

随着我国经济发展进入新常态，特别是互联网平台共享经济的迅猛发展，传统全日制直接用工方式受到极大挑战，新业态下的灵活用工方式及灵活就业方式不断涌现，劳动关系的形式亦发生重大变化。在劳动人事工作领域，涉及劳动关系认定的劳动纠纷呈现易发、频发态势。我们可以从什么是劳动关系、如何认定劳动关系、如何解除劳动关系等几个方面来全面认识劳动关系。

（1）揭开劳动关系的面纱

宏观层面上，劳动关系是指在劳动或劳务生产过程中形成的社会关系，包含劳动力的使用关系、劳动管理关系和劳动服务关系等。微观层面上，劳动关系是指劳动者与用人单位依照国家劳动法律法规，签订书面劳动协议所形成的法定义务和法定权利的法律关系。接下来，我们将重点阐述微观层面的劳动关系。

劳动关系是劳动者与用人单位双方在工作场所形成的用工关系，其主体是用人单位和劳动者。劳动者接受用人单位的管理，从事用人单位安排的工作，成为用人单位的成员，从用人单位领取劳动报酬和受劳动保护。还有一种容易混淆的关系叫劳务关系，如果将劳动关系认定为劳务关系，将会发生用人单位恶意规避劳动法律规范，劳动者合法权益无法得到保障等现象，如发生欠薪、低薪用工等问题。虽然两者只有一字之差，但是二者的法律意义却大相径庭（表8-2-1）。

表 8-2-1　劳动关系与劳务关系的区别

两者区别	具体描述
主体不同	劳动关系一方是符合劳动年龄并具有与履行劳动合同义务相适应能力的自然人，另一方是符合劳动法所规定条件的用人单位；而劳务关系不限于自然人与用人单位之间，还可以是单位之间，自然人之间，并且可能是两个主体以上
关系不同	劳动关系中形成的是管理与被管理、监督与被监督、指挥与被指挥的隶属关系；劳务关系是平等主体依据双方约定所形成的一种财产关系，不存在人身的隶属性
关系的稳定性不同	劳动关系比较稳定，反映的是一种持续的生产资料、劳动者、劳动对象之间的结合关系；而劳务关系中多为一次性或临时性的工作，一般以完成特定工作为目的
待遇不同	劳动关系中劳动者除了定期得到劳动报酬外还享有劳动法律法规所规定的各项待遇，如社会保险待遇等；而劳务关系一般只涉及劳动报酬问题，劳动报酬都是一次性或分期支付，而无社会保险等其他待遇

劳动关系是生产关系的重要组成部分，是最基本、最重要的社会关系之一。劳动关系是否和谐，事关广大职工和企业的切身利益，事关经济发展与社会和谐。

（2）劳动关系的认定

因劳动合同、工作规定、社会保障、劳动酬劳等产生的争议，建立在存在劳动关系的基础上。所以，认定劳动关系尤为重要。认定劳动关系主要参考以下三个标准：一是用人单位和劳动者符合法律、法规规定的主体资格；二是用人单位依法制定的各项劳动规章制度适用于劳动者，劳动者受用人单位的劳动管理，从事用人单位安排的有报酬的劳动；三是劳动者提供的劳动是用人单位业务的组成部分。

《劳动合同法》第七条和第十条明确规定，用人单位自用工之日起即与劳动者建立劳动关系。建立劳动关系，应当订立劳动合同。用人单位未与劳动者签订劳动合同，认定双方存在劳动关系时可参照下列凭证（图8-2-1）：工资支付凭证或记录（职工工资发放花名册）、缴纳各项社会保险费的记录；用人单位向劳动者发放的"工作证""服务证"等能够证明身份的证件；劳动者填写的用人单位招工招聘"登记表""报名表"等招用记录；考勤记录；其他劳动者的证言等。总之，能证明劳动者在用人单位工作过的各类材料都可成为认定劳动关系的举证材料。

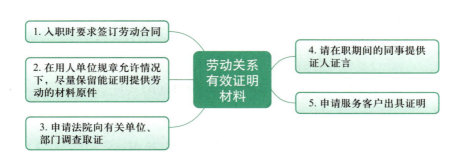

图8-2-1
劳动关系的有效证明材料

（3）劳动关系的解除

劳动关系的解除，大体上可以分为协议解除和单方面解除。协议解除是用人单位与被雇佣的劳动者协商一致，解除劳动合同（图8-2-2）。协议解除劳动关系，一般存在两种情况：一种是由用人单位提出解除双方的关系，另一种是由劳动者提出解除双方的关系。第一种情况下，用人单位需要向劳动者支付一定的经济赔偿，而赔偿的数额则是由劳动者的工作年限来决定的；第二种情况下，用人单位不需要向劳动者支付任何的经济赔偿金。

单方面解除分为用人单位单方面解除和劳动者单方面解除。用人单位单方面与劳动者解除劳动合同，应经过工会程序，向劳动者说明理由，并送达解除决定。对于不是因为劳动者过失行为导致的劳动关系解除，如劳动者因患病不能从事原工作、培训后仍不能胜任工作、用人单位经济裁员等，根据相关法律规定，用人单位需要向劳动者支付一定的经济补偿金。劳动者单方面解除劳动关系主要分为非因用人单位过错解除和因用人单位过错解除。劳动者因用人单位发生过错而提出解除劳动关系时，用人单位要按照相关规定，支付一定的经济补偿金。

终止劳动合同通知书 (个人不续)

_____先生/女士：

您于____年____月____日向公司提出了不再续签劳动合同的通知，鉴于您与公司签订的劳动合同有效期截止至____年____月____日，请您于____年____月____日前将离职手续办理完毕，并到人力资源部结算工资。

同时，也非常感谢您一直以来辛勤的工作。希望您在新的工作岗位上取得更大的成绩！

本通知书一式两份，人力资源部门和终止劳动合同的员工各执一份。

××有限公司

人力资源部

年 月 日

员工确认书：

本人已知晓《终止劳动合同通知书》，并将在规定的时间内办理离职手续。

员工签名：

年 月 日

图8-2-2
终止劳动合同通知书

2. 劳动关系建立的重要证明——劳动合同

劳动关系建立是指劳动者和用人单位按照一定的方式确定劳动关系，从而产生相互之间权利和义务的活动。劳动合同是建立劳动关系的重要证明。

（1）劳动合同面面观

劳动合同是劳动者与用人单位确立劳动关系、明确双方权利和义务的协议，是用人单位与劳动者经过平等协商所达成的具有法律效力的承诺。建立劳动关系应该订立劳动合同。

劳动合同应具备以下条款：① 用人单位的名称、住所和法定代表人或者主要负责人；② 劳动者的姓名、住址和居民身份证或者其他有效身份证件号码；③ 劳动合同期限；④ 工作内容和工作地点；⑤ 工作时间和休息休假；⑥ 劳动报酬；⑦ 社会保险；⑧ 劳动保护、劳动条件和职业危害保护；⑨ 法律、法规规定应当纳入劳动合同的其他事项。

除了上述必备条款外，用人单位还可以在劳动合同中与劳动者约定试用期、培训、保守秘密、补充保险和福利待遇等条款。自用工之日起一个月内，如果用人单位不与劳动者签订劳动合同，劳动者可以要求单位支付双倍工资，并补订劳动合同。自用工之日起一个月内，经用人单位书面通知，如果劳动者仍不愿意与用人单位订立书面劳动合同的，用人单位应当书面通知劳动者终止劳动关系，无需向劳动者支付经济补偿，但是应当依法向劳动者支付其实际工作时间的劳动报酬。

（2）劳动合同的作用

劳动合同是保障劳动者实现劳动权的法律形式。它可以将国家规定的客观劳动权变为劳动者的主观劳动权。劳动者订立劳动合同，意味着劳动权的实现，劳动者在合同期限内获得有保障的工作，用人单位不得无故解除劳动合同。

劳动合同是用人单位合理使用劳动力、巩固劳动纪律、提高劳动生产率的重要手段。用人单位可以根据生产经营或工作需要确定招收录用劳动者的时间、条件、方式和数量，并且通过与劳动者签订不同类型、不同期限的劳动合同，发挥劳动者的专长，做到人尽其才，合理使用劳动力。

劳动合同是减少和防止发生劳动争议的重要措施。在我国社会主义制度下，劳动者同用人单位的根本利益是一致的，但是由于种种原因也会产生矛盾，发生劳动争议。签订劳动合同，明确规定当事人双方的权利和义务，有助于提高双方履行合同的自觉性，促使他们正确地行使权利，严格地履行义务，从而减少和防止发生劳动争议。

（3）有效的劳动合同

劳动合同有效的认定标准包括：当事人具有相应的民事行为能力；当事人意思表示真实；劳动合同内容不违反法律、行政法规的强制性规定，不违反公序良俗。

《劳动合同法》规定，订立劳动合同，应当遵循合法、公平、平等自愿、协商一致、诚实信用的原则。依法订立的劳动合同具有约束力，用人单位与劳动者应当履行劳动合同约定的义务。

这些情形的劳动合同无效或者部分无效，如以欺诈、胁迫的手段或者乘人之危，使对方在违背真实意思的情况下订立或者变更劳动合同的；用人单位免除自己的法定责任、排除劳动者权利的；违反法律、行政法规强制性规定的。对劳动合同的无效或者部分无效有争议的，由劳动争议仲裁机构或者人民法院确认。

（4）签订劳动合同的注意事项

要审核用人单位的资质。最好是查看用人单位的营业执照、组织机构代码，确保用人单位是合法用工单位。谨慎签订劳动合同，劳动合同内容要全。要签订书面的劳动合同，保留一份，这样一来，一旦与用人单位发生劳动纠纷、争议，就能提供出相应的证据。

不要缴纳各种名义的费用。任何招聘单位，以任何名义向求职者收取抵押金、服装费、产品押金、风险金、报名费、培训费等行为，都是违法行为。招聘单位培训本单位的职工也不得收取培训费。如果遇到此类情况，要坚持拒交，并向招聘单位所在地区的有关部门举报，以确保自己的合法权益不受侵害。

发觉被骗，及时报案。一旦发觉上当受骗，要及时向招聘单位所在地的人力资源和社会保障局或公安机关报案，寻求法律保护。但由于劳务诈骗往往涉及公安、工商、劳动、人事等部门，求职者应该根据情况选择最有效的投诉部门，若被投诉对象为合法机构，求职者可以找劳动部门；若求职受骗情况特别严重、诈骗金额大，可以到公安机关进行报案。

3. 多方参与，共同构建和谐劳动关系

劳动关系是最基本、最重要的社会关系。改革开放以来，我国劳动关系在与社会主义市场经济相适应的过程中不断调整和完善，完成了劳动关系体制从有计划的商品经济向市场经济的嬗变，形成了具有鲜明中国特色的社会主义劳动关系。当前，中国经济进入新常态，在经济结构调整和转型升级过程中，企业劳动关系必然面临不断调整、矛盾多发的问题。构建和谐劳动关系，既是建设和谐社会的重要基础，也是经济发展的根本保证，意义重大。

（1）国家全面部署，构建中国特色和谐劳动关系

构建中国特色和谐劳动关系，是坚持中国特色社会主义道路、贯彻中国特色社

会主义理论体系、完善中国特色社会主义制度的重要组成部分，其经济、政治和社会意义十分重大而深远。党和国家高度重视构建和谐劳动关系，先后制定出台了一系列法律法规、政策措施加以推进。2015年，中共中央、国务院专门印发《关于构建和谐劳动关系的意见》（下文简称《意见》），明确了构建和谐劳动关系的重大意义、指导思想、工作原则、目标任务和政策措施，是指导新时期劳动关系工作的纲领性文件，对于协调劳动关系具有深远的意义。《意见》将劳动关系纳入经济发展、国民收入分配的大格局，着力构建劳动者与企业利益平衡与协调发展的宏观及微观机制，摆脱了传统劳动关系研究与实践中的将劳企双方对立化和冲突化的局限，从促进劳动关系双方互利共赢的角度提出了构建中国特色和谐劳动关系这一伟大课题。

近年来，全国各地不断加强调整劳动关系的政策法规、制度体系建设，健全完善党委领导、政府负责、社会协同、企业和职工参与、法治保障的工作体制，加快形成源头治理、动态管理、应急处置相结合的工作机制，使劳动用工更加规范、职工工资合理增长、劳动条件不断改善，职工安全健康得到保障，社会保险全面覆盖，人文关怀日益加强。有效预防和化解了大量劳动关系矛盾纠纷，使劳动关系更加协调和谐稳定，为经济建设、社会发展、政治安全作出了突出贡献。这些成绩，是劳动领域坚持深入践行以人民为中心的发展思想的变革性实践，是以习近平同志为核心的党中央治国理政新理念新思想新战略在民生领域贯彻落实的标志性成果。

（2）企业肩负职责，努力营造良好环境

《意见》第七条提到，要营造构建和谐劳动关系的良好环境。企业作为国家生产经营的活动主体和劳动关系的重要主体，肩负着促进社会经济和谐发展和为社会创造财富价值的重要职责，在营造构建和谐劳动关系的良好环境过程中，也起着至关重要的作用。

要加强对职工的教育引导。在广大职工中加强思想政治教育，引导职工树立正确的世界观、人生观、价值观，追求高尚的职业理想，培养良好的职业道德，增强对企业的责任感、认同感和归属感，爱岗敬业、遵守纪律、诚实守信，自觉履行劳动义务。

加强对职工的人文关怀。培育富有特色的企业精神和健康向上的企业文化，为

图8-2-3
企业组织团
建活动

职工构建共同的精神家园。注重职工的精神需求和心理健康，及时了解掌握职工思想动态。加强企业文体娱乐设施建设，积极组织职工开展喜闻乐见、丰富多彩的文化体育活动，丰富职工文化生活（图8-2-3），从而拓宽职工的发展渠道，拓展职业发展空间。

积极履行社会责任。牢固树立爱国、敬业、诚信、守法、奉献精神，切实承担报效国家、服务社会、造福职工的社会责任。自觉关心爱护职工，努力改善职工的工作、学习和生活条件，帮助他们排忧解难，加大对困难职工的帮扶力度。提高依法用工意识，自觉保障职工合法权益。

优化企业发展环境。主动转型升级，紧紧依靠科技进步、职工素质提升和管理创新，不断提升竞争力。通过促进企业发展，为构建和谐劳动关系创造物质条件。

（3）个人正确理解，积极参与贡献力量

随着社会的发展，企业和职工更多地表现为一种合伙人关系，职工应增强主人翁意识，不断提升自身素质，以勤奋、诚实和创新劳动，在企业中谋求发展。大学生毕业以后，无论成为企业方还是劳动方，都需要正确理解和处理劳动关系，按照中国特色和谐劳动关系的内在逻辑，有效维护自身合法权益，在尊重劳动、热爱劳动、崇尚劳动的基础上，更好地把握辛勤劳动、诚实劳动、创造性劳动的劳动伦理。

作为大学生，应系统学习劳动关系，从社会分工的角度正确认识劳企双方的相互依存关系，具备分析和解决劳动问题的基本能力和本领，深刻理解构建中国特色和谐劳动关系的重大意义。

案例品鉴

解除劳动合同的维权

2007年7月15日，吴某华入职浙江省宁波某品牌管理有限公司从事柜台销售工作，其劳动合同履行地一直在江苏省南京市，先后在南京新街口百货商场、南京大洋百货商场的柜台担任店长。吴某华签订过多份固定期限劳动合同，最后一次的劳动合同期限自2017年1月1日起至2019年12月31日止。劳动合同书上约定每月25日前发放上月工资。但在劳动合同履行过程中，宁波某品牌管理有限公司在一些月份存在26日之后发放工资的情形。此外，公司还以销售短款等问题对吴某华罚款过数百元，并存在其他克扣吴某华的工资、没有按照正常劳动报酬收入来计算加班费等情形。2019年3月，吴某华找到律师，诉求是拿到经济补偿，尽快离开公司。公司出于不愿支付经济补偿等目的，想让吴某华主动辞职。而吴某华只想拿到经济补偿，并且不想再耗下去了。根据《劳动合同法》第38条规定，"用人单位未及时足额支付劳动报酬的，劳动者可以解除劳动合同"，且该种情况用人单位应当支付经济补偿金。经过初步梳理，公司克扣吴某华工资、未足额支付加班费、没有按照劳动合同的约定及时发放工资等。在存在上述情形的情况下，吴某华主张解除劳动合同，应当得到经济补偿。根据她提供的工资流水、工资清单、打卡记录等证据，最终吴某华得到2019年2、3、4、5月份的工资差额3 074.84元，加班费1 300.81元以及解除劳动合同的经济补偿51 600元。

◎案例分析：在职期间如受到不公平待遇要学会通过法律途径保护自己，也要留好劳动合同书、银行工资流水、社会保险缴费、住房公积金清单、考勤打卡记录、病假资料、微信记录和电子邮件等电子证据以及其他的相关材料。在必要的时候可以申请解除劳动合同，确认解除双方之间的劳动合同目的就是确认劳动者的解除事由符合法律规定，从而可以主张经济补偿。

（资料来源：《劳动争议案件35个胜诉策略及实务解析》，有删改）

思辨探究：每年都有很多大学生毕业找工作，多数大学生参加工作一般都需要签订就业协议书，它是毕业生和用人单位关于将来就业意向的初步约定，就业协议书签订后，还要与用人单位签订劳动合同，劳动合同是认定员工与用人单位存在劳动关系的重要证据。请结合上述案例及本节学习内容思考以下问题：劳动者在订立和解除劳动合同时应注意哪些事项？如果出现争议应如何维权？

随着经济社会的发展和互联网技术的革新，劳动方式不断改变，催生出了灵活就业、共享用工等新用工模式。与传统的劳动关系相比较，灵活就业的劳动关系有哪些不同？如何在新业态行业发展和维护劳动者合法权益之间寻求平衡？

8.3

工会与劳动争议

劳动关系的和谐程度是社会稳定的"晴雨表",工会作为工人阶级组织,维护职工合法权益是工会的基本职责,在督促用人单位合法合规的同时,工会的存在对于劳动争议的预防有着自身的优势。劳动争议的处理,不是去和企业论长短,更不是为了争输赢,而是在法律法规的基础上,发挥工会等各职能部门的优势,多措并举化解劳动争议,推动构建和谐劳动关系。工会也可以帮助青年大学生更好地融入社会,在遇到现实问题或劳动争议时,工会能够成为其强有力的支撑。

劳动认知

1. 工会组织有温度

中国工会的诞生和工会运动的发展是一条艰难曲折的道路,是在极其复杂和困难的政治斗争环境中发展壮大起来的。随着时代的变迁与发展,工会在平凡的工作中,把党和政府的关怀、组织的温暖及时送到广大职工群众的心坎上。

(1) 工会"时代说"

早期的工人组织多是一些带有封建性质的民间秘密结社、帮口和行会。这些组织在提高工人工资、改善劳动条件等经济斗争中起到过一些积极作用。19世纪50年代成立的广州打包工人联合会,是最早的具有工会性质的组织。随着工人阶级队伍的壮大,工会组织如雨后春笋,纷纷成立。影响较大的工会组织有中华全国铁道工会、上海缫丝女工同人会、制造工人同盟会等，这些都是萌芽形态的近代工会组织。中国共产党成立之后，党积极推动各地普遍建立工会，并努力领导工人运动。在党的领导下，中国工会运动使工会组织蓬勃发展。

中华人民共和国成立后，中国工会工作的基本方针、组织原则、组织体系等被确立并不断完善。1950年，《中华人民共和国工会法》（以下简称《工会法》）颁布实施，确定了工会在国家政治、经济和社会生活中的重要地位和作用。1953年中国工会第七次全国代表大会通过了中华人民共和国成立后的首部工会章程。章程明确规定，中国工会是"中国工人阶级的群众组织"。1978年，中国工会第九次全国代表大会举行，这是我国社会主义建设事业进入新的历史发展时期工会的首次全国代表大会。邓小平同志向大会致祝词，强调了工会的本质属性和维权职能，要求工会组织必须密切联系群众，让工人信得过、能替工人说话、为工人办事，为新时期中国工人运动发展指明了方向。1992年，新《工会法》正式颁布，确立了工会维权的基本职能，使工会维护职工合法权益有了法律依据，也意味着工会工作逐渐走上法治化轨道。2001年修订的《工会法》首次明确"维护职工合法权益是工会的基本职责"，为工会履行维权基本职责提供有力的法律依据和保障。2021年新修订的《工会法》将"竭诚服务职工群众"增列为工会基本职能，也进一步明确了新就业形态劳动者参加和组织工会的权利，且以立法形式体现与巩固党对产业工人队伍建设改革的新要求。此次《工会法》的修订，为推进新时代党的工会工作提供了根本遵循。

工会是近代社会发展孵化而来的产物。在中国革命、建设和改革的历史进程中，中国工会（图8-3-1）在党的指引下，走出了一条把马克思主义工运理论与中国实际相结合，适应时代特征，适合国情、会情的正确发展道路，具有鲜明的中国特色。

图8-3-1
中华全国
总工会

（2）工会"光与热"

《工会法》明确规定，工会的基本职责是维护职工合法权益、竭诚服务职工群众。同时，工会还具有建设和教育的社会职能。

维护职工权益和服务职工群众是工会产生、存在和发展的基本职责，其他职能都是以此为前提衍生和扩展的。工会作为职工自愿结合的工人阶级群众组织，必须履行维护职工群众合法权益的职责。工会应当以劳动法为标准保证职工的权利，并对职工的劳动进行监督和规范，促使用人单位内部形成和谐的劳动关系。工会通过职工代表大会等形式，组织职工参与所在单位的决策活动、管理活动和监督活动中。工会组织要密切联系职工群众，想职工所想，做职工所需，时刻心系职工。如果职工出现了困难，及时提供保障和支持，为职工群众做好服务工作。工会在维护职工合法的经济权益与民主权利的同时，也要做好物质生活服务和精神文化服务，不断增强职工群众的获得感、幸福感、安全感。

工会的建设职能是指工会吸引和组织广大职工群众参加国家建设和经济改革，努力完成经济社会发展任务的职能。工会建设职能的履行是通过广泛开展职工群众性生产活动实现的，诸如劳动竞赛、劳动模范评比、职工技术协作、技术革新与技术比武、班组建设等活动，都起到了发展经济、推进改革、提高效益、增强企业活力的作用。

工会的教育职能包括对职工进行思想政治教育和文化技术教育。工会组织应引导职工自觉践行社会主义核心价值观，广泛开展"中国梦•劳动美"主题宣传教育，打造健康向上的职工文化。同时，还应面向职工开展职业技能教育、职业安全健康教育和劳动保护教育等，不断提升职工的文化素养和职业素养。工会履行教育职能，要深入落实产业工人队伍建设改革方案，努力建设知识型、技能型、创新型劳动者大军。

（3）工会"在身边"

我国工会组织体系大致可划分为四个层次：中华全国总工会、地方各级总工会、全国和地方产业工会和基层工会，从上到下形成统一的整体。其中，基层工会（表8-3-1）作为工会体系的基本组成单位，根据行业、区域等情况分为如下几种：企业、事业单位、机关和其他社会组织等基层单位工会、联合工会委员会、工会联合会。

表 8-3-1 基层工会组织形式

类型	概念	名称
单独基层工会	遵循属地原则，会员人数大于等于25人，且未建立工会组织的企业或单位，须建立单独基层工会	单位全称 + 工会委员会
联合工会委员会	会员人数小于10人，就近按地域或行业划分，未建立工会组织的两个以上企业或单位建立联合工会委员会	区域 / 行业 + 联合工会
工会联合会	同一区域、相近或同一行业，两个以上单独基层工会组织组成的联合体	区域 / 行业 / 单位 + 工会联合会

《工会法》规定："在中国境内的企业、事业单位、机关、社会组织中以工资收入为主要生活来源的劳动者，不分民族、种族、性别、职业、宗教信仰、教育程度，都有依法参加和组织工会的权利。"作为劳动者，如果所属单位已经建立工会，可以直接向本单位工会提出申请，如果单位没有建立工会，可以到单位所属乡镇（街道）、村（社区）工会提出申请。义务和权利总是相伴而生的，劳动者在享受工会的服务的同时，也要履行好作为工会会员的义务，遵守工会章程，按时参加工会活动，按月交纳会费等。工会会员缴纳的会费为每月基本工资收入的0.5%。

2. 化解争议促双赢

在劳动用工中，违法现象时有发生，引发劳动争议。这些违法行为不但侵犯了劳动者的合法权益，也极易引发社会问题，影响社会稳定。常见的劳动争议种类有劳动合同纠纷、竞业限制纠纷、社会保险纠纷等。学习劳动争议的相关知识，对于合理保护自身的合法权益、预防化解劳资纠纷至关重要。

（1）劳动争议知多少

劳动合同争议。从校园步入职场，从学生的角色转换成职场工作者，作为劳动者在与用人单位建立劳动合同，履行劳动义务、变更劳动关系、解除或者终止劳动合同的过程中会遭遇很多"意外"。劳动合同争议是较为常见的一种纠纷类型，主要包括三个方面：一是围绕劳动合同方面的纠纷，比如确认事实劳动关系、未订立劳动合同的二倍工资、解除劳动合同的经济补偿金等等，而工时休假、社会保险类争议虽同属劳动争议，但不属于劳动合同争议范畴；二是在劳动合同争议主体，必须是在劳动关系主体之间所发生的争议，即使争议双方未订立劳动合同，但只要符合劳动保障法律法规规定的范畴，即为劳动合同争议，而其他的法律关系，如承包关系、承揽关系等，或者劳动者或用人单位与劳动行政部门在劳动行政管理中发生的争议，即使争议内容涉及劳动合同内容，也不属于劳动争议；三是受理范围，如果争议发生于劳动以外的原因，比如因为劳动者租赁用人单位的房屋而产生争议、企业丢失财产后发现是劳动者所为，就不属于劳动合同争议的范畴。

竞业限制是指用人单位与负有保密义务的劳动者签订协议，约定劳动者离职后一定期限内不得从事与用人单位竞争的行业，并因此获得补偿的行为。竞业限制制度在保护用人单位商业秘密和与知识产权相关秘密的同时，也对劳动者的就业权和劳动权进行了限制。我国法律规定竞业限制期限不能超过两年。竞业限制纠纷指因竞业限制发生的纠纷，主要包括以下情况：用人单位超过三个月未支付竞业限制经济补偿，竞业限制条款超过两年，劳动者违反竞业限制约定等。

社会保险争议。社会保险是公民获得物质帮助最重要的一种途径。基于劳动关系而产生的社会保险纠纷主要有以下三种：一是参保纠纷，主要体现在用人单位依法应当参加社会保险而未参加，劳动者要求建立社会保险关系的纠纷。二是不交、少交或迟交社会保险费而产生的纠纷，主要体现在社保关系建立后，用人单位不积极履行缴费义务。三是有关社会保险的损失赔偿纠纷，主要体现在保险事故发生后，劳动者依照法律、法规的规定，要求用人单位赔偿因其不交、少交或迟交社会保险费的行为所带来的社会保险待遇损失纠纷，比较常见的有工伤损害赔偿纠纷和医疗保险赔偿纠纷。

（2）劳动争议处理

劳动争议有以下几种处理方法：协商、调解、仲裁、诉讼（图8-3-2）。作为劳动争议的当事人，可以采取灵活多样的方式解决纠纷，维护自身合法权益，但无论采取何种方式解决劳动争议，都应当坚持合法、及时的原则。

协商。当事人与用人单位发生劳动争议时，可以根据具体情况向对方提出协商的要求，或者寻求企业工会的帮助，请工会协助与用人单位的协商，在双方达成共识的基础上解决纠纷。用人单位需在5日内以口头或者书面的形式予以回应，否则

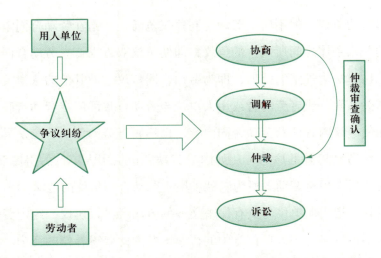

视为不愿意协商。企业工会可以约谈双方当事人，协助劳动者保护其合法权益，双方协商达成一致时需要签订书面和解协议，和解协议同样具有法律效力，工会应督促双方履行协议内容。

调解。劳动争议当事人与用人单位不愿协商或者办商不成时，可以向劳动争议调解组织申请调解。调解组织派调解员或者调解小组在听取双方陈述和想法后，进一步核查事实依据，再根据双方的意见进行调解，促使企业和职工互谅互让，从而解决纠纷，时间期限为受理之日起15日内调解完毕，未达成调解协议的，当事人也可以依法申请劳动仲裁。我们可以申请的调解组织一般包括：企业劳动争议调解委员会、基层人民调解组织、乡镇街道设立的具有劳动争议调解职能的组织。

仲裁。劳动纠纷案件不能直接向人民法院起诉，必须要先申请劳动仲裁，任意一方对于仲裁结果不服，才能真正向人民法院起诉。按照《劳动争议调解仲裁法》规定当事人自劳动争议发生之日起一年内向仲裁委员会提出书面申请。劳动者可以向用人单位所在地的劳动仲裁委员会提出申请，也可以向劳动合同履行地（即工作地点所在地）的劳动仲裁委员会提出申请。申请劳动仲裁是免费的，这也是国家对于劳动者的一种保障，保障广大劳动人民的权利被侵害时可以以最低成本维权。

诉讼。我国《劳动法》《民事诉讼法》规定，劳动争议的当事人对仲裁结果不服的，可以在收到仲裁裁决书之日起15日内依法向人民法院提起诉讼。

3. 多措并举保权益

保护劳资双方的合法权益是全社会的共同责任。工会等劳动权益部门通过多部门联动、完善法律援助途径、完善企业监察机制等形式加强对劳资双方合法权益的司法保障，以实际行动践行司法为民宗旨，不断增强劳动者的获得感、幸福感和安全感，促进企业长足发展。

（1）部门联动——化解纠纷促双赢

工会着力解决职工群众最关心、最直接、最现实的利益问题，也为广大劳动者和用人单位之间架起了一座桥梁。工会与多部门实现联动，可以更好地发挥各部门的优势，形成预防和化解劳动争议的合力。根据《中华人民共和国法律援助法》的相关规定，能够提供法律援助的组织有人民法院、人民检察院、公安机关等司法部门，律师事务所、基层律师服务所、事业单位以及共青团、妇女联合会、残疾人联合会等社会组织。

图8-3-3
通过调解解决劳动纠纷

在工会建立法律援助站、工会与法院协同联动，整合了工会、司法、人社部门的资源和力量，是通过"法律援助+劳动仲裁"方式维护劳动者合法权益的新路径。这种多部门联动实现了咨询、援助、调解、仲裁"四位一体"的无缝对接，鼓励引导劳动争议双方当事人通过协商、调解（图8-3-3）等非诉讼方式解决纠纷，在帮助职工运用法律武器解决实际困难的同时，也用法律服务为企业发展保驾护航，推动了劳动争议矛盾纠纷的化解工作高质量发展，进一步营造和谐稳定的法治化营商环境。工会组织与妇女联合会、残疾人联合会等协同联动，一方面可通过开展技能培训、开发就业岗位、辐射带动自主创业、灵活就业等措施，帮助重点群体和特殊困难群体提升从业技能，切实帮助解决他们的就业问题，另一方面也可通过部门互动加强对重点和特殊劳动者的权益保障。

（2）信息时代——防范风险筑防线

劳动争议的处理首先应遵循"预防为主"的原则。劳动者要提高自身的防范意识，谨防招聘陷阱，在求职之前要充分了解将要应聘的公司，可以通过"国家企业信用信息系统"网站查询企业的信用信息，核实企业是否存在经营异常、严重违法等情况。企业信用信息系统就是企业界的一面镜子，可以帮助劳动者有效规避就业风险。

随着互联网经济发展，灵活的"新业态、新模式"创造大量就业岗位，成为吸纳就业的重要载体。涉及行业甚广，既有餐饮业、快递业，也有运输业、服务业，行业繁杂。因此，面对如此纷繁复杂的现状，国家也加强了对新业态中劳动者的权益保障。以生活服务领域为例，许多快递员和外卖员未加入工会组织，权益保障意识非常薄弱。新修订的《工会法》明确了新就业形态劳动者参加工会的权利。各地区各行业积极探索新业态工会组建方式，把原本游离于工会组织外的新业态从业人员纳入"娘家人"怀抱，从而提高劳动者权益保障体系化、制度化水平。

案例品鉴

上海宝山工会及时介入，通过协商消弭纠纷

2019年12月，某外资电子管企业决定关闭地处宝山区城市工业园区的一条生产线，计划减员22名职工。前期，该企业上海公司与公司工会参考同行业裁员标准，共同拟定N+6方案报母公司董事会，但遭到拒绝。2020年1月，母公司董事会跨过上海公司管理层，直接委托律师团队进驻企业开展裁员事宜。3月初，律师团队根据外企个别协商解除的惯例制定以N+3为基数，按签约时间递减至N的补偿方案，通过与职工单独面签的方式进行裁员，因未公示方案且未经集体协商，遭到公司工会和职工的反对。

受职工委托，公司工会主席多次与律师团队进行协商，要求公示安置方案等要求均被拒绝，职工情绪被激化。于是，公司工会主席向园区工会反映情况，园区工会启动应急处置机制并向宝山区总工会通报，宝山区总工会组成区内三级工会专项处置领导和工作小组，分管领导及部门负责人现场指导企业工会及时向企业方发出集体协商要约，引导企业通过集体协商制定裁员方案。宝山区总工会、园区工会多次与上海

公司负责人、律师团队、公司工会和职工进行沟通，听取收集各方诉求和意见，指导公司工会按照"法定利益必须要，合理利益争取要"原则，加强沟通协商，有针对性地制定安置方案。

在各方共同努力下，企业和职工双方就安置方案达成共识：对职工提出的法定诉求，公司承诺依法履行；对职工提出的利益性诉求，公司以N+3为基础，根据每人的工龄长短补发房贴、假期工资，尽力兼顾企业和职工双方利益。

◎案例分析：劳动者与企业的冲突随着经济的发展只会愈演愈烈，企业方为了获得最大收益往往希望付出最小的成本，而劳动者也希望自己的工资待遇能够得到更好的保障。所以工会在此时显得至关重要，工会应当引导劳方提出相对合理的诉求，使劳资双方都能接受协商的结果，切实维护劳动关系双方的合法权益，避免冲突进一步扩大，同时尽量避免了劳动者走上艰难的仲裁诉讼之路。

（资料来源：中国工会新闻网，有删改）

思辨探究：有人说："企业的工会成为了领导者的工具。"但在现实生活中，工会是职工的"娘家人"，如上述案例中三级工会听取、收集各方诉求和意见，为保障劳动者的权利做出了诸多努力。对于企业来说，建立工会有什么好处？作为职工，遇到难题又应如何寻求工会帮助？

话题互动

作为应届生和职场新人，有很多职场的明文规则和潜在规则是大学生们二十多年来不曾遇到的，比如职场的内卷和高强度竞争压力似乎变成了现在的职场标配，出现了"内卷""过劳"等劳动者权益问题。面对单位提出的无偿加班、超负荷工作、大量承担分外责任等不合理的要求时，作为劳动者，应该如何合理地保障自己作为劳动者的权利、化解双方的矛盾呢？

8.4

劳动的法律制度

《墨子·法仪》有言："天下从事者，不可以无法仪。无法仪而其事能成者，无有也。"一名新时代劳动者，需要了解劳动法律制度，自觉遵守劳动法律制度，学会合理运用劳动法律制度，才能真正地用技能学识为人民干实事、办大事，实现自我的社会价值。

劳动认知

1. 打开劳动法律制度的卷轴

中华人民共和国成立后，我国劳动立法经历了形成期、关键期、成长期和完善期四个大的阶段，每个阶段都在我国劳动法律制度的卷轴上留下了浓墨重彩的一笔。我国劳动法律制度伴随着时代的进步以及新事物的产生和发展，在自我完善和发展的道路上不断前行着（图8-4-1）。

（1）走进我国劳动立法的发展史

社会主义性质的劳动法初长成。从中华人民共和国成立到改革开放前这一时期，是我国劳动法建立和形成的伊始阶段。1950年6月，中央人民政府公布《中华人民共和国工会法》。同年，劳动部公布《关于劳动争议解决程序的规定》。1951年至1965年间，《中华人民共和国劳动保险条例》《关于劳动就业问题的决定》《国营企业内部劳动规则纲要》《关于工资改革的决定》《关于工人、职员退休处理的暂行规定》《关于加强企业生产中安全工作的几项规定》等相继颁布。我国社会主义性质的劳动法体系的建立和形成，对国民经济的恢复和发展起到了积极的推动作用。

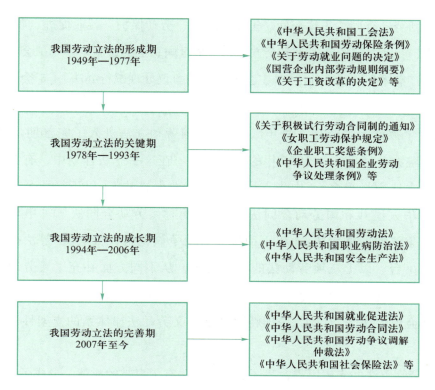

```
┌─────────────────────────┐        ┌──────────────────────────────┐
│  我国劳动立法的形成期        │───────→│ 《中华人民共和国工会法》           │
│  1949年—1977年            │        │ 《中华人民共和国劳动保险条例》      │
│                          │        │ 《关于劳动就业问题的决定》          │
│                          │        │ 《国营企业内部劳动规则纲要》        │
│                          │        │ 《关于工资改革的决定》等            │
└─────────────────────────┘        └──────────────────────────────┘
        │
        ↓
┌─────────────────────────┐        ┌──────────────────────────────┐
│  我国劳动立法的关键期        │───────→│ 《关于积极试行劳动合同制的通知》     │
│  1978年—1993年            │        │ 《女职工劳动保护规定》             │
│                          │        │ 《企业职工奖惩条例》               │
│                          │        │ 《中华人民共和国企业劳动             │
│                          │        │   争议处理条例》等                 │
└─────────────────────────┘        └──────────────────────────────┘
        │
        ↓
┌─────────────────────────┐        ┌──────────────────────────────┐
│  我国劳动立法的成长期        │───────→│ 《中华人民共和国劳动法》           │
│  1994年—2006年            │        │ 《中华人民共和国职业病防治法》      │
│                          │        │ 《中华人民共和国安全生产法》        │
└─────────────────────────┘        └──────────────────────────────┘
        │
        ↓
┌─────────────────────────┐        ┌──────────────────────────────┐
│  我国劳动立法的完善期        │───────→│ 《中华人民共和国就业促进法》       │
│  2007年至今               │        │ 《中华人民共和国劳动合同法》        │
│                          │        │ 《中华人民共和国劳动争议调解         │
│                          │        │   仲裁法》                        │
│                          │        │ 《中华人民共和国社会保险法》等      │
└─────────────────────────┘        └──────────────────────────────┘
```

图8-4-1
我国劳动立法的卷轴简史

　　党的十一届三中全会后，我国迎来了劳动立法的春天。党的十一届三中全会的召开把我国引入了一个新的历史时期，有力地推动了我国的法治建设，促进了劳动立法工作的顺利开展。这一时期我国相继颁发了很多劳动法规，例如：《关于积极试行劳动合同制的通知》《女职工劳动保护规定》《严格禁止招用童工的规定》《企业职工奖惩条例》《全民所有制工业企业职工代表大会条例》《中华人民共和国企业劳动争议处理条例》等，我国的劳动立法取得了丰硕的成果。

　　1994年至2006年，我国劳动立法进入了成长期。1994年7月，第八届全国人民代表大会常务委员会第八次会议审议通过《中华人民共和国劳动法》（以下简称《劳动法》），这是我国劳动立法的一个重要里程碑，标志着我国劳动法治建设登上了一个新台阶。2001年10月，第九届全国人民代表大会常务委员会第二十四次会议通过了《关于修改〈中华人民共和国工会法〉的决定》和《中华人民共和国职业病防治法》（以下简称《职业病防治法》）。2002年6月，第九届全国人民代表大会常务委员会第二十八次会议通过了《中华人民共和国安全生产法》。以《劳动法》为基本法，国务院及其劳动行政部门还制定了诸多与其配套的行政法规和规章，主要内容包括劳动合同、集体合同、工资、工时、劳动保护、就业促进、职业培训、社会保险、劳动力市场管理等多个方面。中华全国总工会还制定了《工会参加平等协商和签订集体合同试行办法》《工会参与劳动争议处理试行办法》《工会劳动法律监督试行办法》等规章。我国劳动立法在新的阶段快速发展。

2007年被称为"劳动立法年",自此我国劳动立法进入了完善期。2007年初,国务院办公厅发布了2007年的立法计划。在这一立法计划中,有关劳动与社会保障立法数量很多,《中华人民共和国就业促进法》(以下简称《就业促进法》)《中华人民共和国劳动合同法》(以下简称《劳动合同法》)《中华人民共和国劳动争议调解仲裁法》(以下简称《劳动争议调解仲裁法》)等法律条文亦均在此年出台。以上三项劳动法的单项法律,从不同方面补充了《劳动法》的内容,是我国健全劳动法律体系的重要举措,2010年,我国出台了《中华人民共和国社会保险法》,自此,中国特色社会主义劳动法律体系的支架性法律基本具备。

回顾劳动立法的光辉历程,我国的劳动立法有了卓越的成就,形成了我国社会主义市场经济下的劳动法体系,也翻开了新时代劳动关系的新篇章。

(2)我国劳动立法面临的挑战

新型劳动关系对劳动立法发起的挑战。随着社会主义市场经济的飞速发展,我国经济体制、企业制度与劳动制度不断改革,劳动力从农村向城镇转移,外向型经济、第三产业不断发展,"互联网+"经济等经济形态层出不穷,我国劳动关系发生了巨大的变化,在传统的劳动关系基础上又产生了劳务派遣、非固定工时劳动、共享经济劳动等。同时,新的劳动方式也随之发生了,催生出了灵活就业、共享用工、居家办公等一系列新的工作模式。在劳动方式的变革和劳动关系的重构下,劳动法遇到了很大挑战。2015年3月,中共中央、国务院印发《关于构建和谐劳动关系的意见》,这是指导新时期劳动关系的纲领性文件。针对灵活就业、共享用工等新劳动形态,国家层面也出台了相关的政策予以指引。国务院办公厅于在2020年7月,印发了《关于支持多渠道灵活就业的意见》,明确指出,支持发展新就业形态。2021年7月,人社部等八部门联合印发《关于维护新就业形态劳动者劳动保障权益的指导意见》,提出以出行、外卖、即时配送、同城货运等行业的平台企业为重点,组织开展平台灵活就业人员职业伤害保障试点。立足当下的数字经济，还须完善劳动基准立法，补齐劳动立法短板，规范新型劳动关系，将劳动立法做到全民覆盖。

图8-4-2
机器人外科
医生

新技术对劳动立法的挑战。当今时代是科技铆足劲头上升、日渐繁荣昌盛的时代。与文明共生、同科技成长的法律在不断实践中被完善，也在不断完善中接受新挑战，比如人工智能带来的一系列挑战。人工智能的发展势头迅猛，为劳动者的身份认定带来了争议。同时，智能机器人（图8-4-2）的出现和应用引发了学术界对其主体资格认定问题的热议。智能机器人与人再相似也不能称之为人，其根本上无法具备成为人的核心要素，但这并不妨碍其参与到劳动力市场中。至于最终是否能够对其以劳动者论，是否能够被赋予劳动者的权利义务，当下的社会语境、人的社会伦理观念尚未得出结论，所以尚且不能为智能机器人赋权。不可否认的是，劳动者身份的认定确实面临被重新界定的现实挑战。智能机器人进入劳动力市场后对原有劳动者身份产生冲击，人工智能革新产业模式后还可能促生的新的劳动群体，譬如法律工程分析师、网络主播，劳动者身份的界定问题也将决定该类群体能否被劳动法保护。

2. 我国劳动法律概况

《宪法》是我国的根本大法，是我国治国安邦的总章程，也是其他法律制定的依据，更是劳动法律制度的立法之本。《劳动法》《就业促进法》《劳动合同法》《劳动争议调解仲裁法》等实体法、程序法在内的一系列调整劳动关系、保护劳动者权益的法律制度体系（表8-4-1），是围绕着劳动关系的产生、运行、消灭、纠纷解决等各个环节展开的，法律调整的机制是对各主体间的权利和义务内容进行规范，明确各主体的法律地位。

表 8-4-1 我国劳动法律制度一览表

劳动法律制度	相关法律	内容	作用
就业促进法律制度	《劳动法》《就业促进法》	政策支持；公平就业；就业服务和管理；职业教育和培训；就业援助；监督检查；法律责任等	促进经济发展与扩大就业相协调，促进社会和谐稳定
劳动基准法	《劳动法》《职业病防治法》《安全生产法》《国务院关于职工工作时间的规定》《职工带薪年休假条例》等	工作时间和休息休假方面；工资方面；劳动安全卫生方面；女职工和未成年工特殊保护方面等	规定劳动条件最低标准，保障劳工权益，加强劳雇关系，促进社会与经济发展
劳动合同制度	《劳动法》《劳动合同法》	劳动合同的订立；劳动合同的履行和变更；劳动合同的解除和终止；特别规定（集体合同、劳务派遣、非全日制用工）；监督检查；法律责任等	明确劳动合同双方当事人的权利和义务，保护劳动者的合法权益，构建和发展和谐稳定的劳动关系
集体合同制度	《劳动合同法》《工会法》《集体合同规定》	谈判代表团的承认；集体谈判；集体合同；集体合同的履行；集体合同的监督；集体合同争议处理等	集体合同能够纠正和防止劳动合同对于劳动者的过分不公平，使之比较公平合理，也使劳资双方在实力上取得基本的平衡
劳动争议处理法律制度	《劳动法》《劳动合同法》《劳动争议调解仲裁法》《劳动人事争议仲裁组织规则》等	劳动争议类别；劳动争议调解制度；劳动争议仲裁制度；劳动争议诉讼等	强化依法处理争议，维护劳动关系的协调，激励双方积极性的发挥；及时处理争议，维护正常生产秩序，保障经济建设和劳动制度改革的顺利进行

（1）就业促进法律制度——促经济助协调的强心针

《劳动法》和《就业促进法》是我国就业促进法律制定的主体法律，其宗旨是促进就业，促进经济发展与扩大就业相协调，促进社会和谐稳定。我国把扩大就业放在经济社会发展的突出位置，实施积极的就业政策，坚持劳动者自主择业、市场调节就业、政府促进就业的方针，多渠道扩大就业。劳动者依法享有平等就业和自主择业的权利。劳动者在就业过程中不因民族、种族、性别、宗教信仰等不同而受歧视。用人单位依法享有自主用人的权利。用人单位应当依照本法以及其他法律、法规的规定，保障劳动者的合法权益。除此之外，工会、共青团、妇女联合会、残疾人联合会以及其他社会组织，应协助人民政府开展促进就业工作，依法维护劳动者的劳动权利。

（2）劳动基准法——保障劳动者生存利益的基石

劳动基准法是有关劳动报酬和劳动条件最低标准的法律规范的总称，是对劳动者最基本的劳动报酬、劳动条件等的保障。劳动基准法属于劳动法的范畴，其中包括工作时间和休息休假、工资、劳动安全卫生、女职工和未成年人特殊保护等内容。《职业病防治法》《安全生产法》《国务院关于职工工作时间的规定》《职工带薪年休假条例》《工资支付暂行规定》《最低工资标准》《女职工劳动保护特别规定》《未成年工特殊保护规定》等一系列文件对劳动基准中的相关问题进行了规定。在劳动法律体系中，劳动基准法处于最基础的地位，发挥着"奠基石"的作用，对于保障劳动者的现存利益有着重要意义。

（3）劳动合同制度——劳动关系和谐共生的保障

为了完善劳动合同制度，明确劳动合同双方当事人的权利和义务，保护劳动者的合法权益，构建和发展和谐稳定的劳动关系，我国在《劳动法》的基础上，又出台了《劳动合同法》。《劳动合同法》通过对劳动合同的订立、履行、解除、终止等作出符合社会主义市场经济要求和我国国情的规定，在尊重用人单位用工自主权的基础上，要求用人单位必须与劳动者订立书面劳动合同、规定用人单位必须全面履行劳动合同、引导用人单位合理约定劳动合同期限、规范用人单位解除和终止劳动合同行为、要求用人单位在解除和终止劳动合同时必须依法支付经济补偿，从而在劳动者最为关心的问题上，有效地保护劳动者的合法权益。

（4）集体合同制度——"个""企"自主协商的有效机制

集体合同是指劳动者通过工会或者劳动者代表就劳动报酬、保险福利、休息休假等事项与用人单位进行集体协商而签订的书面协议。集体合同制度是关于开展集体协商签订集体合同的相关法律法规和政策措施的总称，包括《劳动合同法》《工会法》《集体合同规定》等法律法规。这项制度不仅是维护劳动者权益、预防化解劳动关系矛盾的重要手段，而且是深化收入分配制度改革、保障和改善民生的有效途径。目前，我国集体合同制度面临着制度规则不健全、集体合同形式化等现实困境。但随着中国特色社会主义进入新时代，劳动者对开展集体协商的内生动力将日益增强，集体合同制度的地位作用将更加凸显。

（5）劳动争议处理法律制度——劳动者权益保障的最后防线

劳动争议是用人单位与劳动者劳动关系不协调的表现。劳动争议要合法、公正、及时处理，以防劳动者与用人单位的矛盾激化，产生不应有的后果。劳动争议处理法律制度是将劳动争议处理的机构、原则、程序、受理范围等确下来，用以处理劳动争议的系列法律制度，包括《劳动法》《劳动合同法》《劳动争议调解仲裁法》《民事诉讼法》《劳动人事争议仲裁组织规则》等法律文件。劳动争议处理法律制度也是劳动法律体系中保障劳动者权益、促进劳动人事关系和谐与社会稳定的最后一道防线。

3. 劳动法律制度助力和谐未来

我国的劳动法律制度充分保障了劳动者的合法权益，遵循了市场化劳动关系发展的客观规律，充满了市场经济的活力，促进了劳动关系的公平与和谐。劳动关系中的所有参与者和管理者都应以法治思维、法治方式处理劳动中的问题，都应积极推动我们和谐美好的未来劳动生活。

（1）劳动法律制度是劳动者的基准线和护航利器

劳动者作为劳动法律制度的适用主体，一方面要正己身、守己责，踏实务工、积极进取，提升自我价值，彰显新时代劳动者的光辉；另一方面，由于劳动法律制度涵盖了有关保障劳动者合法权益的方方面面，劳动者在劳动法律制度的护航下可以进行体面的劳动、有尊严的劳动，获得社会主义劳动者专属的幸福感。

（2）劳动法律制度是社会主义市场经济和企业健康发展的氧气

社会主义市场经济就是法治经济，市场化的劳动关系必须法治化。劳动法律制度依法主张和维护劳动者权益，企业依法规范和管理劳动关系，为促进企业和谐发展提供了依据和保障。我国的劳动法律制度遵循市场化劳动关系发展的客观规律，适应以市场手段调整劳动关系的客观需要。劳动法律制度确定的劳动标准条件和协调劳动关系的规则既符合国际劳工标准的要求，又符合中国发展的国情，维持了劳动关系的相对平衡稳定和劳资双方的相对和平和谐，保证了企业绩效的相对持续向好，为社会主义市场经济的发展注入了强大的制度活力。

（3）劳动法律制度是建设社会主义法治国家的必备内核

劳动法律制度调整用人单位和劳动者关系，引导用工双方签订劳动合同。即便出现纠纷，劳动者也有法可依，可以依法维权。由此，社会矛盾减少，社会犯罪率降低，有利于推进和谐社会建设，推动社会法治建设，为建设社会主义法治国家保驾护航。劳动法律制度已成为中国特色社会主义法律体系的不可或缺的重要组成部分。以《劳动法》为基本法的劳动法律法规不断发展完善，是经济顺利转型、企业和谐发展的必然选择。

案例品鉴

从热播职场剧《理想之城》看劳动者如何用法律武器保护自己

近年来，职场上关于欠薪、就业歧视、性骚扰、工伤、裁员等职工权益被侵犯事件呈高发态势，建筑领域农民工讨薪事件更是层出不穷。2021年，国内首部以建筑行业为背景，以造价师为视角的职场剧《理想之城》在电视台热播。

除了精彩的剧情设计之外，剧中还涉及多处劳动法规知识点。其中，苏筱是众建集团的成本主管，某天区建设项目小组组长贺胜利带领小组成员来到安居工程视察，就在视察完毕后领导们站在一旁拍照时，后面的墙体突然倒塌了。苏筱前往"安居工程"墙体倒塌事故现场采集水泥样本，初步观察发现水泥型号不达标，随即将此事汇报给经理，要求申请质检。经理表面答应，将苏筱搪塞过去。苏筱心知建筑公司用了不合格的水泥，表示自己作为造价师上的第一堂课就是保证造价表的干净。公司为了顺利平息此事件，召开紧急会议。经过会议决定，建筑公司的瓦工违规操作，是直接责任人；建筑公司疏于管理，负主要责任；建筑公司的项目经理为落实安全生产责任制，对事故负有主要领导责任；成本总管没有及时跟踪审计，负有连带责任。其中处罚最重的就是开除苏筱。

第二天，身为成本主管的苏筱在不知情的情况下背了黑锅，上级决定给予苏筱

◎案例分析：在劳动合同的履行过程中，双方关系是不平等的管理与被管理的关系。用人单位系经营主体，应当承担市场发展中的经营风险，经营风险不能转嫁给劳动者，除非劳动者在主观上存在严重过错或者重大过失。根据劳动合同法的相关规定，公司的行为显然属于违法解除劳动合同。苏筱如果根据劳动合同法的相关规定主张解除劳动合同赔偿金，应该能够得到支持。

开除处分。公司是依据劳动合同法第39条第3项解除的劳动合同，即劳动者"严重失职，营私舞弊，给用人单位造成重大损害的"，用人单位可以解除劳动合同。安全事故显然并非负责工程成本造价的苏筱造成的，也没有明确的证据证明她存在严重失职的情况，其实公司就是在为这起安全责任事故找一个替罪羊。

（资料来源：《中国妇女报》，有删改）

思辨探究：从苏筱的职场经历可以看出，职场之路免不了通过劳动法维护权益。劳动者遇到企业不公平、不合法的待遇时，进行维权理所应当，但也有一些职场人士为了保护自身权益而采取过激措施，有可能把自己从维权者变成违法者。我们在学习工作中要运用法治思维，处理问题要运用法治方式。通过本节内容的学习，请谈谈在坚持全面依法治国的背景下，在日常的学习和工作中如何建立法治思维，又应该如何确定自己行为的限度。

话题互动

专题八
交互测试

假如你是一名应届毕业生，应聘某企业，经过层层考核，被成功录用。等顺利拿到毕业证书，按报到日期的要求准备去该企业上班时，该企业却通知你不用前来报到了，公司已不再需要这个岗位。该企业是否应该对你进行赔偿？为什么？你应如何维权？

拓展实践

"与法治同行 为劳动护航"法制宣传日活动

1. 实践主题

"热爱劳动 法在心中"——全国法制宣传日活动。

2. 实践目的

向学生深入普及劳动法律知识，增强学生法治观念，引导学生依法行使权利、依法履行义务、依法维护权益，形成懂法、守法、用法的氛围，弘扬社会主义法治精神，促进社会和谐稳定。

3. 实践内容

（1）设计劳动法制宣传海报和文案；

（2）开展线上、线下"热爱劳动 法在心中"师生普法宣传活动；

（3）邀请专业人士开展"大学生就业法律风险与防范"主题讲座。

4. 实践要求

（1）重点宣传劳动就业、收入分配、社会保障等相关法律法规；

（2）围绕主题，贴近学生实际，增强法制宣传的感染力和吸引力；

（2）创新形式，丰富载体，扩大活动覆盖面和影响力。

5. 实践评价

保证宣传力度；突出宣传重点；注重宣传总结。

参考文献

［1］刘向兵，李珂，曲霞.劳动教育通论［M］.北京：高等教育出版社，2021.

［2］最新法律适用一本通丛书编选组.最新劳动法适用一本通［M］.北京：人民法院出版社，2020.

［3］中国法制出版社.中华人民共和国安全生产法律法规全书［M］.2022版.北京：中国法制出版社，2021.

［4］刘秋苏.劳动争议案件35个胜诉策略及实务解析［M］.北京：中国法制出版社，2020.

［5］李珂，汪鑫，李静.初次就业不迷"盲"——和谐劳动关系读本［M］.北京：机械工业出版社，2021.

［6］黎建飞.劳动法与社会保障法：原理、材料与案例［M］.北京：北京大学出版社，2021.

专题八
拓展阅读

［7］陈磊，孙天骄.新型劳动关系呼唤劳动法典［J］.法治与社会，2021（07）：54-56.

［8］胡新建，郑曙光.我国劳动法律制度调整的现实基础和立法趋向析论［J］.理论导刊，2019（05）：93-99.

［9］王永起.劳动关系的识别标准和处理思路［J］.山东法官培训学院学报，2022，（01）：1-25.

［10］王全兴，石超.新中国70年劳动法的回顾与思考［J］.求索，2020（03）：118-129.

［11］马萌婉.人工智能时代，应对劳动法律关系的新挑战［J］.人力资源，2020（14）：108-111.

［12］杨成湘.论中国集体合同制度变迁历程、逻辑及其趋势［J］.经济体制改革，2020（05）：30-36.

［13］黄伟.新形势下企业工会的职能作用研究［J］.中国市场，2022（03）：83-84.

［14］陈曦.看！这些安全生产一线的"科技范儿"［N］.科技日报，2020（04）.

专题九
劳动创造未来

　　随着人工智能时代的到来，可以预见未来产业发展不再需要那么多劳动力，很多职业会在未来消失，更多新职业会涌现出来，因此掌握新职业需要的新技能是必要的。世界百年未有之大变局和经济全球化的不断演进，加速推动了劳动关系的调整。职业本科院校的劳动教育不能只有"劳动"，应当具有时代所需的教育功能，更好地帮助学生认识劳动、投入劳动，并激励学生在劳动中发挥积极性和创造性，通过生产性、服务性的劳动实践，主动迎接未来职业和未来世界，进而通过劳动创造未来，赢得精彩的人生。

9.1

从教育世界到工作世界

我国著名教育家陶行知先生倡导"生活即教育、社会即学校",提出"唯独贯彻在劳力上劳心的教育,才能造就在劳力上劳心的人类;也唯独在劳力上劳心的人类,才能征服自然势力,创造大同社会"。让学生充分接触社会,主动从教育世界进入工作世界,是新时代劳动教育面临的新任务、新要求。职业院校要把教育与劳动结合起来,鼓励学生尊重劳动、热爱劳动,开展创造性的劳动,充满自信地迎接挑战、开创未来。

劳动认知

1. 教育世界与工作世界的内涵

无论是教育世界,还是工作世界,都"现实地"发生着。现代社会的每个人都在教育世界和工作世界中自由进出、不断成长。那么,认识和理解教育世界和工作世界的内涵至关重要。

(1)教育世界

教育世界是教育事实的总和,是客观存在的时间和空间。从广义上讲,每个人能够获取知识的时间和空间,都可以称之为教育世界;从狭义上讲,特指一个人在国家规定的学龄段接受学校教育的过程(图9-1-1)。我们这里所指的教育世界,是狭义上的教育世界。

从传统意义上讲,我们身处的教育世界是一个知识、技能、态度和价值观共同构成的世界,是一个可以在校园、课堂、实验室、图书馆等场所开展教学互动的世界。在这个世界中，我们不仅学习知识、掌握技能，而且要塑造价值观、养成人格。学生在教育世界中应不断追求新知识，积极实践新知识，利用业已习得的知识创造更多的知识，并随时准备为社会提供服务、作出贡献。

知识性和实践性是教育世界的两大属性。从知识性来看，教育世界为学生提供了许多传递和接受知识的机会，进而不断进行知识的传承和创新。从实践性来看，教育世界也为学生提供了许多验证和实践知识的机会，在实践的过程中不断提升自己的认知水平。

（2）工作世界

工作世界是指劳动者进行体力或脑力劳动的世界，它主要由劳动者、劳动资料、劳动和劳动产品等要素构成。我们这里所指的工作世界，是与教育世界相对应的职业世界，包括职业的种类、性质和形态等方面。

工作世界的发展与技术更迭紧密关联，技术是工作世界变革的主要动力。特别是随着人工智能的迅猛发展，整个社会的智能化水平逐步提高，职业变迁和其性质变化愈加迅速。传统的工作种类被替代，新兴的工作种类被创造，部分工作任务自动化、人机协同化，规则化的重复工作交给机器人完成。麦肯锡全球研究院的研究报告指出，未来将有5%的职业在技术变革中完全被机器取代，49%的工作内容有被机器取代的风险，60%的职业中至少30%的工作内容将会被机器替代。

人是工作世界变革的另一个重要因素。无论工作世界中的技术如何快速发展，人都是未来智能化工作世界中最为核心的主体，因为我们相信无论技术更新到第几代，人始终是技术的发明者、使用者，技术始终服务于人的发展。

2. 教育世界与工作世界的关系

（1）教育世界与工作世界紧密相连

工作世界的进步引领教育世界的发展。马克思认为，经济基础决定上层建筑。所以，工作世界对教育世界具有决定作用。社会生产力发展水平决定了工作世界中

的劳动分工，而劳动分工进一步决定了教育世界的组织方式，就是通过什么样的内容和形式培养适应这种劳动分工的人。比如，制造业发达地区需要大量的应用型人才（图9-1-2），学校作为教育世界的主体，应当加大应用型人才供给，为产业发展提供人才支撑，推动教育世界与工作世界的良性互动。

教育世界为工作世界提供支撑。教育世界要持续关注工作世界的变革，为学生主动参与工作世界做准备，推动教育世界改革，与工作世界的变革保持一致。同时，工作世界会将劳动力市场的需求变化，特别是人才的结构性短缺状况，及时地反馈给教育世界，指导教育世界形成有效的供给方案。然而事实上，教育世界的改革往往滞后于工作世界的变革。但这不说明教育世界不能对工作世界形成支撑，因为工作世界的一切革新和创造，都是由具体的人来完成的。教育世界旨在培养全面发展、适应国家和社会需要的人，而知识、技能，以及精神和价值观都为学生在工作世界中不断进步和发展奠定基础，使其有潜力成为引领工作世界变革的重要力量。

（2）劳动链接教育世界与工作世界

劳动是沟通教育世界和工作世界的有效手段。经济社会的发展推动工作世界不断变化，也促进教育世界不断地进行调整，从而主动适应这种变化。如果学生在学校没有进行充分的实践，不具备工作世界所要求的能力和资格，社会便会拒绝为其提供就业机会。当前，我国正处在从制造业大国向制造业强国迈进的新征程中，新技术的变革导致传统行业受到挑战，除了产业结构的迭代升级，还孕育了不少新的职业、新的岗位。为适应新职业、新岗位带来的挑战，学校需要面向学生开展充足的实践训练，以便学生进行充分的岗位知识、技能和素养的准备。必要的劳动锻炼是沟通教育世界和工作世界的有效手段，相应的劳动教育需要与这种训练协调一致、密切配合，二者应始终融合在学校教育实践的过程之中。

劳动实践是学生从教育世界进入工作世界的必要途径。学生积极参加适合自己的劳动实践，能够促进个人精神成长、有效提升劳动素养，从而形成从教育世界进入工作世界的良好态度与品格。马卡连柯认为，劳动教育不仅是未来好的公民或不好的公民的教育，而且是公民将来生活水平及其幸福的教育。学生在主动参加接近真实环境的工作实践过程中，除了需要掌握适应岗位劳动的基础技能之外，还要培养全面可持续发展的职业素养、心理素质和创新精神，真正地热爱劳动、尊重劳动，开展创造性的劳动。通过认知训练和劳动实践，积累宝贵经验、汲取成长智慧、获得发展动力，完成从教育世界进入工作世界的各项准备。

3. 从教育世界进入工作世界的途径

《中共中央、国务院关于全面加强新时代大中小学劳动教育的意见》指出，"近年来一些青少年中出现了不珍惜劳动成果、不想劳动、不会劳动的现象"，并强调加强劳动教育的基本原则之一，就是要"适应科技发展和产业变革，针对劳动新形态，注重新兴技术支撑和社会服务新变化。深化产教融合，改进劳动教育方式"。

（1）通过劳动教育了解工作世界的变化趋势

随着移动互联网、人工智能、大数据等技术在经济、社会和生活领域的广泛应用，未来社会的产业和商业形态将发生深刻变化，智能化将成为主导趋势之一。未来我们要做什么样的工作？面对工作世界正在发生着的变化，我们是否已经做好了准备？面对工作世界的不断升级，教育世界如何适应？劳动教育作为教育实践中不可或缺的重要组成部分，又将如何调整？实践证明，劳动教育要主动适应工作世界的变化趋势，在教育世界和工作世界中建立紧密联系，推动劳动教育的理念、内容、路径和方式创新，引导学生从教育世界进入工作世界，让同学们在面对未来工作时掌握主动权。

工作的形态发生了深刻的变化，这带来社会对劳动力的需求的不断转型。劳动教育要与社会变革和发展要求相结合，贴合工作世界的实际，适应现代社会劳动实践的新形态、新方式，适应新的劳动分工带来的职业形态变化。教育世界面向工作世界的劳动者，因此只有将潜在的劳动者置于生产劳动、管理服务的真实场景之中，才能形成强烈的教育感召力。但劳动教育不能只有劳动没有教育，也不能止于课堂而缺少实践，而应当教师传授动手能力，学生学习劳动知识，并与工作世界相结合，从身体力行中获取知识、经验、习惯和价值观。

（2）通过劳动实践在学中做、在做中学

学校开设劳动教育理论课，是强化劳动认知的一种手段，但这一途径对学生成长和发展的直接影响是有限的。只有将劳动教育植入社会，让学生在接触工作世界中体验劳动的意义和价值，才能有效发挥劳动育人的功能和效用。这就需要在劳动教育中更加主动地发掘工作世界中的教育和学习资源，用真实的社会调查、职业体验和岗位实践，不断地拓展和深化劳动认知，培养和形塑劳动价值，让学生在学中做、在做中学。职业本科学生的劳动教育鼓励学生更多地参与生产劳动、管理服务

图9-1-3
参与真实的
生产劳动

实践，目的不是为社会直接创造多少财富，而是培养劳动意识和劳动能力，为走向社会做好准备。通过参与真实的生产劳动、管理服务实践，不断培养劳动观念、形成劳动习惯、塑造劳动品质，在学习过程中养成动脑分析问题、动手解决问题的习惯（图9-1-3）。

习近平总书记曾指出，"生活靠劳动创造，人生也靠劳动创造"。同学们在学业上取得优秀成绩，不等于在职业上就能取得成功。只有牢固树立劳动光荣、劳动崇高、劳动伟大的观念，才能在未来的工作世界中实现从就业、有业到敬业、乐业的升华，成就更有价值的精彩人生。广大同学要自觉以劳模精神、劳动精神、工匠精神为引领，崇尚劳动、热爱劳动、辛勤劳动、诚实劳动、创造性劳动，增强劳动意识，积累职业经验，提升对未来工作的胜任力。

案例品鉴

当前就业形势下，企业需要什么样的大学生？

正值就业季，《瞭望》新闻周刊记者走访多家用人需求急迫的企业，了解当前就业形势下用人单位的招聘需求和对高校毕业生的求职建议。近期，受新冠肺炎疫情影响，部分行业企业存在缩招停招现象。中国人民大学中国就业研究所与智联招聘联合

推出的《高校毕业生就业市场景气报告》显示，2022年一季度，高校毕业生招聘需求人数同比下降8%。

一方面，企业在校招中注重专业能力；另一方面，企业更看重学生软实力、与企业价值观的融合度等因素，有潜力、可塑性强的高校毕业生更受青睐。"我们在识别和选拔人才时，还特别强调考查学生的奋斗精神，拒绝'躺平'心态。"凤麟核集团人事部部长齐琼说，任何技术创新和突破都离不开持之以恒的品质和脚踏实地的努力。集团更加青睐敢于创新、勇于突破的应届生，鼓励他们投身项目攻关前沿，为国家和社会贡献科技力量。

◎案例分析：产业的动能转换、转型升级带来分工精细化和职业的新旧更替。越来越多的职业正朝着智能化、数字化、个性化的方向发展，蕴藏着机会，也引领着未来。不管脑力劳动还是体力劳动，制造业还是服务业，空缺的职位总是等待着那些踏实肯干、爱岗敬业的人。工作世界除了考察学生的专业能力之外，还看重学生的软实力，特别强调学生的劳动精神。从教育世界进入工作世界，需要把学业与职业结合起来，从提高自身综合素质、就业能力入手，增强就业竞争力、提升职业自信，不能只靠坐在教室中思考和学习，还需要在真实社会中不断地探索和实践。

智联招聘集团执行副总裁李强分析，经济增速放缓，企业招聘变得更加精准务实，力求以同等薪酬寻找到更具价值的人才。此外，在产业调整、数字化趋势及新冠肺炎疫情等特殊外部环境的推动下，传统工作模式进一步被打破，组织形式更加多元化，这种新型职场形态对高校毕业生适应能力提出新要求。

（资料来源：新华网，有删改）

思辨探究：生产劳动和教育的结合是改造现代社会的最强有力的手段之一。100年前，黄炎培先生提出了"使无业者有业，使有业者乐业"的职业教育理想。100年后，面对工作世界、教育世界的新变革，我们如何正确处理好知识教育和劳动实践的关系，并同时提升自身的"硬实力"和"软实力"，从而适应当前就业形势和产业发展，成为"有业""乐业"的新时代社会主义劳动者？

话题互动

当下，我们经常会看到媒体讲述这样一个窘境，就是"在很多岗位空缺的时候，仍有许多人失业"。对于这种结构性就业矛盾，你怎么看？面对产业新业态、工作新形态及未来世界的不确定性，我们怎样看待劳动沟通教育世界和工作世界的作用？如何把获得的知识、能力和素养运用于劳动实践？

9.2

职业的未来变迁与终身学习

社会进步和科技水平的提升引起了工作世界的深刻变革，不少传统职业开始衰落甚至消失，新职业不断涌现并迅速发展。职业变迁的速度明显加快，并且伴有信息化、虚拟化和智能化的特征，高技能性、复合性和创新性成为对劳动者的新要求。面对这样一个瞬息万变的时代，劳动者应树立面向未来的职业观念，成为不断追求进步的终身学习者。

劳动认知

1. 未来职业的新变化

时代和社会的发展直接推动职业的变迁（表9-2-1），在当今的数字时代，新职业频繁涌现，旧职业加速消亡，职业结构和人们的就业方式在数字化的影响下不断发生变化，呈现出很多新特征。

表 9-2-1　改革开放 40 年来受欢迎的职业或行业

时间	受欢迎的职业或行业
20 世纪 80 年代	驾驶员、售货员、邮递员等
20 世纪 90 年代	海关、外企、金融、税务等
21 世纪 00 年代	通信、网络、IT 等
21 世纪 10 年代	电子商务、软件工程、电子竞技、网络主播等

（1）职业变迁速度快、范围广、程度深

速度快。在消费需求升级、产业结构优化和互联网信息技术加速迭代的推动

下，职业大家族不断增添新成员，一批批新职业进入公众视野，改变着工作世界的形态。2019年以来，人力资源和社会保障部、市场监管总局、国家统计局已联合发布了5批共74个新职业（表9-2-2）。

表 9-2-2　2019 年以来新职业分类

发布时间	新职业分类	数量
2019 年 4 月 1 日	人工智能工程技术人员、物联网工程技术人员、大数据工程技术人员、云计算工程技术人员、数字化管理师、建筑信息模型技术员、电子竞技运营师、电子竞技员、无人机驾驶员、农业经理人、物联网安装调试员、工业机器人系统操作员、工业机器人系统运维员等	13
2020 年 2 月 25 日	智能制造工程技术人员、工业互联网工程技术人员、虚拟现实工程技术人员、连锁经营管理师、供应链管理师、网约配送员、人工智能训练师、电气电子产品环保检测员、全媒体运营师、健康照护师、呼吸治疗师、出生缺陷防控咨询师、康复辅助技术咨询师、无人机装调检修工、铁路综合维修工、装配式建筑施工员等	16
2020 年 7 月 6 日	区块链工程技术人员、城市管理网格员、互联网营销师、信息安全测试员、区块链应用操作员、在线学习服务师、社群健康助理员、老年人能力评估师、增材制造设备操作员等	9
2021 年 3 月 18 日	集成电路工程技术人员、企业合规师、公司金融顾问、易货师、二手车经纪人、汽车救援员、调饮师、食品安全管理师、服务机器人应用技术员、电子数据取证分析师、职业培训师、密码技术应用员、建筑幕墙设计师、碳排放管理员、管廊运维员、酒体设计师、智能硬件装调员、工业视觉系统运维员等	18
2022 年 7 月 18 日	机器人工程技术人员、增材制造工程技术人员、数据安全工程技术人员、退役军人事务员、数字化解决方案设计师、数据库运行管理员、信息系统适配验证师、数字孪生应用技术员、商务数据分析师、碳汇计量评估师、建筑节能减排咨询师、综合能源服务员、家庭教育指导师、研学旅行指导师、民宿管家、农业数字化技术员、煤提质工、城市轨道交通检修工等	18

近两年来，新职业平均每年增长20余个，这一速度已经超越了过去20年的职业变迁速度。然而，新职业发布的速度远落后于职业变迁的实际速度。三部门联合发布的74个新职业只是近年来出现的众多新职业中的一部分，仍有大量新职业尚未被纳入国家名录。

范围广。技术变革推动下的职业变迁涉及三大产业，显示出前所未有的范围广度。其中第三产业如交通运输业、通讯产业、商业、餐饮业、金融业、教育、公共服务等发展势头迅猛，新职业大多出现在第三产业中。同时，第一、二产业的职业以消亡、变动、重组为主，随着新兴技术的应用，传统产业也越来越智能化，例如农业中植保无人机驾驶员的出现就极大地提高了施打农药的效率。

程度深。科学技术在现实生产中的转化带来了工作内容的深刻变革。数字技术引发的新技术革命向各行业扩散，带来了产出增长和效率提升，各种岗位的技术含量和智能化水平越来越高，体力劳动或简单地重复性操作职业明显减少，各行业都更加需要掌握数字技术的新型人才。

（2）新职业劳动者需求巨大

新职业目前主要集中在新兴产业和现代服务业，二者都需要大量具备高技术技能的劳动者。据2020年人社部中国就业培训技术指导中心联合阿里钉钉发布的《新职业在线学习平台发展报告》显示，未来5年新职业劳动者需求规模巨大，预计云计算工程技术人员近150万人、物联网安装调试员近500万人、建筑信息模型技术人员近130万人、无人机驾驶员近100万人、工业机器人系统操作员和运维员均达到125万人。这些诞生于我国制造业转型升级背景下的高新技术领域的新职业，需要劳动者具备丰富的专业技术知识和操作技能。而现代服务业中的新职业，如社群健康助理员、老年人能力评估师、健康照护师、呼吸治疗师等，是人民生活水平提高、社会需求升级的产物，岗位缺口巨大，也同样需要劳动者具有规范化、专业化的知识与技能。

（3）灵活就业者越来越多

灵活就业是指劳动者就业方式灵活，所涉及的岗位主要聚焦于生活服务业。数据显示，我国灵活就业人员已达2亿人，其中有代表性的就是互联网新职业的劳动者。而劳动力结构调整、数字经济蓬勃发展、劳动者就业观念发生变化和国家宏观政策驱动是灵活就业产生并发展的主要原因。相比朝九晚五的上班族，灵活就业者时间自由、收入高、可兼职，灵活就业已经逐渐成为当下备受年轻人青睐的就业形式。2020年《中国灵活用工市场研究报告》显示，灵活就业者中，90后和00后占比超过了50%，行业需求主要集中在餐饮、配送、家政服务、网络直播等。而新职业的灵活性也吸引了大量有本职工作的人参与其中。灵活就业为劳动者拓宽了就业方式，使人力资源配置更加充分合理，为劳动者增加收入提供了多渠道，将成为更多劳动者未来的选择。在社会保障方面，灵活就业者可以通过缴纳灵活就业社保或参加商业保险来保障自身权益。

2. 未来劳动者必须加强终身学习

随着经济社会的变革以及技术进步的加速，技能的"半衰期"逐渐缩短，职业环境显示出极大的不稳定性；同时，人们也更加关注自身的进步与不断完善。因此，为满足适应社会发展和实现个体发展的双重需求，我们需要终身学习。

（1）人的全面发展需要终身学习

人的全面发展，是指智力、体力、个性、素质、情感、精神、兴趣、道德等方面全面而协调的发展。仅仅凭借十几年的在校学习经历或工作后的几次培训进修不能完全实现全面发展。社会在持续发生变化，知识和技能都以前所未有的速度更新着，新事物、新观念层出不穷，令人应接不暇。人们通常认为，在人一生所学的知识中，学校教育仅能提供1/10，另外9/10需要在终身学习中获得。因此，人的全面发展的复杂性、进步性、全方位性决定了我们必须终身学习。荀子云："学不可以已。"今天的学习已不再局限在人的青少年时期，而是一种常态化的生活方式，成为终身之事。树立终身学习的理念，保持对学习的渴望，是实现人的全面发展的主要途径。

（2）职业生涯发展需要终身学习

人的职业生涯不是一次性形成的，它是一个漫长的持续渐进的过程。尽管每个人的具体情况、职业观念与职业选择等各不相同，但是职业的不断发展却是人们的共同追求。职业生涯发展在人的一生中占据非常重要的位置，它的形式多种多样，如职位晋升、职称评聘、薪资增长等，职业是实现人生价值的重要领域之一。要促成职业生涯发展，就要求劳动者走终身学习之路，"在学习中工作，在工作中学习"，将学校教育与继续教育有机结合起来。无论是从事哪一种职业，还是同时从事多种职业，都要不拘时间、不限阶段，在职业生涯中"持续地学、深入地学、有选择地学"。通过终身学习吸收新思想、新观念、新技能，使自己的职业能力不落后于时代，为职业生涯发展打下坚实的基础。

（3）应对职业变化需要终身学习

在就业形态更新迅速的今天，职业环境的不稳定性日益增强，一个人一辈子固守一个岗位的情况越来越少。从当前的职业变迁规律来看，一项工作的重复性和标准化程度越高，被机器替代的可能性就越大。因此不论是以工厂流水线为代表的传统制造业，还是以外卖送餐为代表的互联网平台经济，都有着较强的可替代性。科学技术发展等各种因素带来的职业形态快速演变，对劳动者有了新的要求。面对社会环境和职业形态的变化，劳动者需要通过终身学习提升在就业市场中的竞争力，才能从容应对职业变化。

3. 未来劳动者应掌握的能力

无论职业的形式和内容如何变迁，人始终是生产过程中的核心环节，不能被边缘化。而随着新知识和新技术的层出不穷，各类职业都不断对劳动者提出新要求，这就需要劳动者及时获取职业和行业相关知识，并不断提升适应社会发展的关键职业能力。

（1）沟通合作能力

沟通是创建美好和谐人际关系的核心手段。与同事和客户等进行有效沟通与合作，是我们必须掌握的职业技能。良好的沟通艺术，不仅可以使组织内部或组织之间关系更加和睦融洽，大大提高工作效率，还可以消弭矛盾与冲突，营造健康的工作环境，保持劳动者愉悦舒畅的身心状态。人际交往既要以诚相待、互相尊重、主动交流、理解他人，也要善于倾听、赞美欣赏、寻找适合的话题、准确传达信息，这些都是必备的沟通技巧。

合作能力是团队成员为着共同的目标，互帮互助以高效率完成工作的能力。工作不是"单打独斗"，而是"集体作业"。合作能力在一定程度上决定了劳动者职业生涯的发展前途甚至上限。工作中要与领导、同事等各类主体开展良好的合作，才能取得成功。团队合作时，应在双方具备合作意愿的基础上，理解合作目标、建立合作关系、明确合作角色，运用有效的思路、方法、策略和工具完成任务。现代社会中的各种职业普遍越来越强调合作能力，作为现代工作世界中的劳动者，应学会沟通和合作，提升个人核心竞争力（图9-2-1）。

（2）迁移能力

随着科学技术的飞速发展并广泛应用于生产领域，产业结构发生调整升级，一些劳动者被不断地从原来的岗位转移到新的领域中来，从而需要掌握全新的专业知识技能；即使是从事一种职业，也必然会经历知识技能

的更新换代。因此，现代劳动者必须具备迁移能力。迁移能力是指从一份工作中转移并运用到另一份工作中的、可以用来完成多种工作的技能。"举一反三""触类旁通"等指的就是迁移现象。事实上，迁移现象普遍存在于我们的学习、工作和生活中，例如懂英语的人会更容易掌握法语；学会骑自行车对学习驾驶摩托车有帮助等。可以说，工作学习中的问题解决能力常常是通过迁移获得的。因此，有效的迁移不仅可以提升我们解决问题的能力，更能使我们在有限的时间内学得又快又好。据研究，在各种行业中，大部分的核心能力是相通的，在每个行业都在以不同的方式和速度变化的时代，培养自己的迁移能力，能够让我们更从容地应对未来职场的变化。提升迁移能力可以从"深入学""巧借鉴""重实践"三个方面入手。

（3）创新能力

创新是引领社会发展的第一动力，创新才能把握时代、引领时代，因此培养创新能力是提高劳动者技术能力和竞争力的重要途径。在当今世界，创新已成为工作生活中不可或缺的基本素质，无论从事何种职业、处于何种地位、具有何种身份，都离不开创新二字。人人皆可创新，事事皆可创新，可以说，创新是我们这个时代的主题曲。创新要以感知、记忆、思考、理解、联想等作为基础，运用科学的方法，构造出独特的事物。科技创新虽然由专门的科研人员主导，但劳动者也是科技创新的基础力量和生力军。今天劳动者的创新主要体现在促进生产力发展上，劳动者不再局限于简单的重复性工作，而是在变化着的工作场景中，将知识和智力有效转化为生产力，推动产品和技术不断更新。劳动者创新要努力做到打破常规思维的束缚，批判地看待问题，在不疑处生疑。

（4）数字技能

近年来，数字技术在我国经济、政治、文化、社会、生态文明建设各领域被广泛融合应用。数字化变革深刻改变了工作世界，改变了岗位对劳动者的技能要求。"十四五"规划强调，以数字化转型驱动生产方式、生活方式和治理方式整体变革，这对劳动者的数字技能提出了更高标准和最新要求。

数字化转型是各行业高质量发展的必然选择，谁先具备数字化思维，拥有数字化技能，谁就能更早地抢占发展利高点，在竞争中赢得主动地位。数字技能就是数字资源使用与研发的能力。对于普通劳动者来说，使用能力是首位，即在工作中所使用的基础数字技能，例如办公软件的使用、数据管理、信息分析等。普通劳动者要认识到数字技能的重要性以及对职业发展的利好，通过参加数字技能职业培训等方式，培养

数字化思维、持续提升数字技能，抓住产业数字化转型发展机遇，以适应时代需求，契合经济发展需要，从而提高劳动生产率（图9-2-2）。掌握了市场急需的数字技能，劳动者不仅在就业市场中更具竞争力，其工资待遇等方面的水平也会随之提高。

而对于从事新职业的劳动者来说，特别是与数字化密切相关的新职业，如人工智能工程技术人员、虚拟现实工程技术人员等，劳动者更要认识到这些职业的广阔前景，扎实学习专业技能，紧盯发展趋势，不断更新自身的数字化思维、提升数字化能力。

（5）绿色技能

推动经济社会发展全面绿色转型，形成绿色发展方式和生活方式，是促进我国人与自然和谐共生的必然选择。习近平总书记提出的"绿水青山就是金山银山"理念，就是要求正确处理生态环境保护和经济发展的关系，走生态优先、绿色低碳的发展道路。实现经济社会的发展绿色化，关键取决于绿色技能的开发及其掌握者和践行者。

经济发展模式由传统向环境友好转变，形成了绿色经济模式。这一模式引发了

职业的绿色化变革，许多工作岗位和工作内容被重新赋予绿色内涵，这也相应地提高了对劳动者绿色技能的需求。绿色技能是指劳动者支持并促进工商业和社区可持续的社会、经济发展和环境友好而需要的技术、知识、价值和态度（图9-2-3）。绿色技能是

图9-2-3
绿色技能开
创美好生活

一种通用性技能，包括最大限度地减少资源使用、能够认识能源和资源利用效率的机会、减少温室气体排放、回收利用、使用环保产品、保护自然环境等内容。同时绿色技能又是专业技能，主要体现在从事"绿色工作"或"绿色职业"所必须掌握的技术、知识、价值和态度之中。

培养绿色技能主要针对两类群体，一是对在校学生的教育，二是对在职员工的继续教育。绿色经济的发展促使工作世界对于劳动者绿色技能的需求更为迫切，因此无论是即将进入职场的在校学生还是已经在职的劳动者都有发展绿色技能的必要性。随着绿色观念深入人心，绿色技能也成为了劳动者职业生涯发展所必须具备的技能之一。

劳动者掌握多种能力，提高自身综合素质，对个人成长和国家发展都至关重要。广大劳动者可以通过不断学习与持续实践，积累新知识、获得新技能、增长新本领，干一行、爱一行、钻一行、专一行，用奋斗成就出彩人生。

案例品鉴

银行"金饭碗"大变迁

改革开放40多年，身边的银行柜台发生了脱胎换骨的变化，从封闭式小窗口一步步走到了现在的无人银行，柜员也从铁窗里走向了银行厅堂。

20世纪80年代，铁门和栏杆是安全防护措施，手工建档工作，一张硬纸壳，即客户底卡，简单记录客户姓名、存取款及余额，办公条件可谓简陋。

20世纪90年代中下，计算机在营业厅中普遍使用，大大提升了办事效率，业务也越来越复杂，工作人员不但没有减少，而是越来越多了。

如今，银行营业厅提供更舒适的环境，更方便的智慧柜员机，它的功能也更加丰富，包括开户、个人贷款、电子银行、转账汇款、挂失、换卡、激活新卡、修改密码等19大类100余项个人非现金业务，用户可根据需求，按照提示均可自助操作。

银行业已远离野蛮扩张的时代，轻型化、智能化转型成为各家银行战略布局的重点方向之一。据统计，仅2019年上半年，"六大行"员工人数合计缩减近3.5万人，已超2018年全年人员缩减之和。此外，对比2018年末，各家银行的网点或营业机构数量也均有减少，6家银行合计减少的数量为277个。放大到整个中国银行业来看，情况也是如此，近三年《中国银行业服务报告》显示，银业金融机构网点数量呈递减趋势；2021年，银行金融机构客服从业人员近五年来首次减少（表9-2-3）。

表9-2-3　近三年中国银行业金融机构网点和客服从业人员数量变化表

年份	银行业金融机构网点（万个）	银行业金融机构客服从业人员（万人）
2019	22.80	5.32
2020	22.67	5.44
2021	22.36	5.02

随着金融科技深入应用，原有的部分柜台业务也走向智能化，可以集中化运营；同时，线上金融的发展使得到网点的客户人数减少，因此柜员的数量需求相应降低，为了进一步发挥网点的服务效应，提升网点的效益，柜员面临较大的转岗压力。线下网点向线上变迁既是民众的需求，也是银行自身的需要。这将是历史长河中又一次值得铭记的行业发展大变迁。

（资料来源：人民网，有删改）

话题互动

银行业发生的根本性变革是当今职业世界的缩影, 职业的剧烈变迁今天已司空见惯。请思考, 职业变迁是针对所有岗位或所有劳动者吗? 职业变迁都具有积极作用吗?

9.3

全球化时代的劳动

21世纪以来，信息技术革命推动了经济全球化进程的加速，全球化从1.0版本升级到2.0版本，从经济领域走向人类生活的各个方面，世界成为了不可分割的有机整体。全球化时代，各劳动要素开始在全球范围内寻求最优配置，劳动力的国际流动也日益频繁。同时，劳动作为连接人与自然物质交换的媒介，还具有生态的含义，什么样的劳动就会创造什么样的生态文明。劳动资源和劳动对象也随着全球生态变化而逐渐变化，"绿色"将成为"新全球化"的主题。

劳动认知

1. 劳动与世界经济体系

全球化是"由没有约束的资本流动和没有障碍的自由贸易所催生的全球性工业生产和科技的扩散"。经济全球化是指世界经济活动超越国界，通过对外贸易、资本流动、技术转移、提供服务、相互依存、相互联系而形成的全球范围的有机经济整体的过程。经济全球化是一把双刃剑，纵观世界各国经济与社会发展，一方面，在经济全球化的过程中，各国贫富差距加大、经济危机外延，带来全球生态危机，甚至个别国家和地区以全球化名义为掩饰对其他国家和地区进行赤裸裸的剥削。但是另一方面，经济全球化确实促进了全球经济的发展。21世纪以来，信息技术快速发展，人类全面迈进信息时代，许多国家获得包括增长红利、创造就业红利和获得公共服务等数字红利。因此，为了在最大程度上避免经济全球化可能带来的危机，发挥其利好，世界各国要坚持人类命运共同体的理念，加强合作，携手解决共同面临的诸如气候变化、环境污染、全球金融危机等问题，从经济全球化走向深层次的全球化。

（1）世界经济体系形成与劳动形态转变

当今世界正经历百年未有之大变局，经济全球化是大势所趋。习近平总书记在世界经济论坛2017年年会开幕式上的主旨演讲中指出，历史地看，经济全球化是社会生产力发展的客观要求和科技进步的必然结果，不是哪些人、哪些国家人为造出来的。经济全球化为世界经济增长提供了强劲动力，促进了商品和资本流动、科技和文明进步、各国人民交往。伴随经济全球化的深入，全球联系不断增强，国与国之间在信息、文化、政治等方面深入交融，这也是人类社会发展的现象过程。在全球化进程中，会形成新的世界经济体系，生产国际化、资本全球化、科技全球化，这样的大背景推动着中国企业加速现代化转型，深入参与国际分工，高新技术产业将得到大力发展。

当前，中国经济已经成为世界分工体系的重要组成部分，国际经济走向自由化和多元化的趋势不可避免。劳动在世界经济体系的框架下也不断向国际化转变，劳动形态发生了显著变化。2019年年底，国务院印发的《关于进一步做好稳就业工作的意见》指出，"支持劳动者通过临时性、非全日制、季节性、弹性工作等灵活多样形式实现就业"，明确表示了对社会新就业形态和劳动者灵活就业的支持。随着互联网的迅猛发展与人工智能技术的进步，劳动形态发生了较大的转变，劳动时间碎片化、劳动场所灵活化、劳动管理虚拟化的以需求为中心的新型劳动形态不断涌现，突破了传统意义上标准劳动关系的从属性判断体系，从业者的劳动过程和劳动成果已经成为许多企业生产经营不可或缺的构成要素。

以互联网平台为载体的数字劳动成为了我国劳动力市场中的一种新就业形态。传统劳动形态向数字劳动形态转型，例如远程劳动，劳动者可以不受传统职业办公场所限制，通过网络技术远程办公（图9-3-1）。共享劳动，劳动者通过互联网交易平台提供

图9-3-1
通过网络技术远程办公

劳动服务，如网约车司机、网络代驾、网络家政服务、网络厨师等。《中国共享经济发展报告(2021)》中的数据显示，共享经济中的服务提供者人数已达8400万人。这些新型劳动形态对传统的用工形态带来了较大冲击，用工更加灵活，出现了形式多样的新型用工方式。新型劳动形态的产生，要求大学生勇于挖掘、挑战新型职业，及时做好心理调适、知识储备与技能训练。新时代大学生应牢牢把握新技术革命带来的机遇，努力把自己培养成各行各业的科技人才，通过技术创新，投身高新技术产业的建设和发展中，助推中国经济实现跨越式发展。

（2）世界经济体系与国际分工

经济全球化的产生与发展是国际分工不断深化的过程。在这一过程中，各国、各地区发生着日益广泛的经济联系，跨国的商品生产与流通成为一种普遍的经济现象。习近平总书记在2020年中国国际服务贸易交易会全球服务贸易峰会上强调，经济全球化背景下，各国经济彼此依存，利益交融前所未有，以诚相待、普惠共享是根本之计。各国要加强服务贸易发展对接，创新合作方式，深化合作领域，积极寻求发展利益最大公约数，不断做大"蛋糕"。如中国扩大对外开放，提出共建"一带一路"倡议，核心内容就是加强与沿线各国经贸合作，愿以"一带一路"倡议推动各国扩大开放、促进共同发展，以贸易作为该战略的基础和纽带。我国要在国际分工中占据优势，就必须大力发展高新技术，在国际贸易中从出售原材料和初级加工品转变为出口工业制成品和高技术产品。同时，要尽快进行产业结构调整，淘汰技术落后的劳动密集型产业和污染严重的产业，实现产业结构升级，由依赖资源优势转变为依赖技术优势（图9-3-2）。不难预测，高新技术发展带动产业结构升级，将由此创造出更多的就业机会。

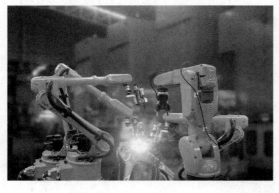

图9-3-2 通过发展高新技术实现产业结构升级

（3）世界经济体系与中国劳动力升级

产业升级的本质是劳动力的转型升级。改革开放后，我国主要依靠劳动力等低成本竞争优势，实现了经济的快速增长。近年来，随着劳动力、土地等要素成本的提升，传统的国际竞争优势正在逐步流失。特别是对中国经济而言，我国劳动年龄人口达到峰值并开始减少，这意味着我们可能面临整体的劳动力短缺，能否应对好这种局面，劳动力的转型升级起到决定性作用。

例如，曾经富士康在中国大陆建立了庞大的加工厂，雇用了大量工人。这些工人拿着略高于最低工资的月薪，做着极其单调和枯燥的重复性工作。"多数工人整日坐在传送带旁，穿着白色制服，戴着口罩和束头发的防尘工作帽。他们反复地做着简单而准确的动作。每个工人专门做一个动作，比如把标签贴到 iPhone 的正面或是把成品装箱……装配一个 iPad 要花上 5 天时间，完成 325 道工序。"但是随着我国劳动力成本的上升，富士康已经改变了战略。它计划在巴西、墨西哥和东欧开设工厂，同时也计划装配大量机器人以替代中国大陆的劳动力。一方面，节约劳动力的技术升级必然导致以简单重复劳动为主的就业岗位减少；另一方面，全球化浪潮也改变了生产的特点和对劳动力的要求，对技术工人的需求将大大增加。因此，中国劳动力的转型升级势在必行。新时代大学生必须放眼未来、未雨绸缪，学好专业知识，掌握扎实的基本功，多途径参加岗位培训，努力实现自身作为劳动力的转型与升级。

2. 劳动与国际人力流动

劳动力的国际流动是全球化时代的代表性独特现象，随着跨国投资和产业转移，国际人力流动较之以往变得更加容易，全球性的人才争夺也更加激烈，人才的国际化也成为了普遍现象。

（1）劳动力的跨国流动及趋势

在国际分工中，高新技术人才长期供不应求，而各国经济发展水平的差异，造成了人才国际流动的不平衡。发达国家利用各种优惠措施强势吸引世界各地人才，如高薪、高福利、科研奖励、发放绿卡等。大量人才从发展中国家流向发达国家、从贫穷落后国家流向富裕国家。部分发展中国家有限人才的流失，致使本国经济发展雪上加霜，后劲不足。相反，发达国家因为人才的流入，经济发展锦上添花，如虎添翼，形成世界经济发展的"马太效应"。1996 年的数据显示，在美国 59% 的高科技公司中，外籍科学家和工程师占科技人员总数的 90%；在加州"硅谷"工作的高级工程师和科研人员有33%以上是外国人，从事高级科研的工程学博士研究生中60%是外国人。从20世纪60年代到90年代，发展中国家流入到发达国家的技术移民总数超过了200万人。

（2）全球化的人才竞争

知识经济时代，一个国家拥有人才的数量和质量是这个国家综合实力的重要体现，直接决定其国际地位。因此，当今世界各国都在积极制定人才策略，培养并留住本国人才的同时，还在努力栽好人才"梧桐树"，大力吸引他国人才，全球化的人才竞争形成了激烈的竞争态势。习近平总书记于2021年在《求是》发表重要文章《深入实施新时代人才强国战略 加快建设世界重要人才中心和创新高地》，文章指出，做好新时代人才工作，必须全方位培养、引进、用好人才，加快建设世界重要人才中心和创新高地，为2035年基本实现社会主义现代化提供人才支撑，为2050年全面建成社会主义现代化强国打好人才基础。党的二十大报告也指出，要全面提高人才自主培养质量，着力造就拔尖创新人才，聚天下英才而用之。未来，技术密集、智力密集产业的就业比重将显著上升，就业机会将大大倾向于高新技术人才。在这样的人才竞争环境下，大学生要树立终身学习的理念，主动学习、乐于学习，在学习中培养创新精神，提升实践能力，利用自己的知识和技术技能成为国家的栋梁之材，为国家经济发展和社会进步做出自己应有的贡献。只有通过全体劳动者的共同努力，才能把我国沉重的人口负担变现为宝贵的人力资源。

3. 劳动与全球生态环境

自2013年习近平总书记首次提出"构建人类命运共同体"的倡议以来，人类命运共同体意识已经从以国际关系为着眼点的基本构想，成为一种"新全球化"理念。"新全球化"要走绿色低碳发展的道路，要关注全球生态危机，以保护生态安全和人类社会可持续发展为目标，树立人与自然和谐相处的生态文明理念，实现经济增长与环境保护的双赢。

（1）工业革命与全球生态危机

发展中国家受制于资金和技术，难以向高新技术和绿色经济转型，只能通过粗放型经济，以牺牲环境为代价获得经济增长；而发达国家为了降低企业运营成本，获取廉价的劳动力，进行污染产业的转移，造成发展中国家的污染进一步加剧。工业化进程对生态环境造成了严重的负面影响，随着人类利用自然资源的能力日益增强，对生态环境的破坏力度也日趋严重，产生了很多全球性的环境问题，如气候变暖、臭氧层破坏、生物多样性减少、森林锐减、土地荒漠化、大气污染、海洋污染等（图9-3-3）。

图9-3-3
工业发展对生态环境的破坏

工业革命的发祥地英国伦敦曾经因空气污染而成为有名的"雾都"。部分欧美发达国家已经较早地意识到了这个问题，并且从20世纪60至70年代逐步开始环境治理。但截至目前，还有很多国家为了短期经济发展而在环境问题上"重蹈覆辙"，这使得整个人类面临极大的生态危机。

（2）可持续发展与全球生态保护

联合国将2021年称为"重塑我们与自然关系的关键一年"。"新全球化"要求每个国家要坚持可持续发展，节能减排，发展新能源产业。大力发展绿色环保产业，在全球贸易中倡导绿色贸易、绿色金融，在全世界扩大绿色生态足迹。2022年1月24日，国务院印发《"十四五"节能减排综合工作方案》，《方案》明确，到2025年全国单位国内生产总值能源消耗比2020年下降13.5%，能源消费总量得到合理控制。化学需氧量排放总量比2020年下降8%，氨氮排放总量比2020年下降8%，氮氧化物排放总量比2020年下降10%以上，挥发性有机物排放总量比2020年下降10%以上，重点行业能源利用效率和主要污染物排放控制水平基本达到国际先进水平，经济社会发展绿色转型取得显著成效，为全球生态治理贡献"中国智慧"。在新全球化进程中，应倡导国际合作，尤其是环保领域的合作。世界各国要秉持人类命运共同体的理念，共同面对气候变化、环境治理等难题，共同为全球生态治理作出贡献，让地球不再"流浪"。

再问命运：未来的发展机会在哪里？

以新能源、新材料、数智化、太空探索、元宇宙、生物医药、智能制造等为代表的新技术革命方兴未艾，技术改变世界仍在深化之中。

微软中国首席技术官韦青说："人类可能进入的不是一个人工智能的世界，不是一个第四次工业革命的世界，也不是一个互联网的世界，而是一个被技术所赋能的未知新世界。在这个世界，人类最基本的'衣、食、住、行'将被机器的行动力和计算力强化，人类的生活更加方便、富足。"

华为发布的《智能世界2030》展望了到2030年人类的医食住行的情况。

医：让健康可计算，让生命有质量。2030年，人们以依托高灵敏的生物传感器、云端存储的海量健康数据，让健康可计算；从"治已病"到"治未病"；借助物联网、AI等技术，让未来的治疗方案将不再千篇一律；大型医疗设备更加便携化，实现居家远程医疗联动。

食：用数据换产量，普惠绿色饮食。2030年，人们可以利用农情多元数据图谱，实现精准农耕；通过对数据的收集，模拟作物生长发育所需的温度、湿度等要素，打造不受变化莫测气候影响的"垂直农场"；通过3D打印，获得符合个人健康需求且口感最佳的人造肉，真正实现从靠天吃饭过渡到靠数据吃饭。

住：新交互体验，让空间人性化。2030年，基于万兆家庭宽带、全息通信等技术，打造数字化的物品目录，通过自动配送，实现储住分离；构建智能管理系统，打造物与物的自动交互，让人类有可能在零碳建筑中工作和生活；基于下一代物联网操作系统，实现居家和办公环境的自适应，打造"懂你"的空间。

行：智能低碳出行，开启移动第三空间。2030年，基于自动驾驶技术的新能源汽车，能让我们拥有专属的移动第三空间；新型的载人飞行器不但能提升紧急救援效率，降低医疗急救物资的输送成本，甚至还能改变我们的通勤方式；通过定制高效地与他人共享出行方案，来提高交通工具的使用率。

在华为看来，未来的智能世界同时也是一个绿色世界。眺望2030，零碳生活成为新时尚，虚拟旅游让人们摆脱时空的羁绊，来一场"说走就走"的旅行；全息在线教育让人们穿梭在知识的宇宙；零碳运行建筑给人们提供节能又健康的居住和工作环境；电气化、智能化的交通让人们避免拥堵；工业生产更绿色，虚拟工厂让全球的专家在家里就可以实现整套产品的规划设计；能源加速清洁化，可再生能源成为主流；数字基础设施拥抱绿色，80%采用可再生能源，能源效率提升100倍。

（资料来源：第一财经网，有删改）

◎案例分析：未来，技术将进一步改变世界、改变人们的生活方式，同样也会改变人们的劳动方式，对人们的劳动能力和劳动素养提出更高的要求。随着中国经济逐步向创新型、数字化的后工业化经济转型，劳动者技能转型在中国势在必行。作为一名普通的劳动者，应该紧跟时代步伐，树立终身学习的理念，优化知识结构和技能结构，注重培养创新能力，努力成为一名知识型、技能型、创新型劳动者。

思辨探究：每个地方的口袋里都有两张"卡"：一张是经济总量"储蓄卡"，数字总在不断刷新；另一张则是生态环境"信用卡"，不少地方赤字严重，欠账不少。既要"绿"又要"利"，鱼和熊掌可以兼得吗？

话题互动

2019年国产科幻电影《流浪地球》票房超46亿元，真实再现了地球生态彻底受到破坏后的末日景象，反映了人类对自然界的侵害以及对生态理念的忽视。《流浪地球》强调了不能再依靠超级英雄拯救世界，而是需要人类共同改变自己的命运，电影将中国独特的思想和价值观念融入对人类未来的探讨与反思。观看这部电影后，你对自然界与人类关系有了怎样的反思？

9.4

劳动与未来世界

随着科技革命的到来和人工智能的普及，未来世界的劳动更趋向于人工+智能，这使得劳动形态、劳动形式和内容也发生了巨大变化。人工智能正在取代某些领域的工作，但同样也催生了新的职业，甚至是新的产业。我们每个人都要尽快适应时代的变化，掌握未来劳动所需的素养与本领，进行深度学习，守正创新，积极深入产业高端技术。同时，也要学会做有温度的劳动者，做有情感的劳动者，做全面发展的劳动者，用劳动创造更加美好的世界。

劳动认知

1. 人工智能概述

诺贝尔经济学奖获得者赫伯特·西蒙（Herbert Simon）在1965年提出这样的观点："机器将有能力在20年内做任何一个人能做的工作。"人工智能是第四次工业革命的标志性技术，2017年12月，"人工智能"入选"2017年度中国媒体十大流行语"。随着人工智能技术的指数级增长以及向各行各业的逐步渗透，劳动力与智能机器形成了更加复杂的关系，劳动力市场发生了重大变化。人工智能既对劳动造成了挑战也为劳动带来了机遇。新技术将淘汰制造业工厂中的传统蓝领工作，出现技术性失业、智能收入鸿沟等问题，劳动力市场结构性矛盾将更加突出，人工智能的运用还会为劳动者的技术能力、社会伦理带来挑战。但是不可否认，在带来挑战的同时，人工智能带给我们很多惊喜，它将深刻改变我们的生产与生活方式，智能时代的大门已经缓缓开启。

（1）人工智能的概念

1956年达特茅斯会议上首次提出了"人工智能"概念，"人工智能"指对机器进行改进和升级，使其具有人类的行为特征，从而可以从事人类能够执行的智能化活动。我国《人工智能标准化白皮书（2018版）》中也给出了人工智能的定义："人工智能是利用数字计算机或者由数字计算机控制的机器，模拟、延伸和扩展人的智能，感知环境、获取知识并使用知识获得最佳结果的理论、方法、技术和应用系统。"简而言之，人工智能就是机器的智能化，核心是构造智能的人工系统，基本目标是使机器具有人类或其他智慧生物的能力，包括语音识别、自然语言理解、计算机视觉、问题求解及决策能力等。[1]随着人工智能技术的快速发展，人工智能不断拓展实践领域，在人们的生产和生活中发挥了重要的作用，也给劳动力市场带来了巨大的变革。

（2）人工智能的发展及应用领域

人工智能自1956年以来走过了60余年的发展历程，20世纪60年代初，掀起人工智能发展的第一个高潮，如机器定理证明、跳棋程序等，人工智能取得了令人瞩目的研究成果。20世纪70年代初到80年代中期，人工智能从理论研究走向实际应用，在医疗、化学、地质等领域实现重大突破。到了20世纪90年代中期至2010年，互联网技术加速了人工智能的创新研究，人工智能技术进一步走向实用化。1997年国际商业机器公司（简称IBM）的深蓝超级计算机战胜了国际象棋世界冠军卡斯帕罗夫，2008年IBM提出"智慧地球"的概念。2011年至今，随着大数据、云计算、互联网、物联网等信息技术的发展，人工智能技术迎来爆发式增长的新高潮，大幅跨越了科学与应用之间的"技术鸿沟"，正悄然地改变着人类生活，并深入到了工业生产、医疗、养老、教育、文化、娱乐、体育等多个领域，诸如图像分类、语音识别、知识问答、人机对弈、人脸识别、刷脸支付，新冠肺炎疫情期间的人群红外测温、机器辅助诊疗、无人驾驶（图9-4-1）等。

在2022年北京冬奥会开幕式的主题曲演唱环节，几百个孩子手举发光的和平鸽在"鸟巢"中央奔跑，孩子们脚下的屏幕随即亮起雪花——这其实是人工智能的"0延时"捕捉技术在大放异彩。这是人工智能的实时交互渲染特效技术在大型演

图9-4-1
自动驾驶汽车在恶劣天气中驾驶

出中的首次使用，既显示了如今人工智能技术的成熟与神奇，也预示着人工智能将在2022年全面绽放。

游戏领域是人工智能的最佳试金石，2021年以来，"元宇宙"（Metaverse）的概念火爆出圈，"元宇宙"迅速进入人们的视野，引发了科技界、资本界、文化界等多个领域的关注（图9-4-2）。元宇宙是互联网技术孕育的新概念，由AR、VR、3D等技术支持，旨在构建一个持久的虚拟共享空间，同时能够保持对现实世界的感知和体验，这是一个你置身其中，而不仅仅是可以观看使用的互联网（图9-4-2）。如今，资本正加速进场"元宇宙"赛道，2022年7月，上海市人民政府发布《上海市培育"元宇宙"新赛道行动方案（2022—2025年）》，着力强化新赛道布局，培育壮大发展新功能。

图9-4-2
元宇宙VR科技虚拟现实

（3）人工智能对劳动的挑战

随着人工智能的发展，生产效率大大提高，千千万万的劳动力将会成为剩余。据预测，随着人工智能技术的发展与普及，未来10年估计有50%的人类工作将会受到人工智能的影响，其中翻译、助理、保安、销售、客服、会计、司机、家政等职业中，预计将有90%的人被人工智能取代。2016年世界经济论坛上发布的报告称，未来5年，人工智能技术将使全球劳动力市场出现颠覆性变革，全球15个主要国家的就业岗位将会减少710万个，上千万人将面临失业。牛津大学K.B.费雷和M.奥斯本检验了702种职业被人工智能取代的可能性，最终认为美国会有47%的工作面临被智能机器取代的风险，英国则有35%的职业可能被取代，而日本的这一数字则高达49%。

可以看出，人工智能挑战了人类的生存方式，人类可能被机器排挤出了劳动者的队列。人工智能也挑战了人类的财富分配方式，失去了劳动机会的人也就失去分配财富的机会。智能机器大量取代人类的工作,就业机会将更倾向于具有更高知识技能的人,而知识技能水平低的人很可能会彻底失去工作。社会财富会愈发集中,贫富差距会进一步拉大,一定程度上会引发社会的不安定。因此,人工智能对人类劳动的挑战,不仅仅是劳动问题,它还将涉及财富分配、公平公正等更多深层次问题。

此外,我们还不能忽视人工智能背后的伦理问题。如算法歧视,即人工智能在自动化决策中,数据分析导致对特定群体的系统的、可重复的不公正对待。如"大数据杀熟",某网站的同一款商品,老用户的价格高于新用户;再如性别歧视,某网站研发了一套筛选简历的算法系统,其对男性求职者有着明显的偏好,女性求职者的简历常常被判定为相对较低的分数。中国国家新一代人工智能治理专业委员会2021年9月25日发布《新一代人工智能伦理规范》,旨在将伦理道德融入人工智能全生命周期,为从事人工智能相关活动的自然人、法人和其他相关机构等提供伦理指引,从而增强全社会的人工智能伦理意识与行为自觉,积极引导负责任的人工智能研发与应用活动,促进人工智能健康发展。

(4)人工智能带来的劳动机遇

人工智能是新一轮产业变革的核心驱动力,在全球范围内引发了全新的产业浪潮。习近平总书记在十九届中央政治局第九次集体学习时深刻指出,人工智能是新一轮科技革命和产业变革的重要驱动力量,加快发展新一代人工智能是事关我国能否抓住新一轮科技革命和产业变革机遇的战略问题。人工智能已上升为国家战略。《新一代人工智能发展规划》提出,到2030年人工智能理论、技术与应用总体达到世界领先水平,我国将成为世界主要人工智能创新中心。国家"十四五"规划明确提出"加快建设数字经济、数字社会、数字政府,以数字化转型整体驱动生产方式、生活方式和治理方式变革"。

人工智能虽然给人类的劳动带来了巨大的挑战,但也解放了人类的生活,使人类从枯燥的、单调的、危险性的劳动中脱离出来。人的劳动时间不断减少,人类可以拥有更多自由支配的时间。同时,由于科学技术的进步,人们不再局限于固定的办公场所,只要一台电脑和无线网络,就可以随时随地办公,以后将会出现更多灵活就业的形式。此外,人工智能技术的发展将持续推动劳动力市场向技术性转型。

尽管很多工作将被成本更低、效果更高的人工智能所替代，但是同样会创造出很多新的工作岗位，如自动化产业、健康医疗等行业对高新技术人才的需求会大幅度增加（图9-4-3）。人工智能也丰富了劳动对象，以前"上九天揽月，下五洋捉鳖"是一种美好的想象，但随着科技的不断发展，人们的想象变成了现实——神舟飞船的胜利升空，使得人们把研究对象和劳动对象从地球扩展到了外太空。人类的视野不断开阔，劳动的范围不断扩大，人类在自然界中的主体性不断提升，人工智能的发展更好地促进了劳动解放。

2. 人工智能与未来劳动

（1）未来世界的人机关系

未来，人工智能所能完成的工作也会越来越复杂和高级，需要劳动者具有更高技术和创造性。在人工智能方面熟练掌握技术的人员，在工作中将获得更多的竞争优势，他们的就业机会和薪资待遇将相应增加。人工智能将推动劳动力市场的数字化，"全球工厂""社会工厂"成为现实。"公司＋雇员"的传统企业架构已经向着"平台＋创客"的新结构转变，传统产业链上的分工劳动者开始变成价值链上的创造者。强调并重视劳动者的智慧创意是数字经济的财富创造法则。因此，新时代大学生要勇于接受人工智能的挑战，尽快实现技术转型升级，牢牢把握住人工智能带来的机遇。

与此同时，全球蔓延的新冠肺炎疫情加速了远程办公的普及，某些企业甚至开始允许员工永久远程办公，更多企业也开始推行办公室与远程工作并存的混合办公模式。尼葛洛庞帝认为受信息技术的影响，"数字化生存"正成为人们生活的"新日常"，智慧城市和无线通信网络意味着一个新的社会类型的出现（图9-4-4），其中最引人注目的就是人机关系的变化。2018年8月，首届中国国际智能产业博览会（简称智博会）在重庆举行，推出3万余平方米的"智慧小镇"，模拟智慧出行、智慧医疗、智慧教育、智慧家庭等应用场景，勾勒出一幅"数字化生存"的新图景。未来，人机融合将成为人机关系的发展趋向。

人工智能产学研界提出"友好人工智能""负责任创新""价值敏感设计"等具体方法路径，以引导"科技"

向善，期望在人类社会的价值尺度和伦理标准规范约束下，创造最安全的人工智能使用环境，实现人机关系的良性互动和发展。人工智能技术的广泛应用，将形成全新的"智慧社会"新形态，实现人与机器的共生共在。"计算机已经成为我们的金融系统、能源、供水和交通等公共设施的基础。计算机在我们的医院、汽车和电器里安了家，我们的笔记本电脑、平板电脑和智能手机也都有它们的身影"，智能机器成为人类生活必不可少的一部分。人机融合会有不同的形式，马克思认为科学技术只是人发展的手段，人才是历史的中心和目的，科学技术在生产生活中的应用是为了更好地服务人类，实现人的自由发展。人机协同将是未来主要工作模式。

2017年我国《新一代人工智能规划》指出，要促进人工智能与各产业领域深度融合，让人机协同成为主流生产和服务方式。人机协作在未来势必将进一步解放人类劳动，提升工作的满意度和舒适度，但这并不意味着人类不需要劳动，无事可做，完全地"站在劳动过程之外"，而是在智能机器的协助下开启新的工作形态。

（2）人工智能发展下重塑劳动者知识技能

人工智能创造了比人类更智能、运行速度更快的机器人，以各种方式影响劳动力市场，因此掌控人工智能技术的人，才能更好地掌握未来。人工智能时代，亟需重塑劳动者的知识与技能，完善知识结构，提升综合职业能力、多学科融合能力、创新能力以及持续终身学习能力，完成劳动者知识技能的转型升级，实现知识技能与工作需求的动态平衡。

新时代大学生要努力拓展自动化、数字化、机器人等技术的相关知识，以尽快适应技术转变的需求，防止技能不足造成难以就业的困境，甚至带来过重的身心压力。大学生们要以终身学习的理念，使自己获得良好的数字技能，迅速适应新技能的新要求，如信息技术的使用、数据的分析与处理等。除了技能的学习，还要提升自身的综合素质，如良好的社会交往能力、沟通与协作能力、创新与创造能力等。一个人的综合素养决定了其职业能力与社会价值，这种综合素养包括情商、智商、逆商、财商、意志品质、价值观念等。人工智能技术虽然可以提高生产率，智能机器可以在危险的环境中工作、可以不知疲倦地持续工作。但是，在情感需求和全面服务方面，机器是做不到的。因此，作为新时代的劳动者，大学生要进行深度学习，既要努力学习，掌握最新先进的技术，走向产业高端，又要做有温度、有情感、全面发展的劳动者。

案例品鉴

人工智能助力北京冬奥会

本届冬奥会的关键词之一是"创新"，我国运用新兴的人工智能为传统的奥运赛事增光添彩，通过更先进的技术构建了一场"前所未有"的奥运盛会，让运动竞技在人工智能的加持下，更显当代风采。自动驾驶、自然语言处理NLP、机器视觉CV、深度学习DL、数据挖掘DM等一系列令人眼花缭乱的人工智能概念在为期两周的冰雪盛会上各显神通。

人工智能为积极备战北京冬奥会的中国运动员提供服务。北京体育大学研究团队利用基于深度学习原理的人工智能技术，建立神经网络模型，实现对动作视频中人体关节点的计算机自动识别，进而建立起适用于竞技体育和一般生物力学研究的计算机系统——无反光点人体运动自动捕捉人工智能系统。

人工智能使冬奥会成为史上第一个沟通无障碍的奥运会。智能语音技术和人工智能协同发力，官方自动语音转换和翻译独家技术在冬奥会上应用，自动翻译、语音识别、语音合成、语音转换等各项技术都会在冬奥赛场上以及冬奥团队中投入使用，让北京冬奥会成为没有沟通障碍的国际盛会。

AI运动员训练辅助系统。由于冬奥会的比赛性质，运动员比赛衣服的颜色和环境色高度接近，运动速度非常快，在空中停留时间非常短，且比赛都是在高强光、高复杂的背景下进行。而且出于对竞赛项目安全性与公平性的要求，不能架设任何干扰比赛的设备。为应对这些挑战，相关科研工作人员把普通的摄像头架在裁判的位置，用大量数据进行模型训练，根据运动序列预测做出针对竞技体育的目标检测识别和跟踪。

◎案例分析：作为人工智能应用大国，中国的人工智能产业为2022年北京冬奥会的运行提供了全方位的技术支持，呈现了一场科技感"拉满"的冰雪竞技大会。云计算、人工智能借力"冬奥会"加速体育产业数字化转型，向全世界证明了中国的科技实力，也显示着中国科技从应用创新向产业底层创新的良好发展趋势。

AI辅助评分体系。"AI裁判"采用计算机视觉技术算法与深度学习方法，在室内场馆中实现运动员实时运动捕捉及运动轨迹的实时监测与数据传输。即便在运动场上进行多人混战、互相遮挡的运动，每一名运动员的位置、运动轨迹等数据都会被准确获取，并进行数字化展现，确保比赛的公平公正。

在冬奥会上，智能机器人也无处不在。既有清扫机器人、消毒机器人、5G送餐机器人，也有防疫监督机器人。这种机器人可按规定路线主动寻找人员并测量体温，发现体温超标的人员时它会主动上前交流提示，并报告给管理人员。对区域内没有佩戴口罩的人员，它也会前去提示其佩戴上口罩。

赛事传播中的人工智能。此次冬奥会，奥林匹克转播公司通过8K、VR、云等"黑科技"，让北京冬奥会的转播工作成为"史上最富创新性"的赛事转播，我们用最先进的技术采集赛场的图像与声音，将精彩的奥运赛事传播到亿万观众眼前。央视新闻也推出了一位特殊报道员——央视新闻AI手语主播，她不仅能报道冬奥新闻，还能进行准确及时的赛事手语直播。从北京冬奥会开始，新主播将全年无休，用"AI智慧"为听障朋友提供手语服务，让他们能够便捷地获取比赛资讯，更酣畅淋漓地感受冰雪运动的激情与荣耀。

（资料来源：腾讯网，有删改）

思辨探究：以人工智能为代表的新一代信息技术革命正在深刻地改变着我们的生活。随着人工智能的发展以及越来越多应用场景的实现，让我们离一个与人工智能共生的时代越来越近。在未来，人们将与人工智能共享物理世界和虚拟世界，那我们究竟要如何与人工智能相处呢？

话题互动

斯蒂芬·霍金认为人工智能是人类目前最糟糕的发明创造，它有可能给人类带来灭顶之灾。不过，也有人为人工智能时代的来临欢呼，认为它将带来一个不需要工作的社会，人类将得到彻底的解放。同学们，你们的观点是什么。

拓展实践

"未来劳动由谁主宰：人类还是机器"主题沙龙

1. 实践主题

有人认为，随着人工智能的不断发展与大规模应用，机器正逐步取代部分人类劳动。如近年来出现的无人超市、无人驾驶、无人配送、无人工厂等，人工智能就几乎代替了人的劳动。而随着人工智能技术的迭代升级，将来的机器也能够从事更为复杂的工作，甚至和人一样具备自主意识进行独立思考，进而从事一些创造性劳动。因此，人类将会被机器控制。也有人认为，虽然人工智能推动了生产力向前发展，大大提高了人类的生产效率，创造了更多的财富，把人类从危险、重复的劳动中解放出来，但未来劳动仍会由人类来主宰，人类不会被机器统治。请同学们组织一次沙龙，讨论上述两种观点。

2. 实践目的

（1）了解人工智能带来的挑战与机遇，以及产生的重要影响；

（2）坚定刻苦学习的信念，引导学生通过辛勤劳动、诚实劳动、创造性劳动创造更加幸福美好的生活；

（3）引导学生关心我国在科技创新领域被"卡脖子"的关键技术难题，激励更多劳动者，特别是青年一代，走自立自强、科技报国之路。

3. 实践内容

（1）寻找人工智能在我们生产生活中的应用，举几个例子并加以说明；

（2）通过查找相关资料，畅想未来的劳动形态；

（3）谈一谈人类在未来如何处理好与机器的关系。

4. 实践要求

（1）讨论的案例最好与自身所学专业有关；

（2）分析时要勾勒出对未来劳动新颖独特的设想；

（3）要通过理性辨析，突出人在未来劳动中扮演的角色。

5. 实践评价

（1）你是否认识到掌握关键核心能力对劳动者的重要意义？

（2）你是否树立了劳动光荣、技能宝贵、创造伟大的劳动价值观？

参考文献

专题九
拓展阅读

［1］吴式颖，等.马卡连柯教育文集（下卷）［M］.北京：人民教育出版社，2005.

［2］夏海鹰，吴南中，彭飞霞.终身学习与职业生涯发展［M］.北京：人民邮电出版社，2013.

［3］李连德.一本书读懂人工智能［M］.北京：人民邮电出版社，2016.

［4］詹姆斯·巴拉特.我们最后的发明——人工智能与人类时代的终结［M］.闾佳，译.北京：电子工业出版社，2016.

［5］荣艳红.工作世界的发展与职业教育的变迁［J］.职教论坛，2018（4）：6-12.

［6］谭秀杰，周茂荣.21世纪"海上丝绸之路"贸易潜力及其影响因素——基于随机前沿引力模型的实证研究［J］.国际贸易问题，2015（2）：3-12.

［7］文军，刘雨婷.新就业形态的不确定性：平台资本空间中的数字劳动及其反思［J］.浙江工商大学学报，2021（6）：92-106.

［8］何勤，邱玥.人工智能对就业的冲击及弹性劳动力市场应对政策研究［J］.中国劳动，2020（5）：51-71.

［9］郑秋伟.人机共生：当代人机关系的发展趋势［J］.前沿，2021（2）：20-25+40.

［10］黄欣荣.人工智能对人类劳动的挑战及其应对［J］.理论探索，2018（5）：15-21.

［11］陈海林.人工智能时代劳动解放的新机遇与新挑战［J］.消费电子,2021（8）: 85-87.

［12］刘育锋.你学到的技能是"绿色"的吗［N］.中国教育报,2016-11-1（012）.

读者意见反馈

为收集对教材的意见建议,进一步完善教材编写并做好服务工作,读者可将对本教材的意见建议通过如下渠道反馈至我社。

咨询电话　400-810-0598

反馈邮箱　tianyl@hep.com.cn

通信地址　北京市朝阳区惠新东街4号富盛大厦1座
　　　　　高等教育出版社总编辑办公室

邮政编码　100029

防伪查询说明

用户购书后刮开封底防伪涂层,使用手机微信等软件扫描二维码,会跳转至防伪查询网页,获得所购图书详细信息。

防伪客服电话
　　(010)58582300